LONDRES

GUÍA **SPIRAL**

EL PAIS
AGUILAR

Contenidos

Magazine 5

✦ El Gran Incendio y el Blitz 6
✦ Curiosidades londinenses 9
✦ Celebridades en Londres 10
✦ Parques urbanos 13
✦ El nuevo Londres 16 ✦ Mosaico de culturas 20
✦ *Pubs* y clubes 25✦ Lo mejor de Londres 28
✦ Pros y contras 30

Información general 31

✦ Al llegar 32
✦ Cómo desplazarse 33
✦ Alojamiento 35
✦ Comida y bebida 39
✦ Compras 42
✦ Ocio 43

St. James's, Mayfair y Piccadilly 45

Cómo orientarse 46 ✦ **En un día 48**
Imprescindible 50 ✦ Buckingham Palace 50
✦ Desde The Mall hasta Trafalgar Square 52
✦ National Gallery 54
Otras opciones 58 ✦ 7 visitas adicionales 58
Dónde... ✦ Comer y beber 62 ✦ Comprar 65
✦ Divertirse 66

La City 67

Cómo orientarse 68 ✦ **En un día 70**
Imprescindible 72
✦ Torre de Londres 72
✦ Tower Bridge 76
✦ St. Paul's Cathedral 78
Otras opciones 82 ✦ 8 visitas adicionales 82
Dónde... ✦ Comer y beber 86 ✦ Comprar 88
✦ Divertirse 88

Westminster y South Bank 89
Cómo orientarse 90 ✦ En un día 92
Imprescindible 95
✦ Westminster Abbey 95 ✦ El Támesis 98
✦ Tate Modern 100
Otras opciones 102
11 visitas adicionales 102
Dónde...✦ Comer y beber 108✦ Comprar 110
✦ Divertirse 110

Knightsbridge, Kensington y Chelsea 111
Cómo orientarse 112 ✦ En un día 114
Imprescindible 116
✦ Harrods 116 ✦ Victoria & Albert Museum 117
✦ Science Museum 121 ✦ Natural History Museum 124
✦ Kensington Palace 127
Otras opciones 129 ✦ 5 visitas adicionales 129
Dónde...✦ Comer y beber 132 ✦ Comprar 134
✦ Divertirse 136

Covent Garden, Bloomsbury y Soho 137
Cómo orientarse 138 ✦ En un día 140
Imprescindible 142
✦ British Museum 142 ✦ British Library 146
✦ Madame Tussaud's 148 ✦ Covent Garden 150
Otras opciones 152
7 visitas adicionales 152
Dónde... ✦ Comer y beber 156 ✦ Comprar 159
✦ Divertirse 160

Excursiones 161
✦ Kew 162
✦ Windsor 164

Itinerarios 167
✦ **1** Las plazas de Mayfair 168
✦ **2** La City 172
✦ **3** Greenwich 176
✦ **4** Hampstead 180
✦ **5** La Ruta del autobús número 15: desde Marble Arch hasta la Torre de Londres 184

Guía práctica 187
✦ Antes del viaje 188 ✦ Cuándo viajar 188
✦ Datos de interés 190

Callejero 193
Índice del callejero 203
Índice general 211

Coordinación editorial: Cristina Gómez de las Cortinas
Traducción: Antonia Guerrero Gómez
Edición de textos: Inés Vitaller Agüero
Maquetación: Fernando de Santiago

Primera edición, 2009

Título original: *Spiral Guide London*
Autor: Lesley Reader y Fiona Dunlop

Torrelaguna, 60. 28043 Madrid
Tel. 91 744 90 60
Fax 91 744 90 93
www.elpaisaguilar.es

ISBN: 978-84-03-50852-1
A03902

Impreso en China por Leo Paper Products.

Magazine

El Gran Incendio y el Blitz

Con una diferencia de tres siglos, las dos pesadillas infernales de Londres, el Gran Incendio y el Blitz, redujeron la ciudad a ruinas humeantes. A pesar de ello, nuevas formas de vida renacieron de las cenizas y transformaron por completo la capital.

¡Londres se quema!

Era el 2 de septiembre de 1666, la panadería del rey en Pudding Lane estaba ardiendo y el 80% de Londres estaba a punto de sucumbir a las llamas. No era la primera vez que esta ciudad medieval había sufrido un incendio, pero en esta ocasión iba a ser, sin duda, el más devastador. Las indecisiones del alcalde de Londres, que no estaba dispuesto a ser molestado, le llevaron a anunciar con desdén que "una mujer podría orinar sobre él y apagarlo"; el fuego se apoderó de toda la ciudad. Incluso los esfuerzos del rey Carlos II de Inglaterra, su hermano el duque de York y los cuerpos de bomberos fueron de poca ayuda, y cuatro noches después, cuando el viento amainó y el fuego se había extinguido

El Gran Incendio de Londres, 1666

nalmente, el recuento de años desveló que se habían estruido más de 13.000 asas, 76 iglesias, 44 salones e la Livery Company, el uildhall, la Royal Exchange St. Paul's Cathedral. sombrosamente, sólo hubo ueve muertes, aunque 00.000 personas se uedaron sin hogar.

El rey anunció un uevo reglamento de bras, por el cual oda nueva onstrucción ebería ser de adrillo o piedra y odas las calles se nsancharían para ermitir el paso de los arruajes. El modelo de razado urbano propuesto por l arquitecto sir Christopher Vren fue rechazado por notivos de viabilidad. Sin mbargo, se realizaron varias nejoras, en particular la onstrucción de un muelle nico desde la Torre de ondres hasta London Bridge.

Supervivientes

No todas las iglesias de la ciudad sucumbieron a las llamas del Gran Incendio. Entre las supervivientes de la zona de Bishopsgate se encontraban St. Botolph-without-Bishopsgate, la pequeña St. Ethelburga y, por encima de todo, la sorprendente St. Helen's, que en su día formó parte de un convento benedictino del siglo XII. No obstante, las tres iglesias sufrieron daños de gran envergadura en 1993, cuando una bomba del IRA estalló en Bishopsgate. Hacia el oeste, la hermosa iglesia medieval de St. Bartholomew-the-Great, restaurada en gran parte durante el siglo XIX, logró también escapar al Gran Incendio, junto con el hospital más antiguo de Londres, St. Bartholomew's (conocido como Barts).

Se tardó unos diez años en reconstruir la ciudad, pero la consecuencia más importante fue la marcha acelerada de la población hacia las afueras de la ciudad, al otro lado del río, a Southwark, o hacia el oeste, a Westminster. El antiguo Londres desaparecía: la población descendió bruscamente y comenzó a tomar forma el nuevo Londres suburbano.

Sir Christopher Wren, arquitecto de St. Paul's Cathedral y de alrededor de 50 iglesias londinenses

Aunque se fabricaron miles de refugios antiaéreos para los jardines de los londinenses, la población de East End prefirió utilizar los refugios públicos. El más grande de ellos era un almacén de mercancías subterráneo en Stepney, donde 16.000 personas pasaban la noche hacinadas. Una red de galerías en Chislehurst, en Kent, disfrutaba de mejores instalaciones, con luz eléctrica, literas, servicios y un viejo piano, todo ello añadido a un cálido ambiente de solidaridad. Sin embargo, los refugios más populares eran las estaciones de metro. Se repartían billetes entre los más asiduos, se organizaban las literas y de vez en cuando surgían canciones improvisadas. A veces llegaban a reunirse cerca de 177.000 personas por noche.

En el último ataque nazi de 1944 se lanzaron aterradoras bombas volantes V1 desde el norte de Francia, a las que pronto siguieron los aún más rápidos y devastadores V2. Fue imposible preparar una defensa contra estos cohetes, por lo que murieron más de 2.000 londinenses

El bombardeo de Londres

Los apagones y el estruendo de las sirenas fueron el preludio del drama de la II Guerra Mundial en Londres: el Blitz.

El ataque aéreo de la ciudad comenzó el 7 de septiembre de 1940, cuando más de 320 bombarderos de la Luftwaffe remontaron el Támesis con el fin de desencadenar la devastación en el extremo oriental de la ciudad. Los bombardeos se prolongaron durante 57 noches consecutivas, y luego de forma intermitente durante seis meses más, arrojando cerca de 27.000 bombas sobre la ciudad. En noviembre del mismo año ya habían muerto más de 11.000 personas y otra 250.000 se habían quedado si hogar. En un primer moment el objetivo de los ataques era bombardear las zonas de East End, Docklands y La City, aunque rápidamente se extendieron al centro de Londres. El último ataque aéreo tuvo lugar el 10 de may de 1941, cuando 550 bombarderos azotaron la capital durante cinco horas, destruyendo el edificio de la Cámara de los Comunes (entre otros) y matando a más de 1.400 personas.

Después de la guerra se dio prioridad a la planificación de nuevas ciudades satélite y a la reparación de los cráteres que agujereaban la ciudad. En las décadas de 1950 y 1960 se construyeron numerosas torre de pisos, ensombreciendo la arquitectura típica de Londres

St. Paul's Cathedral, superviviente milagroso del bombardeo de Londres

En 1999 la Reina Madre de Inglaterra inauguró un monumento en el patio de St. Paul's Cathedral construido en memoria de los 30.000 londinenses que murieron en el Blitz. Era la mejor candidata para dedicar este monumento. En plenos bombardeos había visitado incansablemente los lugares devastados de la ciudad, y cuando el Buckingham Palace recibió un impacto directo, escribió: "Estoy contenta de que nos hayan bombardeado porque ahora puedo mirar al East End a la cara".

CURIOSIDADES LONDINENSES

Londres, la ciudad más grande de Europa, abarca más de 1.580 km².

La ciudad atrae cada año a más de 30 millones de visitantes. A pesar de las 95.000 habitaciones de hotel, se estima que son necesarias otras 20.000 para poder satisfacer la demanda.

A pesar de la introducción de una tasa para los vehículos que entran en el centro de la ciudad, el tráfico durante el día avanza aún muy lentamente. No es de extrañar que cerca de 5 millones de personas opten cada día por el metro.

Westminster, la parte más visitada de la ciudad, recoge diariamente cerca de 90 toneladas de basura procedente de sus calles.

La población actual de Londres, que ronda los 7,5 millones de personas, es la misma que en 1900, cuando era la ciudad más poblada del mundo.

Las instituciones financieras de la ciudad procesan cada día cerca de 200.000 millones de libras esterlinas en el mercado internacional de divisas y gestionan la mitad de las corredurías marítimas y fusiones y adquisiciones de todo el mundo.

El Millennium Dome, la estructura más grande de este tipo en el mundo, podría alojar la columna de Nelson de pie y la Torre Eiffel tendida.

La ciudad tiene 1.700 parques, de forma que se podría ir desde Westminster hasta Notting Hill, atravesando sólo jardines en un recorrido de 3,2 km.

El Millennium Bridge, que conecta la Tate Modern con St. Paul's Cathedral, es el primer puente peatonal construido en el Támesis desde 1900.

En el punto álgido de la recesión de 1992, la zona de Canary Wharf, recién acabada pero sin ocupar, perdía 38 millones de libras esterlinas al día.

Cada año se plantan cerca de 40.000 tulipanes frente a Buckingham Palace y otros 250.000 en Hampton Court.

Los 311 m de longitud de la estación de Canary Wharf son suficientes para albergar la Canary Wharf Tower, contigua a la estación y el edificio más alto de Gran Bretaña.

Battersea Dogs Home es el refugio para perros perdidos y no deseados más antiguo del mundo.

Canary Wharf Tower, en la zona de Docklands, se encuentra en la actualidad totalmente ocupada

Celebridades en Londres

El Londres de los escritores, los artistas, los músicos, los políticos o los filósofos... La metrópoli está repleta de placas azules que señalan las antiguas residencias de sus ilustres habitantes. Hoy en día, tampoco es difícil encontrarse con una auténtica leyenda. Londres está en continua evolución, de modo que es poco probable que todavía puedan verse artistas de vanguardia en los elegantes barrios de Hampstead o Chelsea. La revalorización de las propiedades ha provocado su marcha hacia Hackney, donde existe la mayor concentración de artistas de Europa. Se recomienda visitar los nuevos bares de moda de Shoreditch para descubrir a la estrella del mañana. No hay que olvidar tampoco ese refugio de acomodada bohemia, Notting Hill, donde se puede seguir de cerca a celebridades como Richard Branson, los cantantes Robbie Williams y Madonna o la diseñadora de moda Stella McCartney.

Arriba: Richard Branson prefiere vivir en Holland Park, cerca de Notting Hill

Londinenses creativos

Las principales zonas para los intelectuales de hoy se encuentran en barrios como Hampstead, Camden Town e Islington (elegido entre otros famosos por el escritor Salman Rushdie, el compositor Michael Nyman y la actriz Cate Blanchett).

Algunas de las casas han albergado incluso a más de un ilustre personaje, como es el caso de la que se encuentra en el 23 de Fitzroy Road, en Primrose Hill (metro: Chalk Farm), en la que una vez vivi el poeta irlandés W. B. Yeats y posteriormente la poetisa estadounidense Sylvia Plath. Plath se sintió atraída por la placa azul de Yeats cuando se dirigía al médico y decidió entonces que aquéllas eran la calle y la casa idóneas.

De acuerdo con sus inquietudes sociopolíticas, George Orwell (1903-1950) vivía más de cerca el ritmo de las calles menos eruditas, y frecuentaba la zona de Camden Town y las habitaciones sobre la librería en la que trabajaba, en South End Green. Más tarde, se mudó al 27 de Canonbury Square, en Islington (metro: Highbury e Islington), que en aquella época estaba lejos de ser un barrio aburguesado. Otro escritor con inquietudes sociales, H. G. Wells (1866-1946), vivía mientras tanto en el 13 de Hanover Terrace (metro: Baker Street), desde donde tenía una hermosa vista de Regent's Park.

El barrio de Chelsea también ha visto pasar a una serie de eminencias desde que Tomás Moro, canciller de Enrique VIII, construyera su majestuosa casa en Cheyne Walk en el siglo XVI. La notoriedad de Chelsea despegó realmente en la época victoriana, cuando se popularizaron los estudios de

rtistas por encargo. En esta poca, Oscar Wilde (1854-900) escribía sus obras en el 4 de Tite Street (metro: loane Square). Aunque la nujer y los hijos de Wilde ivían aquí, él disfrutaba con u novio Bosie de una doble ida que refleja en su novela l *retrato de Dorian Gray.*

Antes de que el stadounidense John Singer argent (1856-1925) se onvirtiera en el retratista de noda de Londres en su casa e Tite Street, su compatriota ames Whistler (1834-1903) intaba paisajes de Chelsea esde el 96 de Cheyne Walk.

lo obstante, no fue el rimero, ya que el gran aisajista J. M. W. Turner 1775-1851) ya había pintado esde su ventana en el úmero 119.

En el siglo XX, Chelsea eguía atrayendo a las mentes nás creativas y fue en Cheyne ow donde Ian Fleming scribió su novela *Casino oyale,* mientras T. S. Eliot vivía más abajo. La vida marital de este último quedó expuesta en el 24 de Russell Square en Bloomsbury, donde trabajó durante 40 años para los publicistas Faber & Faber (metro: Russell Square). Los aspirantes literarios que subían a la oficina se encontraban a menudo con la primera esposa de Eliot, Vivienne, que solía presentarse en el lugar con un cartel que decía: "Soy la mujer a la que él abandonó".

Ahora el dinero lo es todo en Chelsea; han desaparecido los bohemios, las amantes reales y los actores en apuros, hoy reemplazados por toda clase de famosos. Entre los vecinos del pasado y del presente se encuentran la ex primera ministra Margaret Thatcher (Chester Square), la actriz Joan Collins (Eaton Square) y el actor Hugh Grant.

T. S. Eliot y Ian Fleming (a la izquierda), creador de James Bond, fueron vecinos de la exclusiva calle de Cheyne Row, en Chelsea

La actriz Joan Collins tiene una casa en Eaton Square

Placas azules de Hampstead

John Keats (1795–1821), Wentworth Place, Keats Grove
Katherine Mansfield (1888–1923), 17 East Heath Road
D. H. Lawrence (1885–1930), 1 Byron Villas
John Constable (1776–1837), 40 Well Walk
George Romney (1734–1802), Holly Bush Hill
Anna Pavlova (1885–1931), Ivy House, North End Road
Sigmund Freud (1856–1939), 20 Maresfield Gardens

El Grupo de Bloomsbury

El círculo literario por excelencia de Londres era el Grupo de Bloomsbury. Entre sus miembros se encontraban los escritores Clive Bell y E. M. Forster, los pintores Roger Fry y Lytton Strachey, la pintora Vanessa Bell y su hermana, la escritora Virginia Woolf (1882-1941). Virginia y su marido, Leonard Woolf, marcaron el apogeo del grupo en 1924 cuando trasladaron Hogarth Press, hasta entonces en Richmond, a Tavistock Square, en Bloomsbury, junto a la venerable universidad de Londres. Todo aquello supuso un escándalo, así como la aventura lésbica de Virginia Woolf con Vita Sackville-West.

Virginia Woolf, novelista y personaje destacado del Grupo de Bloomsbury

Exiliados políticos

Democracia y tolerancia son dos de los sellos de Londres, por lo que no es de extrañar que numerosos políticos perseguidos se establecieran aquí. Napoleón III (1808-1873), sobrino de Napoleón Bonaparte, estuvo dos veces exiliado en Londres y en 1848 residió en el número 1 de King Street, en St. James's (metro: Green Park). Aproximadamente un siglo después, otro exiliado francés, el general Charles de Gaulle (1890-1970), residió en el número 4 de Carlton Gardens (metro: Charing Cross). Desde allí organizó el movimiento de la Francia Libre y se dirigió a la Resistencia antes de un regreso triunfal a París.

Al otro extremo del espectro se encontraba Karl Marx (1818-1883), quien entre 1851 y 1856 residió en lo que hasta entonces era un Soho sórdido, en el número 28 de Dean Street (metro: Tottenham Court Road), y más tarde escribió buena parte de *El capital* en la sala de lectura del British Museum. Fue enterrado en Highgate, bajo un gigantesco busto con la inscripción "Workers of the World Unite" [Trabajadores d mundo, ¡uníos!].

Su compatriota, seguidor y compañero de pensamiento, Friedrich Engels (1820-1895) fue enterrado también en el cementerio de Highgate, y entre 1870 y 1892 residió en e número 121 de Regent's Park Road, una atractiva ubicación con vistas al parque (metro: Camden Town). Los teóricos comunistas también recibiero la inspiración de Vladimir Ilyich Lenin (1870-1924), que en 1905 residió en el número 16 de Percy Circus, cerca de King's Cross (ahora el Royal Scot Hotel), desde donde iba andando a trabajar a la Londo Patriotic Society en Clerkenwell. Este edificio neoclásico del año 1737 alberga ahora la Marx Memorial Library (en el 37a de Clerkenwell Green, metro: Farringdon).

Esta imagen severa de Karl Marx se erige sobre el lugar en el que fue enterrado, en el cementerio de Highgate

Parques urbanos

os refugios verdes e Londres

o puede negarse que el país ente una gran devoción por arques y jardines. De hecho, pesar del aumento de la ontaminación y del tráfico, la udad conserva hermosos arques, y esto se debe a una ran voluntad colectiva. Las azas del centro de Londres onstituyen paraísos ucólicos tallados en medio e un caos general. En cuanto cielo se despeja lo más ínimo, los londinenses salen ipidamente al exterior para lajarse en sus hamacas, mar el sol en el césped y asear por sus parques.

olland Park

s uno de los parques más onitos e íntimos de Londres la zona preferida por los ecinos de Kensington y otting Hill para escaparse. us 22 hectáreas abarcan na zona de bosques y otra ardinada. También hay una ansión jacobina, de la que ólo se conserva el ala riental, que sobrevivió a una omba en 1941. La ondosidad del parque atrajo urante la época victoriana a una colonia de acaudalados artistas, que se establecieron en las cercanías del parque. Uno de estos artistas fue lord Frederic Leighton, cuya casa, ahora museo, posee una extraordinaria entrada adornada con arabescos y hermosas pinturas prerrafaelitas. Hoy en día, los acaudalados asiduos al parque visitan las exposiciones de arte de la Ice House o la Orangery Gallery y se permiten asistir a conciertos de verano por la tarde bajo carpas instaladas en el césped. El Kyoto Japanese Garden, al noroeste de la Holland House, ofrece un remanso de paz para aquellos que deseen meditar. Metro: Holland Regent's Park.

Los niños mandan

"Los adultos deben estar en todo momento acompañados de niños". Ésta es la regla en Coram's Fields, una amplia zona verde establecida en la década de 1940 junto a un hogar para niños abandonados (metro: Russell Square).

Lord Holland preside el parque al que él mismo da nombre

rosaledas de gran diversidad y fragancia (incluida una cascada de estilo japonés que es el lugar favorito de la población china para tomar las fotos de sus bodas) y un teatro al aire libre que escenifica con optimismo las obras de Shakespeare durante las noches de verano. En el espacio abierto que se encuentra más al norte, los juegos de pelota compiten con las cabras montesas del zoo por llamar la atención del espectador. En el perímetro occidental se alza la cúpula cobriza de la London Central Mosque, y entre los visitantes cosmopolitas del parque se encuentran musulmanes, judíos ortodoxos, chinos y americanos (la residencia del embajador de Estados Unidos se encuentra en el parque). Metro: Regent's Park.

El Kyoto Japanese Garden en Holland Park

El parque real situado más al norte es obra de John Nash, quien ideó un prototipo para los jardines de las ciudades inglesas y sus periferias, combinando lo urbano y lo rural a la vez. El objetivo de este diseño era atraer a la nobleza hasta lo que en aquel entonces quedaba bastante lejos del moderno West End.

El parque circular de 200 hectáreas está bordeado de un círculo exterior de residencias con estuco blanco dentro del cual se encuentra un círculo interior de glorias botánicas, con

Las plazas de Islington

A diferencia de Kensington y Chelsea, las plazas georgianas y de la época regente de Islington son en su mayoría públicas y se encuentran sorprendentemente bien cuidadas, a pesar de la avalancha constante de oficinistas que comen en ellas, los niños de la zona y las personas sin hogar que a veces duermen allí.

Southern Islington ofrece la intimidad de Wilmington Square y su caseta de

La vida en el parque

En verano, la parte norte de Hyde Park's (➤ 130–131) es testigo de la vitalidad de los londinenses. Meriendas en el césped y, para los más activos, patines en línea y paseos en barca.

a década de 1920, la armoniosa .loyd Square de estilo ›aladino (privada, ya que orma parte de una propiedad) · la amplia Myddelton Square, lominada por una iglesia. ;arnsbury, al norte, alberga la legante Gibson Square, con ın curioso capricho de ladrillo ue en realidad es una ventana le ventilación para la línea de netro Victoria, así como Ailner Square, única por su rquitectura neoclásica. Por ›tro lado están las casas ıeogóticas de ladrillo gris le Londsdale Square.

;attersea Park

:l parque se construyó en 858 sobre las 80 hectáreas de ierra en las que un día tuvo ugar el duelo entre el duque le Wellington y lord Vinchelsea, y que transcurrió in incidentes (ambos ›erdieron deliberadamente).

Hoy en día su ubicación, justo en la margen del río opuesta al barrio de Chelsea (lo que le ha hecho ganar el sobrenombre de South Chelsea), hace del lugar un refugio para aquellos que viven y trabajan en la zona, entre otros, decoradores de interiores o anticuarios de King's Road.

En el extremo oriental del parque se alzan las chimeneas de Battersea Power Station, cerrada desde 1983 para convertirla en un complejo de ocio. También cuenta con un encantador zoo infantil, aunque la gran sorpresa del parque es la Peace Pagoda, un edificio de dos niveles situado junto al Támesis erigido por budistas japoneses en 1985. La estación de tren más cercana al parque es la de Queenstown Road.

A la izquierda: el edificio budista Peace Pagoda en Battersea Park

Veneración por las flores

El Chelsea Flower Show tiene lugar cada año a finales de mayo y tradicionalmente forma parte de los acontecimientos sociales más destacados de Londres. **El National Gardens Scheme** organiza el acceso a casi 200 jardines privados de toda la capital. Están abiertos desde febrero hasta octubre y tienen un horario variable. Hay folletos informativos en las oficinas de turismo (► 35) así como en la página web www.ngs.org.uk

ardines secretos

Entre los jardines londinenses menos conocidos abiertos al público se encuentran:

Fenton House (Windmill Hill, Hampstead, tel: 020 7435 3471, www.nationaltrust.org.uk metro: Hampstead). Se trata de una casa del siglo XVII con un jardín amurallado en el que hay rosas, árboles frutales y hasta un huerto.
Ham House (Ham, Richmond, tel: 020 8940 1950, www.nationaltrust.org.uk metro: Richmond). Es una mansión del siglo XVII con elegantes jardines.
Roof Gardens (99 Kensington High St, W8, tel: 020 7937 7994, metro: High Street Kensington). Ésta es una de las joyas bucólicas de Londres. Los jardines fueron construidos en 1938 sobre unos grandes almacenes, a unos 30 m de altura, y son los más grandes de Europa en su categoría. El recinto tiene tres jardines temáticos: uno español (fuentes), uno de la época Tudor (estructuras de ladrillo rojo) y uno inglés (riachuelos, patos y flamencos). Albergan un centro de espectáculos, un club privado y el restaurante Babylon at the Roof Gardens. (tel: 020 7368 3993).

EL NUEVO LONDRES

¿Triatlón en Hyde Park? ¿Voleibol de playa en Horse Guards Parade? Sí, Londres e la organizadora de los Juegos Olímpicos de 2012. La cuent atrás comenzó el 6 de julio d 2005 cuando los miembros del Comité Olímpico Internacional votaron a favor de Londres tras una reñida lucha con París.

Para echar un vistazo a la ropa que proponen los jóvenes diseñadores sólo hay que acudir a mercados como el de Portobello (en los puestos bajo el paso a nivel) y el de Camden Lock. También se puede recorrer Monmouth Street en busca de nuevos talentos, y Bond Street y Brompton Cross en busca de grandes marcas.

Esto supone grandes cambios para la ciudad, que está reurbanizando la zona d East End con la construcción de enormes complejos deportivos y una villa olímpica en Stratford.

Pero el resto de Londres no se lo va a perder tampoco, ya que muchos de los deportes se van a celebrar en localizaciones memorables. Los ciclistas recorrerán a toda velocidad los puntos más importantes de la capital, los arqueros apuntarán en el estadio de *cricket* d Lord's. Algunos de los recintos son obvios (los partidos de tenis en Wimbledon), mientras que otros requieren un poco de imaginación (voleibol de playa en Horse Guards Parade). A pesar del tremend impulso que ha recibido Londres, aún queda mucho por hacer, y en los Juegos Olímpicos ya es tradición qu se supere el presupuesto inicial de la ciudad, en este caso de 2.500 millones de libras esterlinas.

La moda de Vivienne Westwood (abajo)

The London Eye

The British Airways London Eye (► 104) se ha convertido en uno de los iconos más importantes de la ciudad. Puede que los londinenses no se fiaran en un primer momento de una noria gigante –de 135 m de diámetro, y situada frente al Parlamento– desde la que observar la ciudad, pero su superestructura y las fantásticas vistas desde sus cápsulas (abajo) realzan, sin duda, la capital.

Londres impulsor de ndencias

No es la primera vez que Londres está en la cresta de la ola. La década de 960 también fue testigo una marea de ingenio e ventiva, encabezada por upos de música que no ocedían necesariamente la capital, pero que se contraban en ella. Los eatles llegaron desde verpool, pero sus estudios grabación en Abbey Road eron el centro de la música el país. En Londres latía el ulso del país con Carnaby reet, Kensington Market y ing's Road marcando el tono los seguidores de la moda, ientras que Mary Quant, iba, Ossie Clark o Freedom ortaban los patrones a juego. arnaby Street ya no es el entro de moda más anguardista y King's Road está dejando llevar por la orriente, pero los iseñadores nacionales han adurado hacia el realismo. lgunos, como Alexander lcQueen, John Galliano y tella McCartney, han irigido la fortuna de grandes asas de alta costura en rancia, mientras la gran dama de Londres, Vivienne Westwood, continúa perpleja. Por encima de todo, la moda de la calle sigue siendo importante, e incluso modistos parisinos como Jean-Paul Gaultier y Christian Lacroix admiten inspirarse en ella.

Renovándose

Los arquitectos más innovadores de Londres esculpen una imagen cada vez más renovada de la capital.

La Swiss Re Tower de Norman Foster

Abajo a la derecha: el asombroso Millennium Bridge conecta la Tate Modern con St. Paul's Cathedral

Abajo: aparece siempre en los lugares adecuados. Damien Hirst es *l'enfant terrible* de la escena artística de Gran Bretaña

Muchos de estos edificios han sido diseñados por Norman Foster (ahora lord Foster of Thames Bank, el señor del Támesis) y Richard Rogers (ahora lord Rogers of Riverside), socios en la década de 1960. El primer edificio de Rogers es el Lloyd's Building, un edificio altísimo y de alta tecnología situado en el corazón financiero de Londres, que abrió sus puertas en 1986, justo antes de que explotara la burbuja y

se declarara la recesión. La contribución más reciente de Foster, y el proyecto de la capital más llamativo desde el London Eye de British Airways (➤ cuadro 17), es la Swiss Re Tower, un sensacional rascacielos curv[o] de 180 m, conocido popularmente como The Gherkin (el pepinillo), que terminó de construirse en 2004. Se levanta en el lugar que ocupaba antes la antigu[a] compañía Baltic Exchange, e[n] el corazón de La City.

En la margen opuesta del río se encuentra el City Hall, otro asombroso edificio de vidrio y formas redondas, sede de la Greater London Authority. El Millennium Bridge es otra de las creaciones de Foster: el puente conecta la Tate Modern con St. Paul's Cathedral y señala el cambio general del centro cultural de la ciudad hacia el este.

La extensión de la línea de metro Jubilee Line también celebró la llegada del nuevo milenio con gran audacia arquitectónica, con estacione[s] diseñadas por diferentes

Galerías de arte contemporáneo

La **Saatchi Gallery** es el lugar idóneo para ver arte contemporáneo de vanguardia, pero otros recintos interesantes son la **Serpentine Gallery** (➤ 131), **Camden Arts Centre** (Arkwright Road, NW3, tel: 020 7472 5500) y **Hayward** (➤ 110). Una de las mejores galerías privadas es **Lisson Gallery** (52–54 Bell Street, NW1, tel: 020 7724 2739, metro: Edgware Road).

Bares de diseño

Entre los bares que mejor reflejan la nueva estética de la ciudad se encuentran **Sketch: Parlour** (9 Conduit Street, W1, metro: Oxford Circus), **LAB** (12 Old Compton Street, W1, metro: Leicester Square), **Alphabet** (61–3 Beak Street, W1, metro: Oxford Circus), **Bank** (1 Kingsway, WC2, metro: Covent Garden), **Milk & Honey** (61 Poland Street, W1, metro: Oxford Circus).

El arte por el arte

Provocador, incluso escandaloso, el Britpack (el nombre con el que se conoce a la generación más joven de artistas británicos) forma ya parte imprescindible de las galerías londinenses. Recibió su mayor impulso gracias a la acción del poderoso magnate y publicista Charles Saatchi, quien compró el trabajo de, entre otros, Hirst, los hermanos Chapman y Gary Hume. Entre los artistas londinenses más maduros se encuentran Rachel Whiteread, Anish Kapoor, Richard Deacon y los decanos de East End, Gilbert y George.

Arriba: el diseño de Foster para la estación de metro en Canary Wharf

arquitectos, desde Foster en Canary Wharf, hasta Will Alsop en North Greenwich, Ian Ritchie en Bermondsey y Chris Wilkinson en Stratford.

Jóvenes diseñadores

David Chipperfield, con tiendas como Joseph en Sloane Avenue, y John Pawson, el conocido rey del minimalismo, son algunos de los jóvenes diseñadores más importantes de Londres. Nicholas Grimshaw, famoso por el techo de cristal que se eleva sobre la estación de Waterloo, es otro de los diseñadores que se deben tener en cuenta. Para conocer el trabajo de más artistas del mañana, sólo hay que visitar el Design Museum en el 28 de Shad Thames (tel: 0870 833 9955. Metro: London Bridge ✚ 202 C2) o caminar por el Fashion and Textile Museum (83 Bermondsey Street, tel: 020 7407 8664, metro: London Bridge, ✚ 202 1B).

MOSAICO de culturas

La mezcla de culturas de Londres ha influido de forma trascendental en el carácter, la música, la vida urbana y los hábitos alimenticios. Desde la llegada de sus fundadores, el ejército romano y el emperador Claudio en el año 43 d.C., los habitantes de Londres han ido descendiendo de una gran variedad de culturas. En primer lugar, anglos, sajones y normandos; más tarde, las persecuciones religiosas empujaron a hugonotes franceses y a miembros de la comunidad judía europea, mientras que la necesidad económica atrajo a italianos, irlandeses y chinos. Sin embargo, la inmigración a gran escala no empezó hasta después de la II Guerra Mundial, con la llegada de emigrantes procedentes de países de la Commonwealth recién independizados.

Hoy en día, las zonas interiores de la ciudad condensan alrededor de 40 culturas diferentes, lo que hace el 30% de la población total. La tensión entre las distintas comunidades ha hecho que en el pasado se produjeran disturbios callejeros (en Notting Hill en

1958, en Whitechapel en la década de 1970 y en Brixton en 1981). Pero a medida que avanza la integración, es cada vez más difícil distinguir a los inmigrantes de antaño de aquellos que nacieron y se criaron en Londres.

Los jóvenes asiáticos tienen una mayor implicación en el mundo musical, sin olvidar cargos más tradicionales en el mundo empresarial, financiero, legislativo y de la restauración. La historia del millonario Muquim Amed (nacido en 1963 en Bangladesh) constituye un ejemplo del éxito de aquellas primeras generaciones. Tras empezar con las manos vacías en Brick Lane, ha llegado a poseer su propia cadena de restaurantes e incluso se tutea con el ex primer ministro Tony Blair. Los escritores Salman Rushdie y Hanif Kureishi también han impuesto su marca mundial.

Las calles londinenses reflejan la diversidad étnica

Un cierto sabor italiano

Todos los domingos próximos al 16 de julio tiene lugar la celebración del festival italiano anual. Una procesión recorre Clerkenwell Road desde St. Peter's, y Warner Street se llena de puestos de comida.

El presentador de telediario Trevor McDonald, así como un sinfín de deportistas, actores, músicos, políticos como el diputado Oona King y locutores y periodistas como Trevor Phillips, son algunos de los personajes destacados de la comunidad negra.

Entre los judíos de East End también hay una lista interminable de personas que hicieron una fortuna de la nada, como es el caso del peluquero Vidal Sassoon o de los dramaturgos Harold Pinter y Steven Berkoff.

Whitechapel

Al pasear por la calle Brick Lane, es posible apreciar el gemido procedente de la mezquita y el latido de la música *bhangra*. El corazón de este encantador barrio de East End, donde el nombre de las calles está escrito en bengalí, late a la sombra de Jamme Masjid, en su día iglesia de los hugonotes, más tarde, en 1897, sinagoga y, desde 1976, la gran mezquita.

No hay que dejar de visitar Beigel Bake, en el número 159 de Brick Lane, la tienda de rosquillas más famosa entre los taxistas, abierta las 24 horas del día. La tienda bulle a todas horas y sus largas colas recorren la calle los domingos por la mañana, cuando se celebra el mercadillo de segunda mano de Brick Lane.

Arquitectura clásica que se presta al popular alojamiento de áticos en Clerkenwell

En 1700, Londres acogió a cerca de 25.000 hugonotes franceses perseguidos, muchos de los cuales fundaron aquí empresas dedicadas a la seda, algunas con puntos de venta en el mercado de Petticoat Lane. En 1880 llegó otra ola de inmigrantes. Esta vez se trataba de la comunidad judía procedente de la Europa del Este dedicada a las industrias de la ropa y el calzado. A medida que fueron prosperando y retirándose del lugar, comenzaron a llegar inmigrantes bengalíes que fueron reemplazándolos, a su vez, con talleres dedicados al cuero.

En la página siguiente: en Covent Garden se pueden comprar los artículos necesarios para celebrar el Año Nuevo chino, ¡incluido el dragón!

Clerkenwell

El popular barrio de Clerkenwell, la parte de Londres donde existe el mayor número de áticos, se está deshaciendo poco a poco de su pasado de artesanos e inmigrantes. Una vez más, los hugonotes fueron los primeros en llegar aquí. A ellos se unieron en el siglo XIX los italianos, que tras dos guerras mundiales alcanzaron la cifra de 10.000 inmigrantes. De forma paralela vivía la comunidad de judíos jasídicos, quienes aún regentan el negocio londinense de diamantes en Hatton Garden.

La zona de Little Italy conserva aún fieles reliquias, como el negocio de sándwiches de Carlo's en el número 7 de St. John Street. La iglesia italiana oficial es St. Peter's, pero la iglesia de Holy Redeemer en Exmouth Market es la que guarda ecos más auténticos de Italia.

Soho

La comunidad china tiene su núcleo en Gerrard Street, en el Soho. Algunos chinos se establecieron aquí y abrieron tiendas, restaurantes y fumaderos de opio en el siglo XVIII, cuando los barcos de la Compañía de las Indias Orientales desembarcaban en Londres. Pero no fue hasta después de la II Guerra Mundial cuando los inmigrantes chinos que huían del régimen comunista (en su mayoría cantoneses) decidieron establecerse en el laberinto de calles al sur de Shaftesbury Avenue. De los 60.000 ciudadanos chinos que hay en Londres son muy pocos los que viven en esta zona hoy en día. Sin embargo, sigue siendo la mejor ventana a la cultura china.

Notting Hill

El primer grupo de inmigrantes procedente del Caribe tiritaba de frío en los muelles de Tilbury allá por el año 1948. Desde entonces han hecho sentir su exuberante presencia musical, artística y culinaria. A finales de agosto Notting Hill vibra de alegría y color caribeños con su carnaval, el segundo más grande del mundo después del de Río de Janeiro.

El Año Nuevo chino

La danza del león, los fuegos artificiales, los gorros de papier maché, los billetes y el ruido de la multitud. Se trata del Año Nuevo chino en Gerrard Street, una celebración que tiene lugar cada año a finales de enero o principios de febrero.

Wig&Pen
The Wig and Pen
Dining Club

Son dos los tipos de bares que ilustran las singulares tradiciones en la sociedad londinense. Por un lado, los clubes de caballeros están reservados a una minoría privilegiada que paga una cuota anual para poder relajarse en su interior mientras lee detenidamente el periódico *The Times* y disfruta de un whisky escocés. Por otro lado, los *pubs* están abiertos al público en general, hombre o mujer, rico o pobre, y, aunque abarrotados, ofrecen un ambiente acogedor para beber unas pintas de cerveza mientras se charla con los amigos o con los extraños. En los días cálidos, los *pubs* más populares a menudo extienden su clientela hacia las calles.

'Pubs' y clubes

Los clubes de caballeros

St. James's Street y Pall Mall forman el epicentro de los clubes de caballeros más distinguidos y antiguos de Londres. Tienen la entrada prohibida al público, pero sus fachadas señoriales dan muestra de lo que ocurre en su interior. Constituyen el bastión de la clase alta de Inglaterra, donde sólo se admiten miembros nuevos por medio de recomendación personal.

Cuando en un principio se fundaron como garitos en los que se realizaban apuestas, las continuas excentricidades y actos de rebeldía ensombrecieron la delicada imagen de la clase alta. El dinero apenas suponía un problema y se llegaban a ganar y a perder ingentes cantidades de dinero en apuestas que, aunque banales, condujeron en algunos casos a la quiebra e incluso al suicidio.

El cronista Horace Walpole llegó a comentar un incidente en el club más antiguo de Londres, White's (1693). Según él, "un hombre cayó muerto en la puerta del club, lo metieron dentro y el club comenzó rápidamente a hacer apuestas sobre si estaba muerto o no". Después de White's se fundaron dos clubes más de similares características, Brook's y Boodle's. Estos tres clubes siguen figurando hoy en día entre los primeros de su categoría y son frecuentados por las altas esferas de la sociedad británica.

En la página anterior: el gusto por la tradición en The Wig & Pen Club, en Fleet Street

El R.A.C. Club en Pall Mall

Los liberales reformistas fundaron en 1841 el Reform Club, lugar predilecto del autor Henry James. Fue en el salón de este mismo club en el que Phileas Fogg, personaje ficticio de Julio Verne, apostó que podía recorrer el mundo en sólo 80 días.

Desde 1970 algunos clubes han suavizado el veto a las mujeres. Así, el Carlton Club, bastión del Partido Conservador, tuvo que hacer una excepción para poder admitir a Margaret Thatcher. En otros sólo se admite a las mujeres como invitadas o, en el caso del Athenaeum, sólo les está permitido pasar al restaurante de la planta inferior.

No muy lejos está el Athenaeum Club, fácilmente reconocible por su friso neoclásico y la resplandeciente estatua dorada de Palas Atenea. En la biblioteca de este club trabajaban los escritores William Thackeray, Anthony Trollope y Charles Dickens.

Los clubes privados siguen proliferando en Londres, sobre todo en el Soho, aunque esta nueva generación dista mucho de sus antecesores en St. James's. Ahora las mujeres pueden entrar en los clubes y la mayoría de sus miembros ronda la treintena. Pero el principio sigue siendo el mismo: sólo se permite entrar con la autorización de uno de sus miembros. Actualmente, el club más destacado es Groucho's, en Dean Street, lugar predilecto de los entendidos de cine y periodismo.

Reglas victorianas

Muchos *pubs* conservan aún las vidrieras de colores, los espejos, las baldosas, los paneles de madera y los techos altos de la época victoriana. Éstos son algunos de los *pubs* más clásicos:

Red Lion
(2 Duke of York Street, SW1
metro: St. James's Park, Green Park ✚ 197 E1)

Dog & Duck
(18 Bateman Street, W1
metro: Tottenham Court Road ✚ 197 E2)

The Lamb
(94 Lamb's Conduit Street, WC1
metro: Russell Square ✚ Fuera del plano 200 B5)

Paxton's Head
(153 Knightsbridge, SW1
metro: Knightsbridge ✚ 195 F2)

Pubs'

.os *pubs* se están nodernizando con el tiempo. \lgunos de ellos ofrecen .hora platos que no tienen ıada que envidiar a los de los estaurantes más prestigiosos.)tros han optado por la elevisión vía satélite y ;randes pantallas para animar ı su clientela, consiguiendo ın cálido ambiente en las etransmisiones de los eventos leportivos más importantes. ʼero, a pesar de los cambios, os *pubs* siguen siendo el pilar ɪrincipal del barrio y de la ʼida social después del rabajo. Aunque distan mucho le lo que eran en origen, su :ometido sigue siendo el nismo: beber y charlar.

Fue en la época victoriana :uando los *pubs* aumentaron le número, pero a finales del iglo XX comenzó a lesvanecerse la clásica livisión entre el "bar público" imple (donde nacían los ɪebedores empedernidos) y el bar salón" enmoquetado (al ue acudían las parejas y las lases medias). Los cambios egislativos en cuanto a la ʼenta de alcohol en un ıorario más amplio han ɪropiciado las largas tardes :n las mesas exteriores del *ub*, al estilo continental, ıaciendo desaparecer el .mbiente enclaustrado propio le la época victoriana.

***Pubs* tradicionales londinenses como el Dog and Duck se ven amenazados por el auge de *pubs* sin carácter**

Protocolo en el 'pub'

Los *pubs* funcionan según el sistema de primero en llegar, primero en ser servido. Su verdadera esencia reside en el hecho de que pueden vender cualquier marca de cerveza y la decoración refleja el gusto del propietario. Sólo pueden comprar alcohol los mayores de 18 años, y constituye un delito comprar alcohol a un menor (aunque adolescentes de 16 y 17 años acompañados de un adulto pueden consumir cerveza, vino o sidra durante la comida en cualquier *pub* o restaurante). Muchos *pubs* permiten la entrada a los niños, aunque pueden tener el acceso restringido a determinadas zonas. Si cree que puede haber dudas acerca de su edad, lleve siempre consigo su carné de identidad o su pasaporte. Desde julio de 2007 una nueva ley prohíbe fumar en todos los lugares públicos cerrados.

Horarios

Durante años, la mayoría de los *pubs* abría a lo largo del día y cerraba normalmente a las 23.00 (los domingos a las 22.30). Sin embargo, en noviembre de 2005 entró en vigor una ley que permite el consumo de alcohol las 24 horas, lo que ha permitido a *pubs*, clubes y bares del país solicitar la ampliación de horas de negocio. En realidad, son pocos, si es que los hay, los que quieren permanecer abiertos todo el día, pero muchos locales han ampliado sus licencias para poder cerrar a la 1.00 los jueves, viernes y sábados.

'Pubs' de categoría

The Engineer (65 Gloucester Avenue, NW1, metro: Camden Town) tiene barra para comidas rápidas, así como un auténtico restaurante. A esto se suma un jardín en el exterior y salas en la planta de arriba decoradas con espejos.

Market Bar (240a Portobello Road, W11, metro: Notting Hill Gate, Ladbroke Grove, ✚ Fuera del plano 194 A4) atrae a aquéllos que visitan el mercado y a los bohemios de la zona gracias a su bar y restaurante neogótico.

The Peasant (240 St John Street, EC1, metro: Angel, ✚ Fuera del plano 201 E5) cuenta con una barra decorada con un mural de San Jorge y un restaurante de diseño.

LO MEJOR DE LONDRES

MÚSICA GRATIS

• En la **plaza de Covent Garden** (► 150-151) es posible escuchar desde xilófonos vietnamitas hasta flautas peruanas o guitarras eléctricas londinenses.

• El **Barbican Centre** (► 88) ofrece conciertos gratuitos de jazz en su bar los domingos a mediodía.

RUTAS DE AUTOBUSES

• **Nº 7.** Pasa por las tiendas de Oxford Street hasta Marble Arch, Edgware Road (el enclave londinense de Oriente Medio), la estación de Paddington, la moderna Westbourne Grove, atraviesa las calles más pobres de Notting Hill y concluye su recorrido en Portobello Road.

• **Nº 15.** Desde el centro de Oxford Circus hasta Piccadilly Circus, Trafalgar Square, Strand y Aldwych, pasando por Fleet Street sube por Ludgate Hill hasta St. Paul's Cathedral, The Monument y la Torre de Londres (► 184-186)

• **Nº 38.** Desde Victoria, a través de Belgravia, pasando por los jardines del Buckingham Palace y Piccadilly hasta el Soho, las librerías de Charing Cross Road y Bloomsbury (a pocos pasos del British Museum). Continúe en el autobús para llegar a Clerkenwell e Islington.

• **RV1.** Esta nueva ruta (facilitada por First, tel: 020 7222 1234) une los recintos culturales y artísticos de South Bank con la zona de tiendas y teatros de West End, y La City, desde la estación de tren Tower Gateway, cerca de la Torre de Londres, con la zona de tiendas y ocio de Covent Garden pasando por la estación de tren de London Bridge y la Tate Modern.

MERCADOS DE ANTIGÜEDADES Y OBJETOS DE SEGUNDA MANO

• **Bermondsey Market** (Bermondsey Square, SE1, ✚ 202 B1). Ofrece objetos de plata, cuadros y muebles curiosos. Se recomienda visitarlo el viernes al amanecer para disputarse verdaderas gangas con los anticuarios más profesionales.

• **Los mercados de Camden** (► 152) son ideales para todos aquellos que anhelen artesanía, joyas, adornos exóticos, objetos o muebles de diseño. Cuenta con innumerables puestos de comida y bebida. De jueves a domingo.

• **Portobello** (► 131) para cualquier cosa, desde frutas y verduras hasta otras curiosidades, fantasías de jóvenes diseñadores y antigüedades (verdaderas o no). Mejor los sábados.

Arriba: Tower Bridge iluminado por la noche

Centro: Pâtisserie Vale[rie] en el Soho

A la derecha: un puesto en Camden Town

VISTAS DESDE LOS PUENTES

• **Albert Bridge** (metro: Sloane Square). No es sólo una oda más de la reina Victoria a su esposo fallecido, sino un puente suspendido mágicamente iluminado entre Battersea Park y Chelsea. En él se puede disfrutar de las vistas del puerto de Chelsea, Cheyne Walk al norte y la monumental Battersea Power Station al este.

• **Blackfriar's Bridge** (metro: Blackfriars ✚ 201 D3). El puente más grande del Támesis ɩfrece las vistas del horizonte de Southwark al ur, incluyendo la Tate Modern, St. Paul's Cathedral y sus chapiteles, las torres de a City al norte, South Bank Centre, Waterloo ridge y Westminster al oeste.

• **Tower Bridge** (➤ 76-77). Desde este ímbolo londinense puede apreciarse el úmero de áticos que se han construido a la rilla del río sustituyendo los antiguos nuelles, así como el *HMS Belfast* en la margen ur y las pequeñas torretas y los muros de la Torre de Londres a lo largo de St. Katherine's Dock al norte. El puente se abre cerca de 500 eces al año para permitir el tráfico fluvial.

SI SÓLO FUERA A UN/UNA...

... **comedia**, debería visitar Comedy Store (➤ 66).

... **cafetería de estilo continental**, debería acudir a la Pâtisserie Valerie del Soho (➤ 158) o sus otras filiales.

... **bar con vistas**, debería visitar la terraza de la Oxo Tower (➤ 109).

Pros y contras

Londres es el único lugar en el que el niño se convierte completamente en hombre.
William Hazlitt (1778–1830)

Londres es una moderna Babilonia.
Benjamin Disraeli (1804-1881)

La vida en la ciudad nutre y perfecciona cada uno de los elementos civilizados del hombre. Shakespeare no escribió más que ripios antes de llegar a Londres, y no volvió a escribir una línea después de marcharse.
Oscar Wilde (1854–1900)

Londres, esa gran fosa de aguas residuales en la que irresistiblemente desembocan todos los vagos y haraganes del Imperio.
Sir Arthur Conan Doyle (1859-1930)

Miles de calles altas y bajas, de patios y claustros, de calles en media luna y círculos, de senderos, parques y paseos, y jardines, y calles de antiguas caballerizas, y muelles, palacios y castillos y mansiones y salones y simples casas… existen formas de ir y lugares a los que llegar… Londres es, en otras palabras, un laberinto. Estaba sencillamente asombrado, sorprendido de que me hubiera llevado tanto tiempo darme cuenta de que estaba perdido.
Dale Peck, (Granta 65: London, 1999)

He aprendido a aceptar a Londres como mi musa. Ahí estaba yo en un principio, sentado en el metro, cuando de repente vino a mí: sucia, pintarrajeada, maloliente, vieja y borracha. Sin embargo, ahora somos inseparables, y vamos de la mano recorriendo la Circle Line una y otra vez, hasta la eternidad.
Will Self, (Granta 65: London, 1999)

Odio esta caminata diaria de diez minutos, bordeando las frías plazas, pasando por las puertas de las tiendas aún por abrir, cuando los gatos arañan el cristal de las ventanas, para sentir más tarde el hormigueo de Queensway, atravesando el escalofriante tráfico y el dulce olor de la basura de ayer.
Martin Amis, (Éxito, 1978)

Londres no quiere dejarte escapar… Si viajas desde Londres a Brighton en coche, tendrás que pasar por setenta y cinco semáforos y doce falsos amaneceres antes de que puedas llegar a la autopista.
Ian Parker, (Granta 65: Londres, 1999)

No es un lugar agradable; no es grato, ni alegre, ni fácil, ni libre de reproches. Es sencillamente magnífico.
Henry James (1843-1916)

La gran ciudad está día y noche en pleno movimiento, tan ancho como el océano, con el trabajo pesado y el pitido de la maquinaria…, la aventura comercial…, el sucio Támesis, la atmósfera cargada de carbonilla; los parques y plazas… la ciudad con sus inmensos ricachones.
Dostoievski (1821-1881)

Un domingo lluvioso en Londres: tiendas cerradas, calles casi vacías; el aspecto de un enorme y cuidado cementerio. Las pocas personas que hay en este desierto de plazas y calles, corriendo bajo sus paraguas, parecen fantasmas agitados. Es horrible.
Hippolyte Taine (1828-1893)

Información general

Al llegar

Heathrow y Gatwick son los principales aeropuertos de Londres. Sin embargo, Stansted y London City Airport ofrecen cada vez más conexiones con el continente europeo.

Desde Heathrow

El aeropuerto de Heathrow (LHR) se encuentra al oeste, a 24 km del centro de Londres, y tiene buenas conexiones tanto por carretera como en tren. Todos los servicios que se detallan a continuación están bien señalizados y tienen salidas desde las cuatro terminales del aeropuerto. La quinta terminal (T5) está aún en construcción.

- La línea Piccadilly del **metro londinense** circula de 5.00 a 00.30 (de lunes a sábado) y de 5.50 a 22.50 (los domingos). Llega al centro de Londres y tarda aproximadamente una hora. Es la opción más económica.
- El tren de alta velocidad de **Heathrow Express** llega a la estación de Paddington. Circula de 5.10 a 23.25, sale cada 15 minutos y tarda aproximadamente 15 minutos. Es una opción rápida, pero cara.
- También se puede coger un **taxi** desde cualquiera de las terminales. Se tarda alrededor de una hora y puede costar entre 46 £ y 50 £ llegar al centro de Londres. No hay que olvidar el 10% de propina para el taxista.

Desde Gatwick

El aeropuerto de Gatwick (LGW) se encuentra al sur, a 43 km del centro de Londres. El transporte público para llegar a la ciudad incluye el servicio de un tren rápido.

- El servicio de tren de **Gatwick Express** conecta el aeropuerto con la estación Victoria, en el centro de Londres. Durante el día circula cada 15 minutos, durante la noche, cada hora. El último tren sale a la 1.35 y el primero a las 4.35. El viaje dura entre 30 y 35 minutos. Thameslink ofrece un servicio alternativo, que llega hasta la estación de King's Cross.
- El servicio de autobuses de **National Express** sale cada hora en punto. Circula de 7.00 a 23.00 y lleva a la estación de autobuses de Victoria. El viaje dura aproximadamente 1 hora y 15 minutos.
- Los **taxis** salen desde el exterior de la terminal. El trayecto hasta el centro se acerca a 1 hora y 15 minutos y los precios rondan las 80 £.

Desde Stansted

El aeropuerto de Stansted (STN), pequeño y moderno, se encuentra al noreste, a 48 km del centro de Londres.

- El servicio de tren de **Stansted Express** conecta el aeropuerto con la estación de Liverpool Street. Circula de 5.30 a 24.00, y sale cada 15-30 minutos. El viaje dura unos 45 minutos.
- El servicio de autobuses de **National Express** conecta el aeropuerto con la estación de autobuses de Victoria. Circula las 24 horas y sale cada 30 minutos. El viaje dura aproximadamente 1 hora y 30 minutos.
- Dentro del aeropuerto existe un mostrador para reservar **taxis.** El trayecto hasta el centro de Londres puede costar unas 86 £ y puede prolongarse entre 1 y 2 horas.

Desde London City Airport

El aeropuerto de London City Airport (LCY) es el único que se encuentra dentro de la capital. Está a sólo 14,5 km del centro de la ciudad.

- El mejor medio de transporte desde este aeropuerto es el tren de **Docklands Light Railway.** Los trenes con servicios a Canary Wharf, Canning Town, Bank y otras estaciones de metro salen cada 7 minutos y el trayecto dura entre 8 y 22 minutos. Hay billetes desde 1,5 £.
- El trayecto en **taxi** hasta Liverpool Street es de unos 30 minutos y puede costar unas 16 £. Los viajes al centro de Londres pueden llegar a costar unas 25 £, aunque depende en gran medida del tráfico de la ciudad.

Viajar en tren

Los servicios internacionales de tren que salen desde Francia (Lille y París) y Bélgica (Bruselas) llegan a la estación de St. Pancras International Terminal, donde hay conexiones con el metro de Londres.

Cómo desplazarse

El servicio de autobuses y metro opera de 5.00 a 00.30 (los domingos de 7.30 a 23.30). A partir de esta hora entra en funcionamiento la red de autobuses nocturnos. El sistema de transportes está dividido en zonas: seis para la red de metro y cuatro para la red de autobuses. Tanto si se utiliza el autobús como el metro, es obligatorio tener el billete válido para la zona a la que se viaja o el viajero será responsable del pago de una multa en el acto. Para más información sobre el transporte en Londres se puede consultar la página www.tfl.gov.uk

Bonos de transporte

Si se tiene la intención de viajar varias veces en metro o en autobús, se recomienda la compra de un bono para viajar de forma ilimitada durante ese período. Hay que asegurarse de que el bono cubra todas las zonas que se desea visitar; la mayoría de los lugares que aparecen en esta guía se encuentran en las zonas 1 y 2.

- Los bonos denominados ***travelcards*** son válidos para viajar en autobús, en metro, en trenes ligeros de la red Docklands Light Railway y en algunas líneas de la red National Railways. Sólo se pueden utilizar para viajar después de las 9.30 entre semana y a cualquier hora durante los fines de semana o los días festivos. Los bonos de familia ***(family travelcards)*** y para fines de semana ***(weekend travelcards)*** son también bastante económicos. Todos estos bonos pueden adquirirse en las estaciones de metro, en los puntos de información, en las estaciones de tren o en las tiendas que tengan el logo del transporte de Londres.

El metro

La red de metro *(underground)* está dividida en 12 líneas, representadas con colores en todos los mapas y letreros.

- Los billetes y los bonos de transporte pueden adquirirse en las máquinas y en las taquillas que se encuentran en las estaciones de metro.
- Si se va a hacer más de tres viajes en metro en un solo día o se va a viajar en autobús y metro, **se recomienda la compra de un bono de transporte.**
- Si se va a viajar por el centro de Londres durante varios días, se recomienda la compra de un **bono de 10 viajes** para utilizar en la zona 1.

Autobuses

En Londres existe una amplia red de autobuses. Son una buena opción para trayectos cortos, aunque demasiado lentos para trayectos más largos.

- La mayor parte de la población compra los billetes antes de montar en el autobús. Existen máquinas junto a las principales paradas de autobuses. También se pueden adquirir en las estaciones de autobuses y trenes y en algunas tiendas.
- Los autobuses típicos londinenses, que tienen una entrada en la parte trasera y un revisor para cobrar los billetes, sólo circulan en dos rutas: Routemaster Heritage Tours.
- En el resto de autobuses, el pasajero entra por la puerta delantera para enseñar el billete o el bono al conductor y se baja por la puerta trasera.

Docklands Light Railway (DLR)

Los trenes de Docklands Light Railway pertenecen a una red de trenes ligeros que circulan sobre la superficie de Londres. Circulan desde la estación de metro de Bank hasta las de Lewisham en el sur, Stratford en el norte y Beckton en el este. La mayoría de los visitantes utilizan este medio de transporte para llegar a Greenwich. Los billetes de metro y bonos de transporte son válidos para viajar en la red de DLR.

Taxis

Se pueden conseguir taxis negros (aunque muchos de ellos tienen ahora colores chillones) en el exterior de las estaciones, en los hoteles o en las calles de Londres.

- Para alquilar un taxi, busque los que tienen el letrero *For hire*.
- Todos los taxis tienen un contador y la tarifa dependerá de la hora; se aplican recargos después de las 22.00. Se suele ofrecer un 10% de propina.
- **Radio Taxis** (tel: 020 7272 0272) y **Dial-a-Cab** (tel: 020 7426 3420) ofrecen servicios las 24 horas del día.
- **Black Taxi Tours of London** (tel: 020 7935 9363; www.blacktaxitours.co.uk) ofrece recorridos de 2 horas por los lugares de mayor interés turístico.

Autobuses turísticos

Varias compañías ofrecen rutas privadas por los lugares de mayor interés turístico. Ofrecen recorridos en autobuses descubiertos y con explicaciones en distintos idiomas. Son autobuses con un pase diario, a los que se puede subir y bajar en distintos puntos del recorrido.

Big Bus Company (tel: 020 7233 9533; www.bigbustours.com)
The Original London Sightseeing Tour (tel: 020 8877 2120; www.theoriginaltour.com)

Alquiler de coches

El coche puede ser una incomodidad en Londres debido, sobre todo, al tráfico congestionado de la ciudad y a la dificultad de encontrar aparcamiento, bastante caro. Aparcar en lugares prohibidos puede conllevar una multa o la inmovilización inmediata del vehículo. Sólo merece la pena alquilar un coche para hacer alguna excursión fuera de la ciudad. Todas las compañías internacionales de alquiler de coches tienen oficinas en el centro de Londres.

Alamo (tel: 0870 400 4562)
Avis (tel: 0870 010 0287)
Europcar (tel: 0870 607 5000)
Hertz (tel: 0870 844 8844)

Conducir

Es necesario un permiso de conducir en regla o un permiso internacional (disponible en las oficinas de tráfico del país de origen).

- En el Reino Unido, el tráfico circula por la **izquierda.**
- El **límite de velocidad** por zonas pobladas es de 48 km/h; en vías de un único sentido, de 97 km/h; y en vías de dos sentidos y autopistas, de 113 km/h. Los **cinturones** son obligatorios.

Peaje urbano

Todo coche que circule entre las 7.00 y las 18.30 de lunes a viernes, días festivos excluidos, tiene que pagar 8 £. Se puede pagar por Internet (www.cclondon.com), por teléfono (tel: 0845 900 1234), en estaciones de servicio y tiendas, o con tarjeta de crédito o débito en las máquinas que hay en los aparcamientos. Se puede pagar antes de las 24.00 del día en cuestión o hasta 90 días antes de circular por la zona. La cuota aumenta si el pago se realiza después de las 22.00 del día en cuestión.

Oficina de turismo

Britain and London Visitor Centre
✉ 1 Lower Regent Street
☎ 0870 156 6366
🕐 Lu 9.30-18.30, ma-vi 9.00-18.30, sá-do 10.00-16.00 (verano 10.00-17.00)

Precios
Precio de las entradas a los museos y lugares de interés recogidos en esta guía:

Económico	menos de 3 £	**Caro**	7–10 £
Moderado	3–6 £	**Muy caro**	más de 10 £

Alojamiento

Londres es una ciudad cara, y así lo reflejan sus hoteles.

Hoteles

El listado que aparece a continuación recoge los mejores hoteles de la ciudad por su servicio, su encanto y la calidad de sus instalaciones.

Hostales

Los hostales conocidos como Bed and Breakfast (B&B) pueden ser una alternativa más económica a los hoteles. Los más sencillos ofrecen una habitación con baño compartido en una casa privada, pero también hay otros más sofisticados que disponen de habitaciones con baño privado en hermosas casas de época.

Alojamiento económico

Para aquellos viajeros con presupuesto reducido, Londres puede suponer una especie de desafío.

- Los **albergues juveniles** *(youth hostels)* que pertenezcan a la red Youth Hostel Association (YHA) son un buen punto de partida, si no hay inconveniente en dormir en literas en dormitorios de unisex. Algunos albergues tienen también dormitorios familiares.

- Para hospedarse en estos albergues es necesario ser miembro de la asociación de albergues juveniles (tel: 0870 770 8868 en Reino Unido; 00 44 1629 592700 fuera del Reino Unido; www.yha.org.uk). Para obtener más información acerca de los albergues en Londres, se puede visitar la página web (www.yhalondon.org.uk). La inscripción cuesta alrededor de 16 £ (10 £ para los menores de 26 años).
- Desde finales de junio hasta mediados de septiembre es posible alquilar habitaciones en las **residencias universitarias.** Una de las residencias universitarias mejor ubicadas, cercana a los museos de South Kensington (15 Prince's Gardens, SW7, tel: 020 7594 9507. Metro: South Kensington), es **Imperial College of Science and Technology.**

Descuentos de temporada

Los meses de julio, agosto y septiembre son los de mayor afluencia y altos precios, así como la época de Semana Santa y las semanas previas a la Navidad. Sin embargo, en los meses de invierno, noviembre, enero y febrero en particular, se pueden encontrar algunas ofertas. El período comprendido entre el día de Navidad y el día de Año Nuevo es también relativamente tranquilo (muchos hoteles ofrecen tarifas especiales después del día 26 de diciembre y antes del día de Nochevieja, pero hay que preguntar por las ofertas).

Precios
Precio aproximado de una habitación doble:

£ menos de 75 £ **££** 75–150 £ **£££** 150–250 £ **££££** más de 250 £

Abbey Court Hotel ££–£££

Elegante casa ubicada en Notting Hill y próxima a Kensington. Cada habitación tiene su propia decoración y un mobiliario de gran calidad. Tiene servicio de habitaciones para comidas ligeras y el desayuno se sirve en el jardín acristalado.

194 A4 20 Pembridge Gardens, Kensington, W2 020 7221 7518; fax: 020 7792 0858; www.abbeycourthotel.co.uk Notting Hill Gate

The Academy £££

Este acogedor y luminoso hotel de Bloomsbury ha sido construido utilizando el espacio de cuatro casas de la época georgiana. Las habitaciones están completamente renovadas y climatizadas; los estudios son bastante amplios y están muy bien equipados. La comida también es buena: el desayuno es variado y los menús para el almuerzo y la cena tienen platos con toques mediterráneos.

197 E3 21 Gower Street, WC1 020 7631 4115; fax: 020 7636 3442; www.theetoncollection.com Goodge Street

The Amsterdam Hotel ££

Este hotel está ubicado en una tranquila calle, muy cerca de la estación de metro de Earl's Court. Las paredes del vestíbulo y de la escalera están llenas de grabados modernos, y el uso de tejidos y colores en tonos pastel caracterizan las 28 cómodas habitaciones. Los clientes tienen acceso a unas pequeñas cocinas.

Fuera del plano 194 A1 7 Trebovir Road, SW5 020 7370 5084; fax: 020 7244 7608; www.amsterdam-hotel.com Earl's Court

Ashlee House £

Se trata de un hostal bastante original y con estilo situado a sólo unos minutos de la estación de King's Cross, así como rodeado de buenos restaurantes. Se encuentra en un lugar inmejorable, con Covent Garden

Piccadilly Circus a sólo un paso. Es n lugar limpio y seguro en el que ospedarse, bastante popular entre ›s mochileros. Hay habitaciones ıdividuales, dobles y más grandes, y l desayuno está incluido en el precio.

Fuera del plano 200 C5 ✉ 261–265 Grays Inn Road ☎ 020 7833 9400; fax: 020 7833 9677; www.ashleehouse. co.uk Metro/overground station King's Cross

›ryanston Court ££

ólo hay que buscar el elegante ɔldo azul que caracteriza a este otel en la calle de casas georgianas róximas a Marble Arch. Su bar se semeja a los típicos clubes de aballeros, con sus sillas de cuero y us viejos retratos. Se sirven esayunos y comidas ligeras para enar durante la semana. Las abitaciones son modernas y de iferentes tamaños.

196 A2 ✉ 50–60 Great Cumberland Place, W1 ☎ 020 7262 3141; fax: 020 7262 7248; www.bryanstonhotel.com

ːlaridge's £££–££££

)urante más de un siglo, Claridge's a disfrutado la visita de miembros e la realeza, jefes de Estado y altos ignatarios. Una importante emodelación ha conseguido renovar ıs instalaciones del hotel, sin parentemente grandes cambios. .as habitaciones disponen ahora de ›s últimos sistemas de elecomunicaciones, así como de un otón de llamada para el servicio. .as *suites* y las habitaciones de lujo on extraordinarias.

196 C2 ✉ Brook Street, W1 ☎ 020 7629 8860; fax 020 7499 2210; www.claridgeshotel.com Bond Street

;ate Hotel ££

:sta casa georgiana está ubicada en na de las zonas más de moda de la apital. El mercado de antigüedades e Portobello Road (que se celebra ›s sábados) está a la vuelta de la squina. Aunque sus habitaciones on pequeñas, tienen de todo: ·igorífico, televisión, radio, teléfono, ıinibar y baño.

194 A4 ✉ 6 Portobello Road, W11 ☎ 020 7221 0707; fax: 020 7221 9128; www.gatehotel.com Notting Hill Gate

Goring Hotel £££–££££

Magnífico ejemplo de hotel británico tradicional y, como tal, merecidamente popular. Sus clientes se sienten atraídos por la decoración clásica del lugar, propia de la realeza, por el servicio ejemplar (que lleva trabajando años en el hotel) y por las estupendas instalaciones. Sus habitaciones están totalmente climatizadas y los baños, provistos de duchas de gran presión.

198 C3 ✉ Beeston Place, Grosvenor Gardens, SW1 ☎ 020 7396 9000; fax: 020 7834 4393; www.goringhotel.co.uk Victoria

Hampstead Village Guesthouse £–££

Esta casa victoriana, junto a la High Street de Hampstead, está abarrotada, aunque de forma encantadora, de antigüedades, objetos curiosos y recuerdos familiares. La mayoría de las habitaciones cuentan con baño privado y todas tienen bandeja de bienvenida. El desayuno se sirve en el jardín (si el tiempo lo permite).

Fuera del plano 197 D5 ✉ 2 Kemplay Road, NW3 ☎ 020 7435 8679; fax: 020 7794 0254; www.hampsteadguesthouse.com Hampstead

Hart House Hotel ££

Este encantador y cuidado hotel ocupa una casa georgiana junto a Oxford Street. Tras varias restauraciones, conserva aún gran parte de su elegancia, propia de finales del siglo XVIII, y en él abundan también las comodidades de hoy en día. Sus elegantes habitaciones con baño privado están decoradas con muebles de gran calidad.

196 A3 ✉ 51 Gloucester Place, W1 ☎ 020 7935 2288; fax 020 7935 8516; www.harthouse.co.uk Baker Street

Hotel 167 ££

Este pequeño y cuidado hotel, próximo a Harrods y a los museos de South Kensington, tiene 19 habitaciones, todas con baño privado, mini frigorífico y vídeo. El desayuno se sirve en las mesas de su encantador vestíbulo. Su precio tan modesto y su posición tan céntrica hacen que sea necesario reservar con mucha antelación.

Fuera del plano 195 E1 · 167 Old Brompton Road, SW5 · 020 7373 3221; fax: 020 7373 3360; www.hotel167.com · South Kensington

London County Hall Premier Travel Inn Metro ££

Sus habitaciones son sencillas pero a la vez prácticas, cuidadosamente diseñadas y bastante cómodas. Todas tienen baño privado y capacidad para dos adultos y dos niños (menos de 15 años). No hay otro lugar que supere la relación precio-situación que ofrece esta cadena hotelera (junto a London Eye y frente al Parlamento, aunque sin vistas a ellos). Ocupa la parte moderna del antiguo County Hall, la anterior sede de la Greater London Authority.

200 B2 · County Hall, SE1 · 0870 238 3300; fax: 020 7902 1619; www.travelinn.co.uk · Westminster

London Marriott County Hall £££–££££

Al igual que su vecino, el Premier Travel Inn Metro (► arriba), el Marriott ocupa parte del antiguo County Hall, y tiene una excelente ubicación, junto a London Eye. Ubicado en el ala más antigua del edificio, ofrece una vista inmejorable del Parlamento junto al río Támesis. Las habitaciones están elegantemente diseñadas y decoradas con esmero para satisfacer las necesidades de un viaje de negocios. El spa del hotel es el lugar ideal para reponerse después de un día ajetreado.

200 B2 · County Hall, SE1 · 020 7928 5200; fax: 020 7928 5300; www.marriott.com · Westminster

The Ritz ££££

César Ritz abrió este hotel en 1906 tras el éxito del hotel Ritz en París. Sigue siendo uno de los hoteles de moda de Londres, caracterizado por un exterior que es pura elegancia parisina y por un interior restaurado como en los años de la *belle époque.* El mobiliario francés, los coloridos motivos florales y los detalles dorados de sus antiguas paredes enlucidas, así como las instalaciones modernas, ofrecen a sus clientes gran confort en las habitaciones.

199 D5 · 150 Piccadilly, WI · 020 7493 8181; fax: 020 7493 2687; www.theritzlondon.com · Green Park

Thanet Hotel ££

Este hotel familiar de estilo georgiano se encuentra en pleno corazón de Bloomsbury. Sus 16 habitaciones están decoradas con muy buen gusto y todas tienen baño privado. Las habitaciones traseras son bastante tranquilas. El precio incluye desayuno inglés. Thanet Hotel está muy bien de precio, teniendo en cuenta que en Bloomsbury es difícil hospedarse.

197 D3 · 8 Bedford Place, WC1 · 020 7636 2869; fax: 020 7323 6676; www.thanethotel.co.uk · Russell Square

Vicarage Private Hotel ££

Ubicado en una de las zonas más exclusivas de Londres, este hotel es una verdadera ganga. Sus 18 habitaciones son bastante grandes y la casa de la época victoriana conserva gran parte del ambiente y los rasgos originales de la época. El inconveniente es que sólo dos habitaciones tienen baño privado, ya que el resto comparten los baños impecablemente cuidados de cada planta. El precio incluye un desayuno inglés tradicional.

194 B3 · 10 Vicarage Gate, Kensington, W8 · 020 7229 4030; fax: 020 7792 5989; www.londonvicaragehotel.com · Kensington High Street

Comida y bebida

Londres presume de estilos y chefs procedentes de todos los países, por lo que encontrar una mesa durante el fin de semana por la noche no es tarea fácil.

Nuevas tendencias

El auge de nuevos restaurantes, e incluso *pubs,* con una excelente oferta de platos ha contribuido a una mayor variedad de sitios para comer. La incorporación de nuevas formas de cocinar, como la que fusiona distintas creaciones del mundo, la nueva escuela de cocina italiana moderna, y la reincorporación de platos tradicionales británicos adaptados a una cocina más ligera, han dejado huella en la capital. Además, los chefs británicos están detrás de algunos de los platos franceses más exquisitos de la capital.

Las figuras más prestigiosas

Fueron dos las figuras que más influyeron en el sector de la restauración londinense durante la década de 1990. El empresario sir Terence Conran brilló con su Blue Print Café en el Design Museum y con su elegante **Bibendum** en Fulham Road (► 132). Ha conseguido transformar los hábitos de la restauración creando barrios de moda gracias a la inauguración de locales como el **Gastrodome** en South Bank, que incluye **Le Pont de la Tour, Cantina del Ponte** (► 108) y **Butler's Wharf Chop House,** así como los restaurantes **Quaglino's** (► 64), **Floridita** (► 156) y **Bluebird** (► 132) en el **Gastrodome** de King's Road.

Durante mucho tiempo Marco Pierre White fue considerado *l'enfant terrible* de la escena gastronómica londinense. Se retiró de los fogones para construir un imperio gastronómico, el cual incluye el **Mirabelle** (► 63) en Mayfair. Su marca de cocina británica moderna y compleja sigue teniendo muchos adeptos en la capital.

Sin embargo, ambos restauradores han sido eclipsados por el éxito de un nuevo chef, que también trabajó en su día con Marco Pierre White: Gordon Ramsey. Este escocés abrió su primer restaurante, **Restaurant Gordon Ramsey** (► 133), en 1998 y desde entonces no ha dejado de impulsar algunos de los restaurantes más reputados de Londres, incluido el Boxwood Café en el Berkeley Hotel y el restaurante en **Claridge's** (► 37). Asimismo, sus protegidos han revitalizado algunos de los restaurantes más exquisitos (y más caros) de Londres: Angela Hartnett en The Connaught y Marcus Wareing en Petrus.

Además de Ramsay, toda lista de talentos nacionales debería incluir también al famoso chef Jamie Oliver, fundador del restaurante Fifteeen, así como a Fergus Henderson, fundador de **St. John** (► 87). El trabajo de Jamie Oliver ha conseguido influir en la modificación de las políticas gubernamentales relacionadas con la alimentación escolar, mientras que Fergus Henderson ha reintroducido de nuevo en la escena londinense los platos británicos más tradicionales (el tuétano asado es su firma).

Restaurantes con futuro

Debido al poder del dinero en West End, han comenzado a aparecer nuevos restaurantes más allá de esta zona de moda. Hay que salir del centro de Londres para encontrar los últimos restaurantes de éxito; Clerkenwell y Farringdon, por ejemplo, son buenas zonas para empezar a buscar. En la actualidad se encuentran en pleno auge, con elegantes bares, tiendas y galerías tratando de conseguir un local disponible. Restaurantes exóticos como **Moro** (► 87) y **Tas** (► 109), tienen bastante éxito fuera de West End.

Lugares de copas

Uno de los rasgos más marcados de **Quaglino's** (➤ 64) y **Floridita** (➤ 156) es el distintivo de sus elegantes barras de estilo americano, que atraen a algunos de los londinenses más modernos. La popularidad llama al éxito, tanto que **Bank** (➤ 156) consiguió hacer de su bar un auténtico hito. Los nuevos *pubs* restaurantes (en los que la cocina es tan importante como la bebida) están cosechando grandes éxitos en todo Londres. Pioneros como **The Eagle** (➤ 86) introdujeron ingeniosos menús en este entorno, y ahora este tipo de *pubs* está aumentando su número.

Cada barrio de Londres tiene personalidad propia: los *pubs* tradicionales recorren la calle de Borough High Street, al sur del Támesis, mientras que los bares de moda siguen a los *nightclubs* hasta la calle Brick Lane de East End. A ambos lados de Oxford Street, en el Soho en particular, existen cientos de *pubs* y bares donde elegir.

Platos económicos

En general, no es fácil encontrar un sitio en el que se pueda pedir un plato decente y una copa de vino por menos de 15 £ por persona. Pero los restaurantes económicos también existen en Londres. Los restaurantes de pasta y pizza pueden estar muy bien de precio. El grupo de **Pizza Express** es siempre una buena opción. La cadena **Pret-à-Manger** ha conquistado el corazón de los londinenses con sus sándwiches, *wraps*, ensaladas, pasteles, e incluso *sushi*, recién hechos.

Los **restaurantes exóticos** también son una buena apuesta. En Chinatown (➤ 154; 159) existen sitios para comer fideos y cafés en los que sirven platos bastante económicos. Cada vez más restaurantes japoneses del centro de Londres ofrecen grandes ofertas en sus almuerzos, sin costes adicionales siempre y cuando no se pidan bebidas alcohólicas. Para los vegetarianos, nada mejor que los restaurantes indios de Drummond Street (metro: Warren Street/Euston Square).

El té de las cinco

Tomar el té de las cinco en un gran hotel es lo último. Es la excusa perfecta para engalanarse (casi todos los hoteles que aparecen en este listado requieren chaqueta y corbata) y ser partícipes de esta institución británica. Cuidado: también es caro, la cuenta para dos personas puede llegar a ser de 40 £ a 70 £, más elevada si se elige la opción *champagne tea*. Entre las ventajas está su gran calidad y sus generosas porciones. Se recomienda hacer reservas en los establecimientos que a continuación se detallan.

Brown's Hotel

Tomar el té en el salón del Brown's Hotel es casi como pasar una tarde en una casa de campo inglesa. Tienen un bizcocho espléndido, exquisitos sándwiches y bollitos *(scones)* recién hechos para acompañar con mermelada y nata. Si no se ponen límites a la hora del té, no hay otra salida que saltarse la cena. Reserva imprescindible.

197 D1 · 33–4 Albemarle Street, W1 · 020 7493 6020; www.brownshotel.com · Lu–vi 15.00–18.00, sá–do 14.00-18.00 · Green Park

The Dorchester

Ambiente tranquilo y a la vez lleno de lujos, con cómodos sillones y gruesas alfombras. De fondo, un piano. El té viene acompañado de deliciosas pastas. Se recomienda reservar.

198 B5 · 54 Park Lane, W1 · 020 7629 8888; www.dorchesterhotel.com · Todos los días 14.30-20.00 · Hyde Park Corner

The Ritz

El Palm Court, con su opulenta decoración Luis XVI, es el lugar por excelencia para tomar el té en el Ritz. Es necesario reservar con seis semanas de antelación para cualquiera de las sesiones. Tres meses para las sesiones del fin de semana.

199 D5 ✉ Piccadilly, W1 ☎ 020 7493 8181; www.theritzlondon.com
11.30, 13.30, 15.30, 17.30, 19.30
Green Park

The Savoy

El Savoy es uno de los grandes hoteles más accesibles de la capital. El té se sirve en la majestuosa sala Thames Foyer, con el piano de fondo, acompañado de una exquisita variedad de comida, que incluye mini sándwiches, bollitos *(scones)* con mermelada y nata y una cuidada selección de pasteles y pastas.

200 B3 ✉ The Strand, WC2 ☎ 020 7836 4343; www.fairmont.com/savoy/
Lu–vi 14.00–15.30, 16.00–17.30, sá–do 12.00–13.30, 14.00–15.30, 16.00–17.30
Charing Cross, Embankment

The Waldorf Hilton

No es posible seguir tomando el té en su famosa sala Palm Court, pero los restaurados paneles de la década de 1930 de Waring & Gillow en la nueva Homage Pâtisserie proporcionan un telón de fondo igualmente sensacional.

200 B4 ✉ Aldwych, WC2 ☎ 020 7836 2400; www.hilton.co.uk/waldorf
Todos los días 14.30–17.30
Covent Garden

Fish and chips'

El plato de *fish and chips* (pescado frito con patatas fritas) es una de las tradiciones que todo turista en Londres quiere probar. Aquí se detallan los cuatro mejores lugares para comer *fish and chips.*
Si se cena en el establecimiento, el plato ronda las 10 £, y alrededor de 6 £ si se escoge la opción para llevar.

Fish Central

Considerado por muchos como la mejor tienda de *fish and chips* de la capital, aquí es posible encontrar todo tipo de pescados, desde lubina hasta lenguado. Es necesario reservar para asegurarse una mesa.

Fuera del plano 201 D5 ✉ King Square, 149 Central Street, EC1 ☎ 020 7253 4970 Lu–sá 11.00–15.00, 17.00–23.00 Angel, Old Street

North Sea Fish Restaurant

Aquí es donde acuden los taxistas para comer su *fish and chips.* Normalmente se reúnen en la sala trasera, mientras que el resto de la clientela se sienta en la de delante, entre el tapizado de terciopelo rosa y el pez disecado. Las porciones son gigantescas y el pescado muy fresco. Se recomienda reservar para la cena.

197 F5 ✉ 7–8 Leigh Street, WC1 ☎ 020 7387 5892 Lu–sá 12.00–14.30, 17.30–22.30 Russell Square

Rock and Sole Plaice

Asegura ser el establecimiento de *fish and chips* más antiguo de Londres, abierto desde 1871. Su ubicación en Covent Garden atrae al público del teatro, por lo que se recomienda reservar para la cena. También tienen servicio de venta para llevar hasta la medianoche.

200 A4 ✉ 47 Endell Street, WC2 ☎ 020 7836 3785 Todos los días 11.30–23.00 (domingos hasta 22.00)
Covent Garden

Sea Shell

Sea Shell es probablemente el establecimiento de *fish and chips* más famoso de Londres. No hay más remedio que hacer cola en el establecimiento, ya que no se hacen reservas a grupos de menos de seis personas.

Fuera del plano 195 F5 ✉ 49–51 Lisson Grove, NW1 ☎ 020 7224 9000 Lu–vi 12.00–15.00, 17.00–22.30, sá 12.00–22.30 Marylebone

Compras

Una ola de cambios ha invadido las tiendas de la ciudad. Sin embargo, las instituciones más tradicionales y los establecimientos más antiguos siguen proporcionando productos de gran calidad y merecen alguna que otra visita.

Moda

Las tiendas de la capital satisfacen las necesidades de una gran variedad de gustos y bolsillos, desde marcas de diseño hasta un traje hecho a medida.

- Los establecimientos de las cadenas comerciales venden prendas de calidad a precios razonables. **Oxford Street** (➤ 66), **Covent Garden** (➤ 159) y **Chelsea** y **Kensington** (➤ 134; 135) tienen la mejor selección.
- Las *boutiques* y los pequeños establecimientos son la mejor apuesta para comprar **ropa de diseño.** Los amantes de las marcas internacionales pueden disfrutar de un día de compras buscando a sus diseñadores favoritos tanto en **Bond Street** (➤ 65) como en **Sloane Street** (➤ 134).
- Para aquéllos a favor de un toque más clásico, **Burberry** tiene tres establecimientos: en Brompton Road, New Bond Street y Regent Street. **Savile Row** (➤ 65), el santuario de la raya diplomática y la ropa de caballero hecha a medida, también ofrece prendas confeccionadas por nuevas generaciones de sastres como Ozwald Boateng.
- Si lo que se busca es encontrar todo esto en un solo lugar, sólo hay que visitar los grandes almacenes de moda: **Harrods** (➤ 116), **Harvey Nichols** (➤ 134), **Liberty** (➤ 65) y **Selfridges** (➤ 66).

Piezas de arte y antigüedades

La escena artística está disfrutando de un próspero mercado en el que se comercializan tanto piezas de arte como antigüedades del Londres de antaño, así como cuadros tan recientes que aún tienen la pintura fresca.

- Las galerías de **Mayfair**, en Cork Street y Bond Street principalmente, incluyen nombres consolidados e inversiones aseguradas, y ofrecen una gran variedad de trabajos de finales del siglo XX.
- Muchos artistas poseen estudios en East End y un gran número de galerías de esta zona presentan grandes trabajos a precios atractivos. Las guías de espectáculos ofrecen una lista actualizada de las exposiciones y presentaciones de estudios de la semana.
- Si las antigüedades son su pasión, las mejores casas de subastas en las que buscar son: **Sotheby's** en New Bond Street (metro: Bond Street), **Christie's** en South Kensington (metro: South Kensington) y, en menor grado, **Bonham's** en Chelsea (metro: Knightsbridge).
- Las calles de **King's Road** (➤ 135) en Chelsea y **Kensington Church Street** (➤ 134-135) contienen un gran número de tiendas repletas de muebles, cerámicas, recuerdos de otros tiempos y joyas, con vistosos escaparates para ir de compras.

Muebles contemporáneos

Las tiendas de muebles de **Habitat, Heal's** y **Conran** siguen siendo aún populares, pero se están quedando atrás en cuanto a diseño. Dos de las tiendas de muebles de diseño más al día son **SCP** (135–139 Curtain Road, EC2, tel: 020 7739 1869. Metro: Old Street) y **Viaduct** (1–10 Summers Street, EC1, tel: 020 7278 8456. Metro: Farringdon).

iendas de comida especializadas

La **Conran Shop** en Brompton Cross (metro: South Kensington) y el **Bluebird** de Conran en King's Road (➤ 132) ofrecen comida con clase.

El popular **Fortnum & Mason** (➤ 65) vende, entre otros productos de lujo, tés de gran variedad y hasta 50 mermeladas distintas.

El departamento alimenticio de **Harrods,** con sus suntuosos escaparates y su marca propia de alimentos, es un lugar irresistible (➤ 116).

ercados

Los cazadores de antigüedades tienen que visitar el **mercado de Portobello Road** (➤ 131) al amanecer, pero si lo que se quiere es echar un vistazo al mercado y a su ropa, entonces no es necesario madrugar tanto.

El **mercado de Portobello Road** y los **mercados de Camden** (➤ 152) son probablemente los mejores sitios para comprar productos de segunda mano y ropa con diseños originales.

randes almacenes

Para comprar regalos, productos del hogar y ropa en general, sólo hay que visitar algunos de los siguientes grandes almacenes: **Debenhams** y **John Lewis** (ambos en Oxford Street); **Peter Jones** en Sloane Square; y **Marks & Spencer,** en particular su almacén estrella en el número 458 de Oxford Street. Entre los grandes almacenes de lujo se encuentran: **Harrods** (➤ 116), **Harvey Nichols** (➤ 134) y **Liberty** (➤ 65).

Ocio

a variedad de ocio en Londres es amplísima y las guías de espectáculos son le inestimable ayuda a la hora de buscar información sobre lo que ofrece la iudad, ya sean teatros, películas, exposiciones de arte o conciertos. Cada nartes se publica *Time Out,* una guía que cubre todos los tipos de ocio y que s sin duda la mejor compra. También se pueden encontrar guías de ocio en periódicos londinenses, como en la edición del jueves del *Evening Standard* el periódico de la tarde), y en periódicos nacionales como *The Times* y *The ndependent,* en sus ediciones del sábado.

lúsica

El término diversidad sintetiza el panorama musical londinense. Para celebrar conciertos de música clásica, la ciudad puede ofrecer hasta cinco orquestas sinfónicas, varios conjuntos pequeños, diversos auditorios de primera categoría y un gran nivel de interpretación. Por otro lado, Londres es el motor de la cultura pop, por lo que en una noche de sábado se pueden encontrar más de cien conciertos de todo tipo, desde bandas tocando en *pubs* hasta grandes conciertos de rock.

- Desde mediados de julio hasta mediados de septiembre tiene lugar el **Proms,** un festival anual de música clásica celebrado en el Royal Albert Hall (➤ 136).
- Durante el verano, se celebran **conciertos informales al aire libre** en Kenwood House y en Holland Park (➤ 136).
- La **Royal Opera** de Covent Garden representa grandes producciones en las que participan importantes figuras de la música. También se puede acudir a la **English National Opera,** donde se representan obras en inglés.

Danza

La danza puede implicar todo tipo de baile, desde clásico hasta flamenco y claqué. Londres acoge a un gran número de artistas internacionales.

- El principal recinto de Londres, el **Royal Festival Hall**, acoge conciertos y espectáculos musicales de primera categoría. **Sadler's Wells** (tel: 020 7863 8000. Metro: Angel), en Islington, ofrece un programa variado de danza, aunque sigue siendo conocido por sus espectáculos de ballet. El **Ballet Real** tiene su sede en la Royal Opera House, en Covent Garden (metro: Covent Garden).
- Entre septiembre y noviembre se celebra el festival internacional de danza contemporánea conocido como **Dance Umbrella** (tel: 020 8741 4040).

Teatro

Desde los musicales más populares de West End (al estilo Broadway) hasta producciones más vanguardistas en pequeños teatros independientes, la producción teatral de Londres es muy variada y abundante.

- El **Royal National Theatre** (➤ 110) en el South Bank Centre (tel: 020 7452 3000. Metro: Waterloo) y el **Barbican Centre** (➤ 88) acogen todo tipo de obras de teatro. También merece la pena visitar **The Globe,** el teatro de Shakespeare, en Bankside (➤ 106). El **Royal Court** (➤ 136) y e **Old Vic** (tel: 0870 060 6628; www.oldvictheatre.com) son los teatros más dinámicos y promueven obras de escritores vanguardistas.
- Los teatros alternativos que se encuentran fuera de la influencia del Wes End tienen también muy buena fama. El **Almeida** (Almeida Street, tel taquillas: 020 7359 4404; www.almeida.co.uk. Metro: Angel) y el **Donmar Warehouse** (Earlham Street, tel taquillas: 0870 060 6624; www.donmar-warehouse.com. Metro: Covent Garden) son los más importantes, pero también merece la pena acudir a otros teatros, como **The Gate** (11 Pembridge Road, tel: 020 7229 5387; www.gatehouse.co.uk. Metro: Notting Hill) y el **King's Head** (115 Upper Street, N1, tel: 020 7226 1916; www.kingsheadtheatre.org. Metro: Angel, Highbury e Islington).

Compra de entradas

Para comprar cualquier entrada de teatro lo mejor es contactar directamente con el recinto (así se evitan las comisiones de las agencias). Sin embargo, para entradas de obras y musicales de más éxito las agencias se convierten a menudo en el único medio posible. **First Call/Keith Prowse Ticketing** (tel: 0870 840 1111; www.firstcalltickets.com) y **TicketMaster** (tel: 0870 534 4444; www.ticketmaster.co.uk) son las más fiables. Las reservas con tarjeta de crédito llevan un suplemento adicional bastante elevado.

- Las entradas se pueden adquirir en el teatro o lugar del concierto, en las agencias y en Internet. **No se recomienda comprar a los revendedores de entradas.** La práctica es ilegal y se puede ser víctima de una estafa.
- Si no hay predilección por una obra en concreto, se puede acudir a **tkts,** una taquilla en Leicester Square (➤ 160) que vende entradas a precio reducido. Hay colas y sólo venden dos entradas dobles por persona.
- Las **funciones de tarde** cuestan menos que las de la noche y las entradas son más fáciles de conseguir.

Cine

La sala Odeon, en Leicester Square, ofrece las películas más actuales de toda la capital.

St. James's, Mayfair y Piccadilly

Cómo orientarse 46 – 47
En un día 48 – 49
Imprescindible 50 – 57
Otras opciones 58 – 61
Dónde… 62 – 66

Cómo orientarse

La zona comprendida entre Buckingham Palace y Trafalgar Square constituye uno de los barrios londinenses por excelencia, y si únicamente se dispone de un día para visitar la ciudad, éste es el lugar ideal al que acudir.

Éste es un barrio de considerable riqueza y esplendor arquitectónico. Abarca las frondosas plazas y prestigiosos edificios residenciales de Mayfair, los exclusivos clubes de caballeros de St. James's y las tiendas y hoteles de Piccadilly, una de las mejores calles de Londres. Aquí se encuentra también Buckingham Palace, la residencia oficial de la reina, que desde 1993 abre sus puertas al público, al menos en parte, durante agosto y septiembre.

Página anterior y arriba: elegancia en las ceremonias Desfile en la plaza de armas de Horse Guards

Esta zona debe su desarrollo original a St. James's Palace, construido por Enrique VIII en 1530 y posteriormente hogar de varios reyes, incluida Isabel I y Carlos I. El actual príncipe de Gales vivió aquí desde 1992 hasta 2003, cuando se mudó al edificio contiguo, Clarence House. El palacio Real cedió esta zona de considerable distinción social, especialmente después del siglo XVII, cuando el rey Carlos II abrió el hermoso parque de St. James's al público por primera vez. Ya en el siglo XVIII aquellos miembros de la aristocracia que querían estar cerca de la corte construyeron elegantes mansiones en la zona. Con el tiempo, surgieron suntuosas galerías y tiendas exclusivas en Piccadilly a fin de abastecer a los visitantes y residentes de la zona. En el siglo XIX la reina Victoria trasladó la corte a Buckingham Palace y el siglo XX fue testigo del gran recorrido ceremonial por The Mall, entre Buckingham Palace y Trafalgar Square.

Hoy en día, la elegancia y el buen gusto hacen que esta zona sea única en toda la capital. Aquí el visitante puede disfrutar de sus parques y espléndidos senderos, sus elegantes casas antiguas, sus tiendas y galerías (a destacar la Royal Academy, escenario de las exposiciones más importantes), así como de sus principales lugares de interés: Buckingham Palace, con su famoso cambio de guardia y Trafalgar Square, en la que a su vez se puede visitar la National Gallery, sede de la principal colección de arte del país.

★ Imprescindible

1 **Buckingham Palace** ➤ 50
Caballerizas reales
2 **Desde The Mall hasta Trafalgar Square** ➤ 52:
Monumento a la reina Victoria
St. James's Park
Horse Guards Parade
Trafalgar Square
8 **National Gallery** ➤ 54

Otras opciones

3 Cabinet War Rooms ➤ 58
4 Royal Academy of Arts ➤ 58
5 Compras en Piccadilly y Regent Street ➤ 58
6 Piccadilly Circus ➤ 60
7 National Portrait Gallery ➤ 60
9 Banqueting House ➤ 61
10 Whitehall ➤ 61

Aquí el visitante puede conocer edificios reales, algunos de los puntos de interés más famosos de Londres, innumerables obras de arte y el parque más hermoso de la ciudad. Todo ello en pleno corazón de Londres.

St. James's, Mayfair y Piccadilly en un día

Una de las visitas más recomendadas es la de los salones reales del palacio (➤ 50–51). Sólo abren sus puertas seis semanas al año (de agosto a septiembre, aunque las fechas pueden variar). Es probable que tras visitar el palacio no quede tiempo suficiente para encontrar una posición estratégica desde la que presenciar el cambio de guardia (o que no dé tiempo a llegar hasta la Horse Guards Parade para verlo aquí ➤ 53). Si el visitante realmente desea presenciar esta ceremonia, se recomienda una segunda visita. Después de ver el palacio, puede seguir el siguiente itinerario, sólo que irá con algunas horas de retraso.

9.00

Comience en **1 Buckingham Palace** (izquierda, ➤ 50–51), disfrute de la gran fachada del palacio a través de las rejas o, si se encuentra en Londres en la época correcta, visite los espléndidos salones reales. Para evitar esperas innecesarias consulte las Sugerencias (➤ 51).

10.00

Pasee por el parque de **St. James's Park** y continúe por la majestuosa y amplia avenida **1 The Mall** (➤ 52–53) hasta Horse Guards Parade, donde podrá ver **el cambio de guardia,** una de las ceremonias más populares de Londres. Acérquese al lugar entre las 11.00 y las 11.15 para poder encontrar un sitio estratégico desde el que presenciar el cambio.

12.15

Finalizado el cambio de guardia, continúe hasta **2 Trafalgar Square** (arriba a la derecha, ➤ 53). Tras la renovación de la plaza, conla ampliación de zonas peatonales, vuelve a convertirse en un lugar agradable para quedar con los amigos.

13.00

Hora de comer algo. En la cripta de St. Martin-in-the-Fields (arriba), contigua a la National Gallery en Trafalgar Square, existe un café que no está mal de precio. La galería tiene también una cafetería y un bar restaurante

14.00

Descubra las joyas de la inigualable colección de arte de la 8 **National Gallery** (➤ 54–57). Los miércoles no cierra hasta las 21.00.

16.00

Pásese por la 7 **National Portrait Gallery** (➤ 60–61) para echar una ojeada a su atractiva colección de retratos de personajes británicos famosos. De forma alternativa, diríjase a 6 **Piccadilly Circus** (➤ 60). A sólo unos pasos encontrará algunas de las plazas de Mayfair, así como las **tiendas más exclusivas** de Piccadilly (derecha, ➤ 58–59). Se encuentra justo al lado de Leicester Square, el centro de todos los teatros, y a sus espaldas, el animado y extravagante barrio del Soho y la exótica Chinatown (➤ 155).

1 Buckingham Palace

Este palacio Real fue en sus orígenes una majestuosa casa, construida entre 1701 y 1705 por el primer duque de Buckingham, y más tarde transformada en palacio por el rey Jorge IV, ya en la década de 1820. Se convirtió en la residencia oficial de la familia real en tiempos de la reina Victoria, en 1837. A pesar de ser un lugar ineludible para todo visitante de Londres, a primera vista no parece demasiado imponente: más que una celebración de majestuosidad, sus impasibles líneas ofrecen una imagen simple, sólida y formal.

Puede que el palacio no parezca extraordinario por fuera, pero sus interiores derrochan suntuosidad. Los **salones reales** abrieron por primera vez sus puertas en 1993, en una muestra del cambio en la actitud de la institución real, y una forma de contribuir a la restauración del castillo de Windsor (➤ 164–166). Si se encuentran abiertos, la visita a los salones

Arriba: el monumento de mármol blanco a la reina Victoria con el palacio de fondo

199 D4 ☎ Más información 020 7766 7301; www.royal.gov.uk ⌚ Salones reales: principios ago–sep, todos los días 9.30–16.15 (última admisión). Caballerizas reales: ago–sep: todos los días 10.00–17.00; oct–jul 11.00–16.00 (última admisión 45 minutos antes de cerrar). Galería de la Reina: todos los días 10.00–17.30 (última admisión a las 16.30) Ⓤ Green Park, St. James's Park, Victoria 🚌 Piccadilly 3, 8, 9, 14, 19, 22; Victoria Street 11, 211; Grosvenor Place 2, 8, 16, 36, 38, 52, 73, 82 Ⓢ Salones reales: muy caro; caballerizas: caro; Galería de la Reina: caro

A la derecha: Buckingham Palace, The Mall, Queen Victoria Memorial y St. James's Park

reales es interesante, ya que son el escenario del entretenimiento de los representantes de Estado, las investiduras, las recepciones y los banquetes oficiales. Su riqueza y teatralidad decorativa son fascinantes, desde la fabulosa escalera de mármol hasta el salón del Trono y el elegante comedor Real, decorado en rojo con motivos dorados. Las alfombras se hunden suavemente bajo las pisadas de los visitantes, las decoraciones de las paredes son una obra de arte en sí, y las balaustradas, puertas, lámparas y ventanas hacen gala de infinidad de detalles. Destacan también las pinturas de la Picture Gallery, que incluye trabajos de Van Dyck, Rembrandt y Rubens, así como las esculturas clásicas y su exquisito mobiliario. Los tronos y los techos están a su vez fabulosamente decorados. Es imposible cruzarse con algún miembro de la familia real durante la visita; se trasladan a sus aposentos cuando el público entra en el palacio.

BUCKINGHAM PALACE: INFORMACIÓN ESPECÍFICA

Sugerencias Para evitar largas colas en la taquilla, **reserve sus entradas con antelación** mediante tarjeta de crédito y recójalas el mismo día de la visita. Se puede solicitar el envío de entradas por correo ordinario, con un plazo de entrega de siete días para el Reino Unido y de dos a tres semanas para el extranjero.

• No es necesario comprar una **guía oficial,** ya que el precio de la entrada incluye una audioguía (disponible en seis idiomas).

• El cambio de guardia (➤ 53), con bandas y portaestandartes, tiene lugar a las 11.30 en el patio delantero del palacio y dura aproximadamente 40 minutos. Para conseguir una buena posición se recomienda llegar al lugar entre las 11.00 y las 11.15. La mejor posición, sin duda, es junto a la verja principal.

Con más detalle Visite las **caballerizas reales** para ver los carruajes, carrozas y caballos. La joya de la colección es la carroza dorada.

• **La Galería de la Reina** es una de las colecciones privadas de arte más elegantes del mundo. Las exposiciones cambian cada seis meses. Para más información tel: 020 7321 22 33 o visite la página web www.royal.gov.uk

2 Desde The Mall hasta Trafalgar Square

La gran avenida The Mall une Buckingham Palace con Trafalgar Square y se convierte en escenario de solemnes procesiones durante ocasiones especiales, como la Ceremonia de Apertura del Parlamento en noviembre y el Desfile de la Bandera en junio. Junto a la avenida hay dos parques reales: Green Park, que alcanza su máximo esplendor en primavera cuando florecen los narcisos, y St. James's Park, que es una delicia en cualquier estación del año.

Para recorrer esta zona, sitúese de espaldas a Buckingham Palace y cruce la calle hasta el **monumento a la reina Victoria.** Esta estatua de mármol blanco, así como la avenida y el Admiralty Arch, fueron diseñados a principios del siglo XX como recuerdo a la reina Victoria, que murió en 1901. La estatua representa a una reina de mirada severa rodeada de figuras que simbolizan las glorias del Imperio Británico.

Hoy en día, la avenida The Mall es una vía llena de tráfico, aunque sin perder su grandeza y dignidad. Sin embargo, hasta el siglo XVII no era más que un pequeño camino rural, en cuyos alrededores solía jugar el rey Jacobo I de Inglaterra a un juego francés conocido como *pallemaille*, una mezcla de golf y croquet. El juego ha pasado ya de moda pero sigue siendo recordado en los nombres de The Mall y Pall Mall, una de las calles principales de Piccadilly. Posteriormente, el rey Carlos II añadió mejoras a la zona. La más notable fue la apertura de St. James's Park y Green Park al público, un hecho que hizo de éste el lugar de moda de la capital para pasear.

Arriba: el cambio de guardia en Buckingham Palace

A la derecha: la amplia fachada de Admiralty Arch

Arriba a la derecha: la columna de Nelson domina Trafalgar Square

A la izquierda de la avenida está Clarence House, del siglo XIX, llamada así por su primer ocupante, el duque de Clarence, quien se convertiría más tarde, en 1830, en el rey Guillermo IV. En 1953, cuando la reina Isabel II subió al trono, Clarence House se convirtió en el hogar de la Reina Madre en Londres. Después de su muerte, en 2002, el príncipe Carlos, actual heredero de la Corona, se mudó aquí. Detrás de Clarence House se levantan las torretas de ladrillo rojo de la época Tudor del palacio de St. James's, construido en 1530 por Enrique VIII (quien murió aquí).

Después del monumento a la reina Victoria puede continuar por **St. James's Park**. Una vez en el puente puede elegir: una ruta le lleva de nuevo a la avenida Mall y la otra, dejando a la derecha Carlton House Terrace, recorre la avenida hasta Admiralty Arch.

Cualquiera que sea la ruta, no hay que dejar de visitar **Horse Guards,** la enorme plaza de armas situada en el extremo oriental del parque y escenario del popular **cambio de guardia** (➤ Información específica, abajo). A continuación atraviese Admiralty Arch hasta llegar a Trafalgar Square, diseñada en 1820 como monumento al almirante Horatio Nelson, héroe británico cuya estatua (tres veces su tamaño real) está sobre una columna de 52 m. Los relieves de la base de la columna describen cuatro de sus mayores victorias navales. De esas cuatro victorias, la de la Batalla de Trafalgar es la más conocida. Tuvo lugar en 1805 contra los franceses y en ella perdió la vida el almirante Nelson.

Al norte de la plaza se encuentra la National Gallery (➤ 54–57), y a la derecha de la galería, el elegante chapitel de St. Martin-in-the-Fields, una encantadora iglesia famosa por sus conciertos.

UN DESCANSO

El **Café in the Crypt**, en la cripta de St. Martin-in-the-Fields, es un lugar idóneo para descansar y tomar un café, una copa de vino o una comida completa (tel: 020 7766 1158/8).

THE MALL HASTA TRAFALGAR SQUARE: INFORMACIÓN ESPECÍFICA

Sugerencias El **cambio de guardia,** donde los guardias montados a caballo hacen su relevo, tiene lugar en Horse Guards Parade, fuera de Whitehall (lu–sá 11.00, do 10.00). La misma ceremonia pero para los guardias de a pie tiene lugar en el patio delantero de Buckingham Palace (➤ 50–51). La ceremonia puede cancelarse debido a las inclemencias del tiempo. (Abr–jul: todos los días a las 11.30; ago–dic: días alternos a las 11.30, tel: 020 7414 2390).

- **Clarence House** está normalmente abierta al público desde agosto a mediados de octubre. Hay visitas guiadas en la planta baja, donde tienen lugar los compromisos oficiales.
- En la iglesia de **St. Martin-in-the-Fields** se ofrecen conciertos gratuitos durante la comida, los lunes, martes y viernes a las 13.00.

8 National Gallery

La National Gallery alberga una de las mejores colecciones de pintura del mundo. Cuenta con las obras más destacadas de arte del país, con pinturas que datan de entre 1250 y 1900, y alrededor de 2.200 obras de arte europeas, todas ellas dispuestas en una serie de salas perfectamente iluminadas. Todos los pintores famosos de casi todas las épocas se encuentran de alguna manera representados aquí: Botticelli, Canaletto, Cézanne, Constable, Leonardo da Vinci, Monet, Rembrandt, Renoir, Rafael, Tiziano, Turner, Van Gogh…

Ruta recomendada

La galería está dividida en **cuatro alas.** Cada una de ellas cubre un período cronológico, por lo que es lógico visitarlas en el siguiente orden:

- **Ala Sainsbury** de 1250 a 1500 Salas 51–56
- **Ala Oeste** de 1500 a 1600 Salas 2–14
- **Ala Norte** de 1600 a 1700 Salas 15–32
- **Ala Este** de 1700 a 1900 Salas 33–45

La National Gallery fue diseñada como centro arquitectónico de Trafalgar Square

197 F1 · Trafalgar Square, WC2 · 020 7747 2885; www.nationalgallery.org.uk · Todos los días 10.00–18.00 (mi 10.00–21.00)

Charing Cross, Leicester Square

3, 6, 9, 11, 12, 13, 15, 23, 24, 29, 53, 88, 91, 139, 159, 176, 453

Gratuito, excepto exposiciones

...na alegoría a ...maternidad. ...dibujo de ...eonardo ...a Vinci ...epresenta a la ...irgen y al Niño ...compañados ...e un joven ...uan Bautista ...Santa Ana, ...madre de la ...irgen María

El ala Sainsbury

La espaciosa ala Sainsbury (llamada así por la cadena de restaurantes que la patrocina) fue diseñada por el arquitecto Robert Venturi y abrió sus puertas por primera vez en 1991. Aunque se trata de la parte más nueva de la galería, en ella se encuentran las pinturas más antiguas, concretamente las obras maestras de varias escuelas italianas posteriores a 1300. Dos de estas maravillosas obras pertenecen a Leonardo da Vinci (sala 51). El cuadro inacabado de *La virgen de las rocas* (1508) representa a María, Juan Bautista y Jesús con un ángel en un paisaje rocoso. Parte de la obra puede deberse a algún estudiante que otro, pero la expresión del rostro del ángel sugiere que se trata de Leonardo. En una sala oscura contigua se encuentra el dibujo de Leonardo da Vinci de *Santa Ana, la Virgen, el Niño y San Juan Bautista* (1508). Se trata de una exquisita descripción de un encuentro que nunca fue mencionado en la Biblia (Jesús y su abuela materna).

También es recomendable el *Díptico de Wilton* (sala 53), un retablo de finales del siglo XIV encargado por Ricardo II para sus rezos privados. El díptico muestra al rey arrodillado a la izquierda ante la Virgen y el Niño. El artista y su nacionalidad son un misterio. Menos llamativos, aunque no menos hermosos, son *El matrimonio Arnolfini* (sala 56) de Van Eyck y el inigualable *Retrato del Dux Leonardo Loredan* (sala 61) de Giovanni Bellini.

El ala Oeste

El ala Oeste alberga la mayor parte de las obras francesas, italianas y holandesas del Cinquecento. Quizás la obra más memorable sea el cuadro *Los embajadores* (1533) de Hans Holbein el Joven. Se trata del retrato a tamaño real de Jean de Dinteville y Georges de Selve (sala 4), un cuadro lleno de simbología y alusiones que tienen como principal objetivo subrayar la naturaleza efímera de la vida terrenal. En primer plano, entre los embajadores, se observa un objeto misterioso, un ingenioso efecto óptico de algo que parece ser simplemente un disco blanco, pero que desde el extremo derecho del cuadro (una marca señala en el suelo la posición correcta desde la que observarlo) resulta ser una calavera.

El ala Norte

Los pintores que desafiaron la primacía de los artistas italianos en los siglos XVI y XVII forman la colección del ala Norte, entre ellos: Rubens, Rembrandt, Van Dyck, Velázquez y Vermeer.

La *Venus del espejo* de Velázquez es una de las obras más conocidas (sala 29). Se trata de una obra inusual, en primer lugar porque muestra a la diosa de espaldas (y refleja su rostro en el espejo que sostiene el ángel), y en segundo lugar porque es un desnudo, un género que no contaba con la aprobación de la Inquisición española cuando se terminó la obra, en 1651.

El magnífico interior de la National Gallery proporciona un espléndido escenario para una de las mejores colecciones de pintura de Europa

El ala Este

El ala Este contiene algunas de las obras británicas más reconocidas. Entre ellas destaca *El carro de heno* de John Constable (sala 34), expuesta por primera vez en 1821, y desaprobada por los críticos de la época por su naturaleza inacabada y su rugosidad. Se pueden contemplar más obras de John Constable en la Tate Britain (➤ 102) y en el Victoria and Albert Museum (➤ 117–120).

J. M. W. Turner, aunque coetáneo de John Constable, desarrolló un estilo completamente distinto. En su día fue considerado una persona excéntrica, especialmente en sus últimas obras, aunque son estos últimos cuadros los que han tenido mayor repercusión en nuestro tiempo. Dos de sus mejores cuadros, *El temerario remolcado al dique seco* (1838) y *Lluvia, vapor y velocidad. El gran ferrocarril del oeste* (1844), muestran los poderosos efectos de la luz en el aire y en el agua característicos del pintor (sala 34). Se pueden ver más obras suyas en la Clore Gallery de la Tate Britain (➤ 102).

Igualmente populares son las numerosas obras impresionistas de la National Gallery (salas 43 y 46), entre las que figuran pinturas tan reconocidas como los *Girasoles* (1889) de Van Gogh y los *Bañistas en Asnières* (1884) de Seurat, un último recuerdo de resplandeciente claridad para llevarse de vuelta a Trafalgar Square.

UN DESCANSO

La **cafetería de la National Gallery** (➤ 63), en el ala Sainsbury del museo, es un buen lugar para descansar, tomar algo ligero, o incluso una comida completa.

***Bañistas en Asnières*, de Georges Seurat es una de las obras impresionistas más reconocidas de la National Gallery**

NATIONAL GALLERY: INFORMACIÓN ESPECÍFICA

Sugerencias El museo ofrece una muestra de numerosos artistas británicos, pero la colección de la Tate Britain (➤ 102) constituye una mejor representación de pintores británicos, especialmente de los pintores modernos del país.

• Hay disponibles dos tipos de **audioguías:** la audioguía temática, con alrededor de 20 cuadros por tema, y la audioguía del museo, con comentarios sobre más de 1.000 cuadros. También hay disponible una guía en 6 idiomas con las obras más destacadas del museo. Todas son gratuitas (aunque se agradece un donativo y se exige alguna forma de fianza).

Con más detalle **ArtStart,** en el ala Sainsbury, contiene un sistema informatizado con comentarios sobre cada cuadro y artista de la colección.

Curiosidades La mayoría de las obras que pertenecen a la National Gallery se encuentran expuestas; aquellas que no están en las salas principales de la galería se encuentran en las **salas de la planta baja** del edificio principal.

Otras opciones

3 Cabinet War Rooms

Gracias a las audioguías es posible percibir hoy día la presencia de Churchill, así como oler el humo de sus puros y oír su voz áspera en el momento en el que las bombas caían sobre la ciudad y sonaban las sirenas antiaéreas. En este laberinto de calles subterráneas se alojó durante la II Guerra Mundial el gabinete de guerra y sus consejeros. Utilizado en más de 100 ocasiones, en la actualidad es una verdadera cápsula del tiempo, con sus relojes detenidos a las 16.58 del día 15 de octubre de 1940. Se pueden visitar las salas de los Mapas, la sala del Teléfono Transatlántico, la sala del Gabinete, el dormitorio de Churchill y un museo dedicado a su figura.

199 4F Clive Steps, King Charles Street, SW1 020 7930 6961 Todos los días 9.30–18.00 Westminster, St. James's Park 3,11,12, 24, 53, 77a, 88, 109, 159, 184, 211 Caro

4 Royal Academy of Arts

Burlington House es una de las pocas mansiones del siglo XVIII que quedan aún en Piccadilly. En la actualidad alberga una de las galerías de arte más ilustres de Londres, la Royal Academy, que organiza gran variedad de exposiciones. En marzo de 2004 la academia abrió la magnífica *suite* neopaladiana del siglo XVIII, John Madejski Fine Rooms, con el fin de ofrecer un espacio de exposiciones permanentes para las principales obras de Reynolds, Gainsborough, Constable, Spencer y Hockney, así como el extraordinario *Taddei Tondo,* una de las cuatro esculturas de mármol de Miguel Ángel que se encuentran fuera de Italia.

197 D1 Burlington House, Piccadilly, W1 020 7300 8000; www.royalacademy.org.uk Todos los días 10.00–18.00 (vi 10.00–22.00). Fine Rooms: ma–vi 13.00–16.30, sá–do 10.00–18.00 Cafetería y restaurante Piccadilly Circus, Green Park 9, 14, 22, 38 El precio de la entrada depende de la exposición. Fine Rooms: gratuito

5 Compras en Piccadilly y Regent Street

Después de las visitas culturales, merece la pena visitar algunas de las tiendas más exclusivas de Londres: las más elegantes están en Piccadilly, St. James's y Regent Street (➤ 65–66).

Los establecimientos más destacado de Piccadilly son la librería antigua **Hatchards**, la tienda de alimentación transformada en los grandes almacenes **Fortnum & Mason** (➤ 65), y las galerías de prestigiosas tiendas. La más conocida es **Burlington Arcade,** donde los vigilantes se asegura en todo momento de que los compradores actúen

:on el debido decoro (no se puede ni :antar ni ir con prisas). La zona de ’iccadilly se llama así en honor a un astre del siglo XVII que consiguió una ortuna vendiendo un tipo de cuellos :onocidos como *picadils*. La mansión ue más tarde construyó llegó a ser onocida como Piccadilly Hall, y de ahí asó al resto de la calle. En la ctualidad, la mayoría de as sastrerías se han rasladado a **Savile Row,** al norte de ’iccadilly, y a **Jermyn Street** (➤ 65), al sur de ’iccadilly. Los grandes lmacenes de **Liberty,** en Regent Street, derrochan lase y personalidad, con ujosas alfombras, paneles de madera en las paredes y una bella sala con balcones de los que cuelgan maravillosos tejidos (➤ 65).

197 E1

www.regentstreetonline.com

iccadilly y egent Street lbergan tiendas xclusivas, omo Fortnum & Mason (arriba), amosa por sus electos roductos de limentación, y iberty, cuyo nterior (a la erecha) es omo la cueva e Alí Babá, eno de rtículos de lujo. n la elegante urlington rcade, los igilantes arriba a la erecha) tienen oder para hacer umplir las ormas que npiden cantar y aminar deprisa

Regent Street es una de las principales calles comerciales de la capital

6 Piccadilly Circus

Aunque Piccadilly Circus figura como uno de los lugares de interés para los visitantes de la ciudad (la foto junto a la estatua de la plaza es casi obligatoria), la mayoría de los londinenses consideran que es un lugar poco elegante, lleno de turistas, tráfico y mucho ruido.

La estatua de Eros, que en realidad representa al Ángel de la Caridad Cristiana y no al dios griego del amor, fue erigida en 1893 en recuerdo a Anthony Cooper, séptimo conde de Shaftesbury (1801-1885), un incansable defensor de los trabajadores, los pobres y los enfermos mentales. Los anuncios de neón aparecieron a principios del siglo XX, y se han convertido en una especie de símbolo de Londres. Por la noche es cuando se pueden apreciar mejor.

A pesar de sus defectos, Piccadilly Circus es una útil base de operaciones para dirigirse a otros puntos; por la Shaftesbury Avenue para ir a Chinatown o el Soho, por Coventry Street para llegar hasta Leicester Square, e incluso para llegar a Regent Street y la zona de Piccadilly.

197 E1

7 National Portrait Gallery

El museo acoge una fascinante colección de cuadros, esculturas y fotografías de los personajes más ilustres del pasado y el presente del país. En él se pueden encontrar obras que datan desde principios del siglo XVI hasta la época moderna, y que incluyen muchos rostros populares del país. A pesar de la variedad de gustos, siempre hay algo interesante para cada visitante.

Entre los monarcas representados se encuentran Ricardo III, Enrique VII, Enrique VIII, Isabel I (retratada en varias ocasiones) así como miembros de la familia real actual. Sin embargo, los cuadros de personajes no reales son los más populares. Hay un supuesto retrato

La estatua de Eros y los luminosos de Piccadilly Circus deben verse por la noche

de Shakespeare, un dibujo de Jane Austen hecho por su hermana, un dibujo de las hermanas Brontë pintado por su hermano Patrick y sorprendentes fotografías de Oscar Wilde, Virginia Woolf y lord Alfred Tennyson. Entre los escritores más recientes están Salman Rushdie e Iris Murdoch.

También están representados los políticos y personajes del mundo de las artes, las ciencias, los deportes y el periodismo. Se pueden encontrar los retratos de Margaret Thatcher, Tony Blair, el científico Stephen Hawking, el director de cine Alfred Hitchcock y el futbolista David Beckham.

197 F1 St. Martin's Place, WC2 020 7306 0055; www.npg.org.uk Lu–sá 10.00–18.00 (también ju–vi 18.00–21.00) Charing Cross, Leicester Square Cafetería y restaurante 3, 6, 9, 11, 12, 13, 15, 23, 24, 29, 53, 88, 91, 139, 159, 176 Gratuito, excepto para algunas exposiciones

9 Banqueting House

Banqueting House es la única parte que se conserva actualmente del palacio de Whitehall, antigua sede oficial del monarca, que sucumbió a las llamas en 1698. Fue construido por el arquitecto Inigo Jones a principios del siglo XVII, y sus techos son obra del artista flamenco Pedro Pablo Rubens. La decoración del techo fue encargada en 1635 por el rey Carlos I, que pagó al artista 3.000 £, una suma astronómica en aquella época. Ésta y otras pinturas se concibieron como un homenaje al padre de Carlos I, Jacobo I.

Desde una ventana de Banqueting House, el rey Carlos I, acusado de alta traición tras la derrota de las fuerzas reales en la guerra civil de Inglaterra, bajó hasta el patíbulo el 30 de enero de 1649 y encaró a su verdugo. Considerado un enemigo del estado, antes de morir exclamó: "Tengo una buena razón y un Dios misericordioso a mi lado".

200 A2 Whitehall 0870 751 5178; www.hrp.org.uk Lu–sá 10.00–17.00; cerrado en festivos y por actos oficiales Westminster, Embankment 3, 11, 12, 24, 53, 77A, 88, 159 Moderado; audioguía incluida

10 Whitehall

Esta calle tan transitada, flanqueada por enormes fachadas gubernamentales, llega hasta el mismo corazón del gobierno británico, al sur de Trafalgar Square. Downing Street, cortada al público por una gran verja, es la calle en la que el primer ministro británico tiene su residencia oficial, en el número 10; el número 11 de la misma calle está reservado al ministro de economía. La única nota de color la proporcionan los guardias de Horse Guards.

En el centro de Whitehall se encuentra el cenotafio, un monumento a los caídos en las guerras y el centro de la ceremonia anual que se celebra en su recuerdo todos los meses de noviembre.

PARA LOS NIÑOS

- La colorida ceremonia del cambio de guardia en Buckingham Palace y Horse Guards (➤ 51).
- La visita a las tiendas de juguetes Hamleys (➤ 65) y Disney Store, ambas en Regent Street.
- Dar de comer a los patos en el estanque de St. James's Park (➤ 53).

Dónde... comer y beber

Precios
Precio aproximado de una comida, bebidas excluidas:
£ menos de 25 £ **££** 25–50 £ **£££** más de 50 £

Le Caprice ££
Este famoso restaurante a las espaldas del hotel Ritz, atrae a las celebridades más elegantes del país. A pesar del blanco impoluto de sus paredes y de su mobiliario en negro, el ambiente que en él se respira está lejos de intimidar al visitante, y sus empleados derrochan amabilidad en todo momento. El menú ofrece una rica mezcla de platos cotidianos e ideas innovadoras.

199 D5 Arlington Street, SW1 020 7629 2239; www.caprice-holdings.co.uk Lu–sá 12.00–15.00, 17.30–24.00, do 12.00–17.00, 18.00–23.00 Green Park

Chor Bizarre ££
Pertenece a una cadena de restaurantes de Nueva Delhi y su nombre significa Mercado de Ladrones. En su interior se puede apreciar una exótica colección de antigüedades y objetos indios. El menú explora distintas regiones de la India con algo de imaginación, y ofrece una gran variedad de platos vegetarianos y platos *tandoori*.

197 D1 16 Albemarle Street, W1 020 7629 9802; www.chorbizzarerestaurant.com Lu–sá 12.00–15.00, 18.00–23.30, do 12.00–15.00, 18.00–22.30 Green Park

Le Gavroche £££
Le Gavroche, el restaurante francés que lleva más tiempo abierto en Londres, es un lugar bastante placentero y nada opulento, con mesas generosas en tamaño y un servicio eficiente. Durante años, la cocina tradicional francesa de Albert Roux constituía el pilar de los menús del restaurante, pero desde que su hijo Michel lo relevó en el negocio, sus ideas han modernizado los menús del restaurante. Se trata de una cocina especializada en la que aún se puede confiar, pero con un toque algo más ligero. La carta de vinos es propia de la aristocracia, con precios similares.

196 B1 43 Upper Brook Street, W1 020 7408 0881/7499 1826; www.le-gavroche.co.uk Lu–vi 12.00–14.00, 19.00–23.00, sá 19.00–23.00 Marble Arch

Greenhouse £££
Es el elegante restaurante de Mayfair en el que el chef Antonin Bonnet sirve platos fascinantes y estudiados utilizando técnicas de todo el mundo. Un lugar en el que festejar delicias como el cuadril de ternera con puré de calabacín y salteado de setas o la silla de cordero acompañada de yogur, alcachofas y *samosas* con menta. Sus postres son deliciosos y su carta de vinos es una de las más extensas de Londres.

196 C1 Hay's Mews, W1 020 7499 3331; www.greenhouserestaurant.co.uk Lu–vi 12.00–14.30, lu–sá 18.45–22.30 Green Park

Inn the Park £–££
Su posición en pleno corazón de St. James's Park, con vistas al lago, hace de este elegante restaurante y cafetería de autoservicio un lugar por el que merece la pena pasarse. Ofrece una carta tradicional británica con platos recién preparados, desde suculentas tartas y desayunos hasta sándwiches, clásicas empanadas y típicos asados. Durante el verano la actividad se

centra en el bar de la terraza y en el comedor al aire libre, para aprovechar al máximo los días soleados. Durante los meses más fríos los abundantes platos calientes entran por sí solos.

199 E5 St. James's Park 020 7451 9999; www.inthepark.com Lu–vi 8.00–22.00, sá, do 9.00–22.00 St. James's Park, Green Park, Charing Cross

La Madeleine £

Café francés situado en Regent Street, ideal para empezar el día con un cruasán o para recuperar fuerzas con un sándwich de jamón y queso o una ensalada. Cualquier momento del día es bueno para disfrutar de alguna de sus variadas tartas, pastas y delicias de crema. Cuenta con un servicio encantador y una terraza exterior con pocos asientos.

197 D1 5 Vigo Street, W1 020 7734 8353 Lu–sá 8.00–19.00, do 11.00–18.00 Green Park, Piccadilly

Mirabelle ££

Gracias a Marco Pierre White (➤ 39), Mirabelle es hoy en día uno de los lugares londinenses con más *glamour* para comer. En él se sirve una cocina francesa tradicional de primera calidad, propia de su chef. El almuerzo está muy bien de precio, por lo que es lógico que el lugar se encuentre casi siempre abarrotado. Durante el buen tiempo se recomienda reservar mesa en el exterior.

198 C5 56 Curzon Street, W1 020 7499 4636; Almuerzo: todos los días 12.00–14.30 (también sá–do 14.30–15.00). Cena: lu-sá 18.00-23.30, do 18.00-22.30 Green Park

Mitsukoshi ££

Este elegante y placentero restaurante se encuentra en la planta baja de unos grandes almacenes. La carta incluye platos típicos japoneses, y la elección de menús de degustación es ideal como introducción a la cocina japonesa. Se recomienda un menú simple *hana*, que incluye aperitivos, *tempura*, pescado asado, arroz, sopa de *miso* y encurtidos, así como un menú *kaiseki* de diez platos (es necesario pedirlo con antelación) o el menú *sushi*.

197 E1 Dorland House, 14–20 Lower Regent Street, SW1 020 7930 0317; www.mitsukoshi-restaurant.co.uk Todos los días 12.00–14.00, 18.00–22.00 Piccadilly Circus

National Dining Rooms £–££

Sólo hay que subir por la amplia escalera de piedra del ala Sainsbury de la National Gallery para encontrar a la izquierda este restaurante esencialmente británico. Su luminoso comedor está dividido en una cafetería-panadería y un restaurante para comidas. El menú, creado por el jefe de cocina Jesse Dunford Word, ofrece platos regionales y clásicos. Sus grandes ventanas dan a Trafalgar Square.

197 F1 The National Gallery, WC2 020 7747 2869 Lu, ma, ju–do 10.00–18.00, mi 10.00–20.30 Charing Cross

Nicole's ££

Éste es un lugar de moda en todos los sentidos: desde su elegante localización en la planta baja de la tienda de Nicole Farhi en Bond Street, hasta las señoras que almuerzan en él y prueban con la comida más ligera y actual. La clientela menos preocupada por su físico también está igualmente satisfecha, ya que en el menú aparecen también platos más contundentes como el *confit* de pato. Se sirven desayunos de 10.00 a 11.00.

196 C2 158 New Bond Street, W1 020 7499 8408 Lu–sá 10.00–18.00 Green Park, Bond Street

Nobu £££

Nobuyuki Matsuhisa trae toda la fuerza de su experiencia americana (desde restaurantes en Estados Unidos hasta viajes por América del

Sur) para compartirla con todos en la primera planta del elegante Metropolitan Hotel. Éste es el lugar fundamental para ver y ser vistos. La combinación de su modernísimo interior y su clientela a la última se unen el servicio al estilo neoyorquino y la cocina japonesa en este exquisito restaurante. Reserva imprescindible.

198 C5 Metropolitan Hotel, 19 Old Park Lane, W1 020 7447 4747; www.noburestaurants.com Almuerzo: lu–vi 12.00–14.15, sá–do 12.30–15.00. Cena: lu–ju 18.00–22.15, vi-sá 18.00–23.00 Hyde Park Corner, Green Park

Quaglino's ££

Sólo con bajar las escaleras se puede sentir el murmullo y el brillo de Hollywood. Éste es uno de los restaurantes con más *glamour*: sólo hay que tomarse una copa en la barra o probar un menú con fuerte sabor a restaurante francés para comprobarlo. También se puede pedir el tradicional *fish and chips* con salsa tártara. El surtido de crustáceos es también bastante característico.

199 D5 16 Bury Street, St. James's, SW1 020 7930 6767; www.conran.com Almuerzo: todos los días 12.00–15.00. Cena: lu–ju 17.30–00.00, vi–sá 17.30–1.00, do 17.30–23.00 Green Park

Rasa W1 £–££

Das Sreedharan abrió este amplio restaurante tras el éxito de su primer establecimiento en el este de Londres. Sus exquisitos platos vegetarianos de la región de Kerala están considerados como algunos de los mejores platos indios de la ciudad. El menú ofrece también una serie de platos de carne, así como una variedad de *papadum*, aperitivos rellenos, *curry*, *dosas*, croquetas de lentejas y unos sabrosos panecillos.

196 C2 6 Dering Street, W1 020 7629 1346; www.rasarestaurants.com Lu–sá 12.00–15.00, lu–sá 18.00–23.00 Oxford Circus

Sotheby's Café ££

Uno de los secretos mejor guardados de Bond Street está en el vestíbulo de la casa de subastas Sotheby's. La clientela cosmopolita de su cafetería acude aquí para degustar un gran almuerzo o tomar el té de las cinco.

196 C2 34 Bond Street, W1 020 7293 5077 Almuerzo: lu–vi 9.30–11.30, 12.00–16.45 Bond Street

The Square £££

El extraordinario restaurante de Nigel Platts-Martin y su reputado chef y compañero, Philip Howard, ofrece una moderna cocina francesa, imaginativa y clásica a la vez. La presentación de los platos está cuidada hasta el último detalle, y en el restaurante abogan por los productos orgánicos y de granja.

196 C1 6 Bruton Street, W1 020 7495 7100; www.squarerestaurant.com Almuerzo: lu–vi 12.00–15.00. Cena: lu–sá 18.30–22.45, do 18.30–22.00 Bond Street

Tamarind ££

Este prestigioso restaurante ofrece una imaginativa interpretación de la cocina regional india. Los platos se preparan con hierbas y especias importadas para conseguir el verdadero sabor de la cocina india.

198 C5 20 Queen Street, W1 020 7629 3561; www.tamarindrestaurant.com Almuerzo: lu–vi, do 12.00–14.45. Cena: lu–sá 18.00–23.30, do 18.00–22.30 Green Park

The Wolseley £–££

Este premiado restaurante se encuentra en una antigua sede bancaria. Se trata de un edificio *art déco*, que a pesar de su grandiosidad ofrece un ambiente acogedor. Sirve comida informal pero excelente al estilo británico moderno y es el lugar perfecto para tomar el desayuno o un té por la tarde

199 5D 160 Piccadilly, W1 020 7499 6996; www.thewolseley.com Lu–vi 7.00–24.00, sá 9.00–24.00, do 9.00–23.00 Green Park

Dónde... comprar

SAVILE ROW Y JERMYN STREET

Savile Row (metro: Piccadilly Circus) es sinónimo de ropa de caballero de gran calidad confeccionada a medida. En esta calle existen varios establecimientos: **Henry Poole** (15 Savile Row, W1, tel: 020 7734 5985), fundado en 1806, o **Kilgour, French & Stanbury** (8 Savile Row, W1, tel: 020 7734 6905), abierto desde 1882.

Jermyn Street (metro: Piccadilly Circus) tiene el monopolio en cuanto a la venta de camisas de caballero. Algunas de sus tiendas son: **Turnbull & Asser,** (71–72 Jermyn Street, W1, tel: 020 7808 3000), **Harvie & Hudson** (77 Jermyn Street, W1, tel: 020 7930 3949), y **Hilditch & Key** (73 Jermyn Street, W1, tel: 020 7930 5336).

REGENT STREET

Regent Street (metro: Piccadilly Circus) alberga grandes establecimientos. **Aquascutum** (100 Regent Street, W1, tel: 020 7675 8200) es el lugar idóneo para comprar la clásica gabardina inglesa, así como chaquetas *tweed* confeccionadas para hombre y mujer; en **Burberry** (165 Regent Street, W1, tel: 070 0078 5676) se puede encontrar el tradicional impermeable inglés; y **Austin Reed** (103–113 Regent Street, W1, tel: 020 7534 7777) es perfecto para encontrar prendas al estilo de las de Savile Row a precios más económicos.

Al final de Regent Street se encuentran los famosos almacenes **Liberty** (210–220 Regent Street, W1, tel: 020 7734 1234, metro: Oxford Circus). En su interior la tienda es un verdadero tesoro oculto, con alfombras orientales, muebles, productos de cuero, así como los últimos diseños de moda, cosméticos de lujo y complementos.

En Regent Street también se encuentra **Hamleys** (188–196 Regent Street, W1, tel: 0870 333 2455, metro: Piccadilly Circus), una de las tiendas de juguetes más grandes del mundo. Sus precios son más elevados que en cualquier otro lugar, y durante los fines de semana está abarrotada, pero merecen la pena sus trucos de magia y las demostraciones de sus juguetes.

PICCADILLY

Fortnum & Mason (tel: 020 7734 8040, metro: Piccadilly Circus). es toda una institución en Londres. Su departamento de alimentación vende todo tipo de productos, desde mermeladas, variedades de té y condimentos, hasta patés, quesos, pan y fruta fresca. Es menos conocida por su excelente departamento de moda femenina y su magnífica sección de papelería y regalos.

La tienda de **Waterstones** (203–206 Piccadilly, tel: 020 7851 2400, metro: Piccadilly Circus), en Piccadilly es la librería perfecta para encontrar un buen libro.

BOND STREET

Bond Street es escaparate de los diseñadores de alta costura más importantes y de sus innovadores establecimientos: **Donna Karan** (19 New Bond Street, W1, tel: 020 7495 3100, metro: Bond Street), **Gucci** (32–33 Old Bond Street, W1, tel: 020 7629 2716, metro: Piccadilly Circus) y **Emporio Armani** (51–52 New Bond Street, W1, tel: 020 7491 8080, metro: Bond Street).

Una antigua joyería, **Asprey** (167 New Bond Street, W1, tel: 020 7493 6767, metro: Bond Street) se relanzó en 2004 como imperio del lujo. También muestran sus mercancías joyerías como **Tiffany & Co** (25 Old Bond Street, W1, tel: 020 7409 2790, metro: Piccadilly Circus) y **Cartier** (175 New Bond Street, W1, tel: 020 7408 5700, metro: Bond Street), dos grandes casas de subastas como **Sotheby's** (34–335

New Bond Street, W1, tel: 020 7293 5000, metro: Bond Street) y **Bonhams** (101 New Bond Street, W1, tel: 020 7447 7447, metro: Bond Street), e importantes representantes del mundo de las artes y las antigüedades, en particular la **Fine Art Society** (148 New Bond Street, W1, tel: 020 7629 5116, metro: Bond Street). En esta calle se encuentra también **Fenwick** (63 New Bond Street, W1, tel: 020 7629 9161, metro: Bond Street), un encantador establecimiento dedicado a la moda.

SOUTH MOLTON STREET

En South Molton Street se pueden encontrar *boutiques* más pequeñas y extravagantes, como **Browns** (24–27 South Molton Street, W1, tel: 020 7514 0016, metro: Bond Street) una serie de pequeñas tiendas conectadas entre sí, que tienen artículos de moda a la última.

Gray's Antique Market (1–7 Davies Street, W1, tel: 020 7629 7034, metro: Bond Street) es conocido por sus joyas y sus productos orientales.

OXFORD STREET

La enorme calle de Oxford Street es el lugar perfecto para encontrar la mayoría de los grandes establecimientos. **John Lewis** (278–306 Oxford Street, W1, tel: 020 7629 7711, metro: Oxford Circus) comercializa desde tejidos hasta ordenadores, y **Marks & Spencer,** en Marble Arch (458 Oxford Street, W1, tel: 020 7935 7954, metro: Marble Arch) y al norte de Oxford Circus (173 Oxford Street, W1, tel: 020 7437 7722, metro: Bond Street) es perfecto para encontrar los básicos de armario. **Selfridges** (400 Oxford Street, W1, tel: 0870 837 7377, metro: Bond Street) posee el departamento de perfumería más grande de Europa y una enorme sección de cosméticos, así como dos plantas enormes con la moda femenina más actual.

Dónde… divertirse

Para encontrar los cines más importantes y algunos de los mejores teatros sólo hay que acudir a la zona de Haymarket y Piccadilly Circus. Para más información sobre la adquisición de entradas de teatro ➤ 160.

CINE

El **Curzon Mayfair** (38 Curzon Street, W1, tel: 020 7495 0500, metro: Green Park) proyecta películas extranjeras y algunas de las películas más comerciales. **The Institute of Contemporary Arts (ICA)** (Nash House, The Mall, W1, tel: 020 7930 3647, metro: Charing Cross) tiene un pequeño cine en el que proyecta ciclos de películas clasificadas por director, estilo o tema.

CLUBES

100 Club (100 Oxford Street, W1, tel: 020 7636 0933, metro: Oxford Circus), sigue una política ecléctica. En él han tocado grupos como The Rolling Stones, The Kinks, The Sex Pistols y The Clash, pero también ofrece grupos de jazz, blues, jive y de muchos otros estilos.

COMEDIA

En **The Comedy Store** (1a Oxendon Street, W1, recorded information tel: 0870 060 2340, metro: Piccadilly Circus) las representaciones comienzan a las 20.00 (ma-do), pero para conseguir una buena localización se recomienda acudir a las 18.30.

La City

Cómo orientarse 68 – 69
En un día 70 – 71
Imprescindible 72 – 81
Otras opciones 82 – 85
Dónde... 86 – 88

Cómo orientarse

La City de Londres, el núcleo de negocios de la capital, constituye uno de los centros financieros más transitado del mundo, con bancos, sedes corporativas y compañías aseguradoras en los escenarios más espectaculares de arquitectura moderna. Aun así, entre los edificios de oficinas de cristal y acero, siempre es posible encontrar una hermosa iglesia del siglo XVII, callejones de piedra, mercados históricos e incluso pedazos de la muralla de la antigua ciudad romana.

La City de Londres está ubicada sobre el antiguo asentamiento romano de Londinium, y es centro financiero y gubernamental desde hace ya bastante tiempo. Históricamente tuvo una identidad distinta a la del resto de la capital. Cuando Eduardo el Confesor trasladó su palacio desde La City hasta la zona de Westminster en 1042, la zona siguió

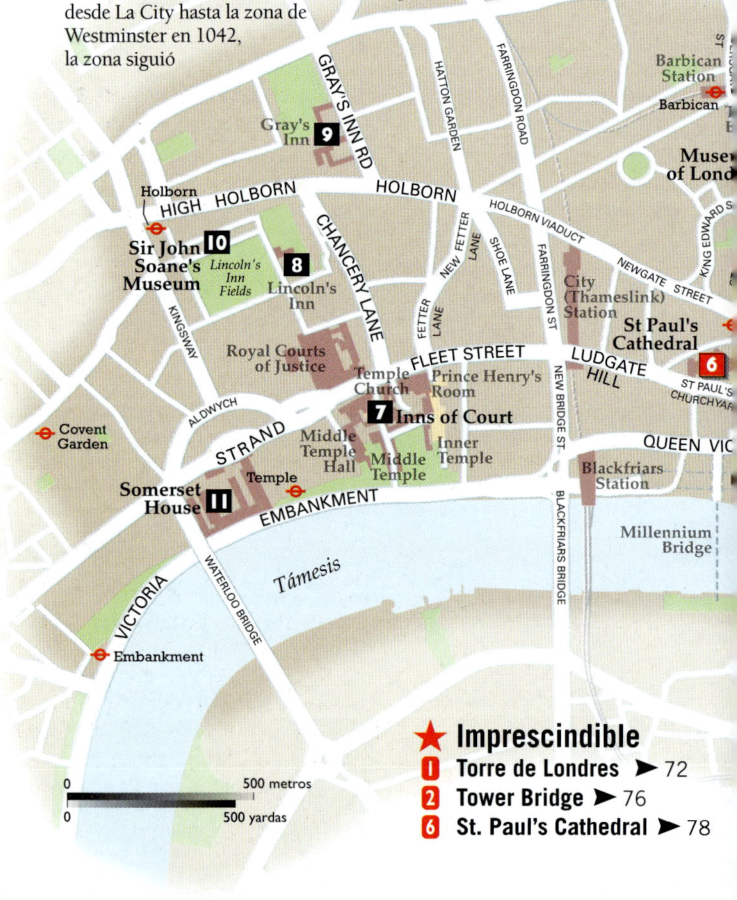

★ Imprescindible

1 **Torre de Londres** ➤ 72
2 **Tower Bridge** ➤ 76
6 **St. Paul's Cathedral** ➤ 78

manteniendo algunos de sus antiguos privilegios, y más tarde, en el siglo XIV, consiguió fueros que le aseguraban el derecho a elegir su propio alcalde y consejo. Incluso el monarca tenía que pedir permiso formal para poder entrar en La City. En la actualidad aún conserva estos privilegios. La Corporation of London, sucesora del antiguo consejo, aunque supervisada por el alcalde de Londres, administra la zona de La City a través de reuniones de consejo celebradas en Guildhall.

Gran parte de La City medieval fue destruida por el Gran Incendio de 1666 (➤ 6), pero la Torre de Londres consiguió sobrevivir. En la etapa de reconstrucción que siguió al incendio, el arquitecto sir Christopher Wren fue el encargado de construir más de 50 iglesias, de las cuales la más destacada de todas es la conocida St. Paul's Cathedral. Muchas de las otras iglesias consiguieron también sobrevivir a los bombardeos de la II Guerra Mundial y, aunque menos conocidas, continúan escondidas en apacibles calles.

La City alberga también el Barbican Centre, centro de artes interpretativas, así como el Museum of London, en el que se revive la historia de la ciudad. En el extremo occidental de La City se encuentran los cuatros colegios de abogados (Inns of Court), el corazón legal de Londres. Próximo al Lincol's Inn está el Museo de sir John Soane, un magnífico lugar para revivir el siglo XIX. Ya en el río, Somerset House alberga no sólo la sorprendente Courtauld Gallery sino también los tesoros de la Gilbert Collection y las Hermitage Rooms.

Otras opciones

3 Leadenhall Market ➤ 82
4 Bank of England Museum ➤ 82
5 Museum of London ➤ 82
7–9 Inns of Court ➤ 83
10 Sir John Soane's Museum ➤ 84
11 Somerset House ➤ 85

En la página anterior: la cúpula característica de St. Paul's Cathedral

Lo más destacado del día lo constituyen tres de los símbolos londinenses: St. Paul's Cathedral, la Torre de Londres y Tower Bridge, que guardan algunas de las vistas más impresionantes de la ciudad.

La City en un día

9.00

Intente llegar a la **1 Torre de Londres** (➤ 72–75) antes de que abra (10.00 los domingos y los lunes) para adelantarse a los turistas, incluso si eso significa sali en hora punta. Como recompensa podrá ver joyas, cuervos y a los Beefeaters (a la izquierda), así como descubrir la larga y a veces sangrienta historia de Londres en el escenario de su famosa fortaleza. Las entradas se pueden adquirir de forma anticipada en cualquier estación de metro.

11.30

Camine hacia **2 Tower Bridge** (abajo, ➤ 76–77) y visite la Tower Bridge Exhibition para conocer la sorprendente historia del puente. Merece la pena subir hasta la parte más alta del puente para ver las impresionantes vistas del río Támesis.

13.00

Haga una parada para comer. Si lo que desea es un menú de gran calidad cruce hasta la margen sur del río y diríjase a la Cantina del Ponte (➤ 108). Se recomienda reservar con antelación.

14.15

Cruce de nuevo el puente para coger el autobús número 15 desde Tower Hill, la calle principal que se encuentra al norte de la fortaleza. Este autobús le dejará cerca de St. Paul's Cathedral.

15.00

Suba hasta las galerías de la parte superior de la cúpula de 6 **St. Paul's Cathedral** (abajo, ➤ 78–81), desde donde podrá apreciar las magníficas vistas de la ciudad. Tómese un café en la cafetería de la cripta. Recréese en la arquitectura del edificio y en los objetos que lo rodean.

17.00

Si es posible, quédese en la catedral para el oficio de la tarde; los horarios de los servicios religiosos se encuentran expuestos tanto en el exterior como en el interior de la catedral (o también puede visitar la página web). Para salir de la zona, tome de nuevo el autobús número 15 hasta Trafalgar Square o vaya a la estación de metro de St. Paul's que está justo al lado de la catedral.

1 Torre de Londres

La Torre de Londres siempre ha fascinado a sus visitantes –era ya famosa hace incluso 300 años– y hoy en día es uno de los principales puntos turísticos de la ciudad. El edificio, fundado por Guillermo el Conquistador poco tiempo después de la conquista de 1066, ha sobrevivido a más de 900 años como palacio, prisión, lugar de ejecución, arsenal, antigua casa de la moneda y sede de las joyas de la Corona. Durante todo este tiempo, ha permanecido en la historia diaria de Londres, a la vez que ha seguido manteniendo su rasgo de fortaleza y su independencia dentro de los muros que la defienden.

La Corona de San Eduardo, una de las piezas más inestimables de las joyas de la Corona

Las joyas de la Corona

Se recomienda empezar la visita de la torre por la sala de las Joyas de la Corona. Puede que sea necesario esperar una larga cola para poder ver la colección –una de las más ricas del mundo–, pero las imágenes de archivo de la coronación de la reina Isabel II amenizan la espera y constituyen el preludio de la exposición. La pieza más deslumbrante de la colección es la **Corona Imperial del Estado,** utilizada por la reina durante la Ceremonia de Apertura del Parlamento en octubre o noviembre, con 2.868 diamantes, 273 perlas, 17 zafiros, 11 esmeraldas y 5 rubíes incrustados. Entre las otras piezas de la colección figura el **Cetro con Cruz,** que lleva incrustado el mayor diamante del mundo, conocido como la Estrella del Sur. También merece la pena ver la corona de la Reina Madre, que contiene el diamante conocido como Montaña de la Luz, y que sólo se incrusta en las coronas de las mujeres, ya que se cree que trae mala suerte a los hombres.

Para conocer más acerca de las joyas de la Corona, se puede visitar la exposición Crowns and Diamonds en Martin Tower, a la que se accede por Salt Tower.

---

202 C3

Tower Hill, EC3 · 0870 756 6060, www.hrp.org.uk

Mar–oct: ma–sá 9.00–18.00, do–lu 10.00–18.00; nov–feb: ma–sá 9.00–17.00; do–lu 10.00–17.00. Última admisión una hora antes de cerrar

Cafetería y restaurante

Tower Hill · 15, 25, 42, 78, 100, D1 · Muy caro

Tower Green

En este lugar de apariencia benévola se ejecutó a siete prisioneros de alto rango, entre ellos la segunda y la quinta esposas de Enrique VIII, Ana Bolena y Catalina Howard (ambas decapitadas por adulterio).

Aquí se ejecutaba a los prisioneros más ilustres, mientras que los menos favorecidos encontraban un final mucho más lento y doloroso cerca de Tower Hill. El hacha y el sillar del verdugo se exhiben en White Tower.

White Tower

La parte más antigua y llamativa de la Torre de Londres es White Tower, construida alrededor de 1078 y que ha permanecido inalterable durante más de 900 años. En la actualidad recoge una inigualable colección de armaduras en una impresionante y hermosa exposición. La pieza más destacada es la armadura personal de Enrique VIII, pero

a Torre de ondres omenzó a onstruirse en 066, en un nclave que ermitía ustodiar la ntrada de los nemigos por l río Támesis

también es interesante ver algunas de las armaduras de los jóvenes de aquella época. No hay que olvidar la visita a St. John's Chapel en la primera planta, una de las capillas más antiguas de Inglaterra, así como algunos de los *garderobes* de la torre (los aseos del siglo XI).

Los cuervos de la Torre de Londres

Los cuervos han estado asociados a la fortaleza a lo largo de toda su historia. La leyenda cuenta que el rey Carlos II quería librarse de los pájaros, pero le dijeron que si los cuervos abandonaban White Tower, el reino se desmoronaría y ocurriría un desastre. En la actualidad no se asumen riesgos, por lo que los cuervos tienen un ala cortada para que no puedan volar lejos.

White Tower (1078) es una de las partes más antiguas de la Torre de Londres. Se llamó torre Blanca después de que Enrique III blanqueara el exterior del edificio en 1241

Bloody Tower

No todos los prisioneros de la fortaleza vivieron y murieron en condiciones terribles. Algunos pasaron su vida en aposentos menos infrahumanos. Uno de estos prisioneros fue sir Walter Raleigh, explorador, filósofo y científico, que estuvo preso en Bloody Tower desde 1603 hasta 1616, acusado de conspirar contra Jacobo I. Sin embargo, los prisioneros más destacados de esta torre, y la razón por la que la torre se llama así (torre sangrienta), fueron los hijos de Eduardo IV. Tras la muerte de su padre en 1483, el príncipe heredero de la Corona y su hermano Ricardo fueron confinados en la torre bajo la protección de su tío Ricardo, duque de Gloucester.

Los imponentes muros de la Torre de Londres, construidos en un principio para defenderla de sus atacantes, sirvieron más tarde para confinar en su interior a aquellos que eran considerados enemigos de la Corona

Beefeaters

A los guardianes de las torres, o Guardias Yeomen, se les conoce comúnmente como Beefeaters, aunque no se sabe el origen cierto de este término. Son alrededor de 38 y tienen una formación militar común. Son los encargados de realizar las ceremonias y siempre responden agradablemente a las preguntas de los visitantes.

Traitor's Gate era la entrada a la fortaleza por el río

Los príncipes desaparecieron misteriosamente y, en su ausencia, su tío fue coronado aquel mismo año. Doscientos años más tarde se encontraron los esqueletos de dos niños en White Tower, supuestamente los de los príncipes. La participación de Ricardo III en la muerte de los niños ha sido debatida desde entonces, pero nunca se ha llegado a probar nada.

El palacio medieval

La entrada al palacio medieval se encuentra junto a Traitor's Gate, la entrada por la que pasaban los prisioneros para ser ejecutados. El trazado del palacio es el mismo que en el reinado de Eduardo I (1272–1307) y, en su interior, el personal va disfrazado de época.

Desde el palacio se puede seguir el camino de Wall Walk en el lado sur de la torre, desde el que se pueden apreciar las hermosas vistas de Tower Bridge (➤ 76–77). Esta ruta lleva también hasta Wakefield Tower, en cuya cámara está reconstruido el trono de Eduardo I.

UN DESCANSO

Los cafés junto a **Leadenhall Market** (➤ 82) son perfectos para tomarse un café o comer algo rápido. Por otro lado, la Torre de Londres dispone de su propia cafetería y restaurante.

TORRE DE LONDRES: INFORMACIÓN ESPECÍFICA

Sugerencias Se recomienda venir temprano para evitar la multitud de turistas.
- Las entradas se pueden adquirir en alguna de las estaciones de metro más cercanas para **evitar una larga espera** en las taquillas principales.
- Nada más llegar, se recomienda visitar la sala de las joyas en la que se exponen las **joyas de la Corona.** Es el lugar más popular de las torres y se llena rápidamente de visitantes.
- Es necesario ser **flexible** en la visita: si una parte de las torres está demasiado saturada, se recomienda ver mientras tanto otro punto del edificio.
- Si hay tiempo, los Guardias Yeomen (Beefeaters) realizan **visitas guiadas** gratuitas de una hora de duración. La mayoría de los guías recrean magníficamente la historia de las torres.

2 Tower Bridge

El Puente de la Torre es uno de los enclaves turísticos más conocidos de Londres y desde su pasarela superior se pueden apreciar algunas de las mejores vistas de la ciudad. Ha ocupado un lugar destacado en el horizonte de la capital durante algo más de cien años.

Hasta finales de 1800, cruzar el río Támesis era todo un problema. London Bridge era el puente situado en el extremo oriental de la ciudad, pero más de un tercio de la población vivía incluso más al este. La construcción de un nuevo puente, sin embargo, suponía un gran dilema para arquitectos y urbanistas. Debía ser una construcción que permitiera el paso a los grandes barcos hasta la parte superior del Támesis –uno de los tramos de río más transitados del mundo– en el que se comercializaban los productos traídos de todas partes del Imperio Británico. También debía ser una construcción sólida y flexible que permitiera el paso de los vehículos de motor y los carruajes de caballos hasta la otra margen del río. Aunque el

Arriba: el puente iluminado es uno de los rasgos más característicos del horizonte londinense por la noche

202 C2
020 7403 3761, www.towerbridge.org.uk
Abr–sep: todos los días 10.00–18.30; oct–mar 9.30–18.00. Última admisión una hora antes de cerrar
Tower Hill, London Bridge
15, 25, 40, 42, 47, 78, 100, RV1 **Moderado**

EN CIFRAS

- Se tardó 8 años en construir el puente.
- Está construido con ladrillo y acero, pero revestido con piedras de Portland y granito a juego con la Torre de Londres.
- Para su construcción fueron necesarias más de 27.000 toneladas de ladrillos, suficientes para construir 350 casas.
- Cada leva pesa más de 1.200 toneladas.
- La distancia entre la calzada y la pasarela superior es de 33 m.

Parlamento comenzó a estudiar proyectos en 1850, no se aprobó finalmente ninguno hasta 1886 (se rechazaron más de 50). El diseño del arquitecto Horace Jones y el ingeniero John Wolfe Barry comprendía la construcción de una llamativa calzada levadiza (conocida como puente basculante).

Se puede acceder a las torres y a la pasarela del puente a través de la **Tower Bridge Exhibition**, una exposición que recoge vídeos, fotografías y aparatos que explican la historia, la construcción y el funcionamiento del puente. También se puede visitar la sala de máquinas victoriana, utilizada para elevar el puente hasta 1976.

UN DESCANSO

Si lo que se desea es una buena comida, sólo hay que cruzar hasta la margen sur del río para almorzar en **Cantina del Ponte** (➤ 108). La comida y las vistas del puente son estupendas.

esde su nauguración n 1894, ower Bridge s uno de los uentes más econocibles el mundo

TOWER BRIDGE: INFORMACIÓN ESPECÍFICA

Sugerencias Merece la pena ver el **puente elevado.** Para consultar los horarios se recomienda llamar por teléfono (020 7940 3984).

- Se recomienda ver el puente iluminado por la **noche**.
- Aunque no se visite la exposición de su interior, no hay que perderse las vistas desde cualquiera de sus pilares.

6 St. Paul's Cathedral

La cúpula de la catedral de San Pablo ha montado guardia durante casi 300 años. Se trata del legado de un genio revolucionario, el arquitecto sir Christopher Wren. Innovadora y controvertida, la catedral surgió de las cenizas del Gran Incendio de Londres en el siglo XVII, y pasó a ser una de las más jóvenes comparada con las catedrales medievales de la mayoría de los países europeos. Siglos más tarde, se convirtió en símbolo del espíritu imbatible de Londres, al sobrevivir al Blitz de 1940–1941. Más recientemente ha sido escenario de acontecimientos nacionales, como la boda del príncipe Carlos y Diana, Princesa de Gales (en aquel entonces lady Diana Spencer), en 1981.

La catedral actual, acabada en 1710, es la cuarta que se construye en la zona

La entrada a la catedral se encuentra en la **fachada oeste**, entre las dos torres. Hay que estar preparado para encontrarse con una gran multitud de turistas y mucho ruido.

En el interior, los arcos dirigen la mirada del visitante hasta el enorme espacio bajo la

201 E4
020 7236 4128, www.stpauls.co.u
Ludgate Hill, EC4 Lu–sá 8.30–16.30 (última admisión a las 16.00) Cafetería y restaurante St. Paul's 11, 15, 23, 25, 26, 100 Caro; gratuito durante el servicio religioso de los domingos

ET · URBIS · CONDITOR · CHRISTOPHORUS · WREN · QUI · VIXIT · ANNOS · ULTRA

EN CIFRAS

- La campana más grande de la catedral, Great Paul, pesa 17 toneladas y suena todos los días a las 13.00 durante 5 minutos.
- La distancia que hay desde el nivel del suelo hasta la parte más alta del crucero es de 112 m.
- El reloj Big Tom, situado en la torre derecha de la fachada oeste de la catedral, tiene 5 m de diámetro y la manecilla de los minutos mide 3 m de longitud.

cúpula principal, y hasta una serie de cúpulas más pequeñas y extraordinariamente decoradas sobre el coro y el altar mayor.

El centro de la nave está marcado por el diseño de una complicada brújula en blanco y negro, en recuerdo a Christopher Wren, que incluye la inscripción "Lector, si busca su monumento, sólo tiene que mirar a su alrededor". Al mirar desde este punto hacia la **cúpula,** es posible admirar la galería de los Susurros, los frescos del pintor sir James Thornbill

Los frescos monocromáticos del interior de la cúpula representan la vida de San Pablo

(1716–1719) que representan la vida de san Pablo, y las ventanas de la linterna. Christopher Wren tenía 75 años cuando la linterna estaba aún en construcción, pero insistió en que le subieran hasta las galerías varias veces a la semana para comprobar el progreso de la obra. Lo que no pudo ver son los mosaicos del techo, que no se concluyeron hasta 1890. Estos mosaicos representan escenas bíblicas y personajes como los evangelistas, los profetas, la Creación, el Jardín del Edén y la Crucifixión.

La zona alrededor del **altar** está repleta de exquisitas obras de arte. El maestro ebanista Grinling Gibbons, reconocido por sus tallas en alto relieve, diseñó la sillería del coro, y Jean Bijou, refugiado hugonote, creó los complicados forjados y rejas del coro (ambos trabajos fueron acabados en 1720). El baldaquino está basado en el de San Pedro de Roma, diseñado en el siglo XVI por el arquitecto barroco Bernini. En St. Paul's Cathedral, sin embargo, el baldaquino está tallado en roble inglés y data de 1958.

Las galerías

La cúpula tiene tres galerías, todas abiertas al público y de obligada visita si se dispone del tiempo y la energía suficientes y no se tiene miedo a las alturas. Las vistas del interior de la catedral y de Londres son impresionantes, pero para poder disfrutar de ellas hay que subir más de 550 escalones. Las mejores vistas del interior se obtienen desde la **galería de los Suspiros** (259 escalones), donde se puede apreciar el diseño del suelo de la catedral. El nombre de la galería se debe al extraño efecto acústico que permite que las palabras susurradas contra la pared se oigan con claridad en el lado opuesto de la galería. Para disfrutar de las vistas panorámicas de Londres hay que subir hasta las dos galerías de la parte superior, la **galería de Piedra** (378 escalones) y la **galería Dorada** (172 escalones más).

En el otro extremo, en la parte inferior, se encuentra la cripta, un tranquilo espacio sostenido por enormes pilares y una bóveda imponente. Se trata de la cripta más grande de Europa de estas características, y en su interior encierra cerca de 200 tumbas y monumentos funerarios. Los más destacados son los monumentos a héroes nacionales como el almirante lord Nelson y el duque de Wellington, que venció a Napoleón en la batalla de Waterloo en 1815.

La galería de los Susurros, donde las palabras susurradas en un lado de la galería pueden oírse en el lado opuesto

UN DESCANSO

St. Paul's Cathedral ofrece dos opciones para comer o tomar un café: el restaurante de autoservicio del refectorio (abierto lu–sá 10.00–17.00, do 12.00–17.00) y la cafetería de la cripta.

ST. PAUL'S CATHEDRAL: INFORMACIÓN ESPECÍFICA

Sugerencias Las **visitas guiadas** (90 min–120 min; suplemento adicional) comienzan a las 11.00, 11.30, 13.30 y 14.00. También ofrecen audioguías.

Curiosidades El coro, uno de los mejores del mundo, canta el domingo a las 11.30 (Eucaristía) y a las 15.15 (oficio de la tarde). Durante la semana, el oficio de la tarde comienza normalmente a las 17.00, pero se recomienda comprobar los horarios en las hojas informativas de la catedral o visitar su página web.

Otras opciones

3 Leadenhall Market

Este mercado victoriano de hierro y cristal, construido en el emplazamiento de un antiguo mercado medieval, satisface en la actualidad las necesidades de los trabajadores de La City, con una gran oferta de lugares donde comer, sastrerías, zapaterías, librerías, farmacias y tiendas de alimentación. El techo de cristal y las rejas pintadas y renovadas, junto con el ajetreo de la multitud, hacen de éste sea uno de los lugares más atractivos de La City.

202 B4 Whittington Avenue, EC3 Lu–vi 7.00–16.00 Monument 25, 40

4 Bank of England Museum

Puede que no se vean enormes montañas de oro, pero el material que tiene expuesto el Museo del Banco de Inglaterra es interesante (apoyado además de una excelente audioguía). Hay un par de lingotes de oro expuestos que atraen la atención de una gran multitud de visitantes, pero las explicaciones sobre la fabricación de los billetes son mucho más interesantes, así como los complejos sistemas de seguridad utilizados para burlar a los falsificadores. Para todos aquellos prodigios de las finanzas hay programas informáticos interactivos que permiten vivir de cerca las operaciones en los mercados bursátiles extranjeros.

202 A4 Bartholomew Lane, EC2 020 7601 5545; www.bankofengland.co.uk Lu–vi 10.00–17.00 Bank 8, 21, 25, 26, 43, 48, 76, 133, 141, 149, 242 Gratuito

5 Museum of London

El asombroso Museo de Londres describe la historia de la ciudad de Londres desde la época prehistórica hasta la actualidad.

La galería Romana está bastante bien ilustrada y recoge excelentes reconstrucciones de las habitaciones de la época romana. También se puede visitar el interior de la casa de un mercader del siglo XVII, así como las calles de tiendas victorianas con sus correspondientes mercancías.

A menor escala, se puede ver una maqueta del Gran Incendio de Londres, acompañada de las palabras del cronista de aquella época, Samuel Pepys, en una magnífica y realista representación del drama que vivió la ciudad durante aquella catástrofe (► 6–7). Sin embargo, la pieza más hermosa expuesta en el museo es quizás el carruaje del alcalde de la ciudad, construido en 1757. Se trata de una creación de colorida ornamentación, cubierta de magníficas tallas y esculturas, y con piezas del artista florentino Cipriano. El carruaje se sigue utilizando durante el desfile anual del alcalde, que tiene lugar cada noviembre, y en la coronación de cada nuevo monarca.

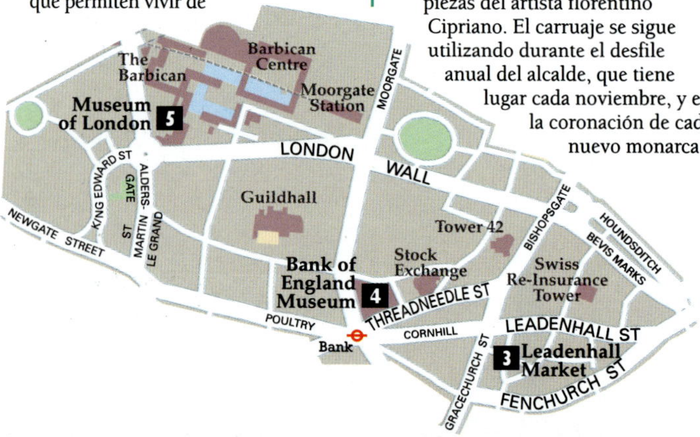

El carruaje dorado del alcalde, decorado con elaborados trabajos de ebanistería, es una de las piezas del Museo de Londres

201 F5 London Wall 0870 444 3851); www.museumoflondon.org.uk Lu–sá 10.00–17.50, do 12.00–17.50; última admisión 17.30 Café St. Paul's, Barbican 4, 8, 25, 56, 100, 172, 242, 521 Gratuito

7–9 Inns of Court

Tras cruzar una pequeña verja se llega a los cuatro Inns of Court. Sus edificios antiguos, su jardín cuidado y el ambiente silencioso crean un aura de quietud en este lugar. Se trata de la sede de los abogados de Londres. Los Inns comenzaron en un principio como hostales en los que se hospedaban los abogados allá por el siglo XIV. Hasta el siglo XIX la única forma de conseguir el reconocimiento como abogado era mediante el aprendizaje en estos lugares. Incluso hoy en día, los abogados tienen que ser miembros de uno de ellos.

Aunque la mayoría de los edificios son privados, algunos de ellos están abiertos al público, por lo que merece la pena caminar por sus callejones de piedra, patios y jardines. Para poder ver los Inns se recomienda empezar por el Temple y continuar hasta Lincoln's Inn y Gray's Inn.

Para los niños

- Torre de Londres (➤ 72–75)
- Galerías de St. Paul's Cathedral (➤ 78–81)
- Museum of London (➤ 82)

Inner y Middle Temple

Consagrada en 1185, Temple Church estuvo relacionada con los caballeros templarios, una confraternidad de monjes soldados que protegía a los peregrinos que se dirigían a Tierra Santa. Esto puede explicar el inusual diseño circular del edificio, que refleja el de la iglesia del Santo Sepulcro en Jerusalén. En el suelo de la iglesia pueden verse las antiguas efigies de los caballeros, aunque pocas datan de después del siglo XIII, ya que los caballeros cayeron en desgracia y la orden fue abolida en 1312.

El impresionante **salón de Middle Temple,** donde se dice que Isabel I acudió a la primera representación de *Noche de reyes* de Shakespeare, conserva aún sus paneles interiores del siglo XVI.

200 C4 Acceso a través de Fleet Street, enfrente del final de la calle Chancery Lane, EC4 Middle Temple Hall: habitualmente lu–vi 10.00–12.00, 15.00–16.00, cerrado durante representaciones Temple

La habitación del príncipe Enrique

Este extraordinario edificio, situado en Fleet Street, fue construido en 1610. La habitación superior, decorada en conmemoración a la investidura de Enrique, el hijo mayor de Jacobo I como Príncipe de Gales, conserva aún el emblema de las tres plumas del Príncipe de Gales en el techo, así como parte de los paneles originales de roble. Alberga objetos de interés del cronista Samuel Pepys (1633–1703), que aunque no estuvo directamente relacionado con el edificio, vivió por esta zona.

200 C4 17 Fleet Street, EC4 Lu–sá 11.00–14.00

Lincoln's Inn

Lincoln's Inn es enorme y espacioso, está bien conservado y sus edificios de ladrillo rojo fueron construidos a gran escala, especialmente las mansiones de cuatro plantas, el New Hall y la biblioteca de New Square (que comenzó en 1680). Han sido muchos los políticos británicos que han estudiado aquí, entre ellos William Pitt el Joven, Walpole, Disraelí, Gladstone y Asquith. También han pasado personajes como William Penn, fundador de Pensilvania, y el poeta del siglo XVII John Donne. Merece la pena visitar también la capilla (lu–vi 12.00–14.20), construida sobre una cripta de enormes pilares y espectaculares bóvedas.

200 C4 Entrada por Chancery Lane y Lincoln's Inn Fields, WC2 No está abierto al público Holborn

Gray's Inn

Esta antigua posada data del siglo XIV, pero ha sido restaurada en gran parte tras los bombardeos de la II Guerra Mundial. Entre los personajes famosos que han traspasado sus puertas figura Charles Dickens, que trabajó aquí entre 1827 y 1828. Lo más destacado son sus amplios jardines o *Walks*, como se les conoce popularmente (lu–vi 12.00–14.30), una vez escenario de duelos y donde el cronista Samuel Pepys solía admirar a las señoras mientras paseaban. La capilla también está abierta al público, aunque le falta el encanto que tiene la capilla de Lincoln's Inn (arriba).

200 C5 Entrada por High Holborn, Gray's Inn Road, Theobald's Road, WC1 Chancery Lane

10 Sir John Soane's Museum

Cuando el arquitecto y coleccionista de arte sir John Soane murió en 1837, legó su casa y el contenido de ella a la nación. La única condición de su legado, recogida en una ley parlamentaria, establecía que no debía cambiarse nada. Esta casa museo, un escaparate artístico y social de gran encanto, ha permanecido inalterable durante más de 150 años.

Soane tenía predilección por el coleccionismo, una pasión que seguía sin ningún tipo de estudio previo, ya que simplemente compraba lo que le llamaba más la atención. Como resultado, el museo está repleto de una mezcla de objetos hermosos y eclécticos: cerámicas, libros, cuadros, estatuas e incluso un esqueleto. Lo más destacado de la colección es el sarcófago egipcio del faraón Seti I, tallado en un bloque de piedra caliza, en el que figuran escenas de la otra vida para guiar al alma del fallecido. Cuando Soane recibió el sarcófago, se quedó completamente cautivado por su nuevo tesoro y organizó una fiesta de tres días para conmemorar su llegada.

Durante muchos años, eran muy pocos los especialistas que conocían esta joya. Ahora que el secreto se ha publicado, son muchas las personas que acuden al museo. Se recomienda visitar el museo por la mañana temprano o unas horas antes de cerrar para evitar el agobio de la multitud.

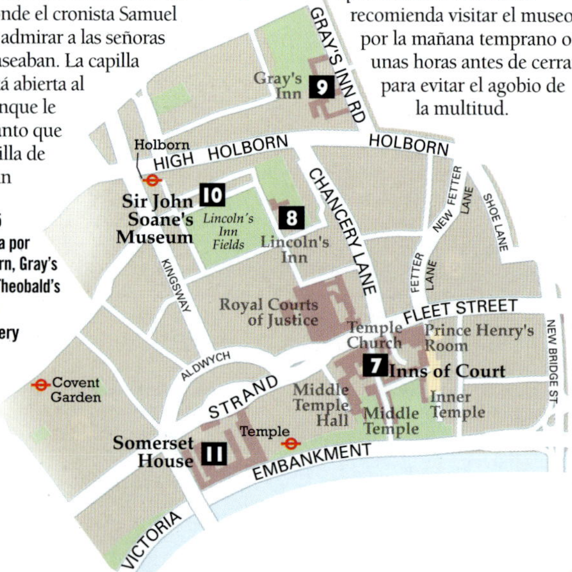

En la ecléctica colección de Sir John Soane's Museum se pueden encontrar tesoros de todas las épocas que sorprenden por su belleza

200 B4 · 13 Lincoln's Inn Fields, WC2 · 020 7405 2107; www.soane.org · Ma–sá 10.00–17.00 (también primer martes del mes 18.00–21.00 con algunas de las habitaciones iluminadas con velas). Los grupos de seis o más personas deben reservar con antelación. · Holborn · 1, 8, 25, 68, 91, 168, 171, 188, 242, 521 · Gratuito (donativos)

11 Somerset House

Antiguo registro de nacimientos, matrimonios y defunciones, este majestuoso edificio junto al río alberga ahora tres fabulosas colecciones de arte.

La más famosa de ellas es la **Courtauld Institute Gallery,** con una gran colección de cuadros impresionistas y posimpresionistas, entre los que figuran obras de Cézanne, Seurat, Gauguin, Renoir, Monet, Manet (*El bar del Folies Bergère*), Toulouse-Lautrec y Van Gogh (su famosa obra de 1889, *Autorretrato con oreja vendada*). Las salas de las plantas bajas contienen obras más tempranas, muchas de ellas religiosas. Entre las más destacadas se encuentran el *Tríptico* del Maestro de Flemalle (sala 1) y el *Adán y Eva* de Lucas Cranach el Viejo.

La **Gilbert Collection,** una hermosa muestra de artes decorativas, se centra en cajas de rapé y minúsculos mosaicos. Puede que el tema de la exposición no sea demasiado prometedor, pero algunas de las piezas expuestas son impresionantes dado su virtuosismo técnico. Entre las más destacadas de la colección pueden verse enormes artículos de oro y plata, cálices con joyas incrustadas y un par de pórticos dorados de iglesia.

En las **Hermitage Rooms** se exhiben exposiciones temporales de cuadros de talla mundial y otros objetos prestados por el museo de San Petersburgo en Rusia.

200 B3
Strand WC2
020 7845 4600 (información grabada); www.somerset-house.org.uk
Todos los días 10.00–18.00
Cafetería, restaurante Admiralty
Temple (cerrado domingos), Embankment o Covent Garden · 1, 4, 6, 9, 11, 13, 15, 23, 91, 176 · Courtauld Institute Gallery y Gilbert Collection: moderado, gratuito para menores de 18, gratuito lu 10.00–14.00, entrada mixta disponible. Hermitage Rooms: moderado, gratuito para menos de 18. Entradas para sesiones cada hora en punto y cada media hora

Dónde... comer y beber

Precios
Precio aproximado de una comida, bebidas excluidas:
£ menos de 25 £ **££** 25–50 £ **£££** más de 50 £

Alba £
Este elegante y moderno restaurante italiano, próximo al Barbican Centre, está muy bien de precio y es merecidamente popular. Durante el almuerzo se llena de empresarios y durante la noche del público de los teatros. El menú que ofrece, aunque corto, incluye algunos platos destacados. Se utilizan ingredientes de gran calidad para cocinar pescados o carnes como el estofado de cordero Trentino y clásicos como el pollo *cacciatore*. La carta de vinos recoge una impresionante selección de los mejores viñedos italianos.

Fuera del plano 201 F5 107 Whitecross Street, EC1 020 7588 1798; www.albarestaurant.com Lu–vi 12.00–15.00, 18.00–23.00; cerrado 10 días en Navidad y festivos Barbican

Club Gascon ££
Pascal Aussignac, francés de Toulouse, ha conseguido hacerse un hueco en el panorama gastronómico de Londres. Ofrece una cocina gascona de primera categoría, centrada en ingredientes como el *foie gras* y el pato, exportados directamente de la región de Gascuña, en Francia. Aunque la especialidad de Aussignac son los platos preparados de forma tradicional, tampoco teme experimentar nuevas ideas. Puede que las mesas estén un poco apretadas, pero el ambiente en Club Gascon es vibrante. Altamente recomendado. Reserva imprescindible.

201 E5 57 West Smithfield, EC1 020 7796 0600 Almuerzo: lu–vi 12.00–14.00. Cena: lu–ju 19.00–22.00, vi 19.00–22.30, sá 19.00–22.30 Farringdon

The Eagle £
The Eagle fue uno de los *pubs* pioneros en introducir buenos platos en su oferta, y aún sigue siendo líder en este campo. Su menú ofrece deliciosos platos mediterráneos o de influencia asiática a muy buen precio. No se admiten reservas, por lo que se recomienda llegar temprano para asegurarse una mesa y poder elegir lo mejor de la pizarra. Hay que pedir y pagar en la barra.

Fuera del plano 201 D5 159 Farringdon Road, EC1 020 7837 1353 Todos los días 12.00–23.00 (do hasta 17.00) Farringdon

Haz ££
El bullicio se une a la diversión en este animado restaurante famoso entre los empresarios. En él se sirven los platos más frescos y sabrosos de la cocina turca. Perfecto tanto para los amantes de la carne como para los vegetarianos, tiene platos combinados a muy buen precio. Se trata de un gran descubrimiento en pleno corazón de La City, especialmente porque está abierto durante todo el fin de semana, algo inusual por estos alrededores.

202 C4 9 Cutler Street 020 7929 7923; www.hazrestaurant.com Todos los días 11.30–23.30 Metro Liverpool Street

Lanes ££
Este elegante y acogedor comedor está situado en pleno centro de La City y rompe con el estereotipo de los restaurantes elegantes de la zona. En su menú de cocina europea moderna trabaja el jefe de cocina Hamish Smith (quien lo

aprendió todo de Marco Pierre White), y aunque sienta sus bases en la cocina italiana y francesa, posee también un sabor refrescante y exótico que refleja las influencias de su país natal, Nueva Zelanda.

202 C5 · East India House, 109–117 Middlesex Street, E1 · 020 7247 5050; www.lanesrestaurant.com · Lu–vi 12.00–15.00, 17.30–22.00, sá 18.00–22.00 · Liverpool Street

Medcalf £–££

Situado en una antigua carnicería de Exmouth Market, en el barrio de moda de Clerkenwell, Medcalf sirve lo mejor de la cocina británica moderna a primera hora de la noche, reservando su barra y *dj* (viernes y sábado) para más tarde. Su cocina echa mano de un menú de temporada y de ingredientes frescos caracterizado por platos británicos tan clásicos como el rabo de buey, las vieiras y las ostras. Sin embargo, su joven clientela es de todo menos tradicional.

Fuera del plano 201 D5 · 40 Exmouth Market, EC1 · 020 7833 3533 · Almuerzo: todos los días 12.00–15.00. Cena: lu, ju y sá 18.00–22.30. Bar: todos los días 10.00–23.00 · Farringdon

Moro ££

La calidad de este restaurante español/norteafricano, aclamado por los críticos, es siempre excelente, con ingredientes naturales cocinados simplemente en un horno de carbón o a la parrilla. La decoración minimalista del lugar, con una larga barra de zinc a un lado, una cocina abierta al otro y sencillas mesas de madera, consigue crear un escenario informal. Es necesario reservar con mucha antelación.

Fuera del plano 201 D5 · 34–36 Exmouth Market, EC1 · 020 7833 8336; www.moro.co.uk · Almuerzo: lu–vi 12.30–14.30. Cena: lu–sá 19.00–22.30 · Farringdon

Quality Chop House £–££

Este antiguo restaurante victoriano de carne conserva aún muchos rasgos originales, como por ejemplo sus altos reservados de caoba. Su menú ofrece una mezcla de cocina tradicional británica y clásicos platos franceses, y en él nunca faltan los huevos con bacon y patatas fritas, la sopa de pescado con *rouille*, el *confit* de pato y las salchichas con puré y salsa *gravy*.

Fuera del plano 201 D5 · 94 Farringdon Road, EC1 · 020 7837 5093; www.qualitychophouse.co.uk · Almuerzo: todos los días 12.00–15.00. Cena: lu–sá 18.30–23.30, do 19.00–22.30 · Farringdon, King's Cross

St. John ££

La vuelta a la cocina básica es el principio de este establecimiento de Clerkenwell, próximo a Smithfield. La decoración de esta antigua casa de ahumados es minimalista y de un blanco inmaculado. El diseño de una cocina abierta se suma a la informalidad del recinto. En su menú se adaptan antiguas recetas británicas –las asaduras son bastante populares– junto con platos mediterráneos modernos. La cocina adopta un enfoque sencillo con el uso de ingredientes frescos de primera categoría.

201 E5 · 26 St. John Street, EC1 · 020 7251 0848; www.stjohnrestaurant.com · Almuerzo: lu–vi 12.00–15.00. Cena: lu–sá 18.00–23.00 · Farringdon

BARES

Cicada £

En este elegante bar restaurante el número de bebedores supera al de comensales. Su joven clientela favorece un ambiente animado y divertido. El menú es oriental y su carta de vinos es económica pero excelente, e incluye, por ejemplo, el *sake*.

Fuera del plano · 132–6 St. John Street, EC1 · 020 7608 1550; www.cicada.nu · Lu–vi 12.00–23.00, sá 18.00–23.00 · Farringdon

Dónde... comprar

La City de Londres no es una destacada zona comercial, pero algunos de sus mercados son interesantes.

Los establecimientos de La City están preparados para las necesidades de los oficinistas, y así las tiendas de comida rápida, los bares y los *pubs* son los que dominan la zona, a excepción de algunas tiendas de recuerdos junto a los principales monumentos y **mercados.**

Columbia Road Flower Market (Columbia Road, E2, abierto do 8.00–14.00, metro: Old Street) es el lugar al que acude la mayoría de los londinenses para abastecerse de plantas con las que decorar sus patios y jardineras.

Petticoat Lane Market (Middlesex Street y continuación, E1, abierto lu–vi 10.00–14.30, do 9.00–14.00, metro: Aldgate) es el lugar idóneo para comprar prendas de vestir y calzado a precios económicos. Sin embargo, los domingos simplemente echar un vistazo se convierte casi en una tarea imposible debido a la aglomeración, a la que se suman los autobuses de turistas. El extremo del mercado junto a la estación de metro de Aldgate East está dedicado sólo a puestos de chaquetas de cuero. Sólo se admite efectivo.

La enorme plaza victoriana cubierta de **Spitalfields Market** (Commercial Street entre Lamb Street y Brushfield Street, E1, abierto lu–vi 10.00–17.00, do 9.00–17.00, metro: Liverpool Street) está llena de artesanía y puestos de comida de gran variedad, desde creps hasta *sushi* y comida *tandoori*. El mercado tiene un departamento de alimentación bastante bueno, abierto todos los ju, vi y do 10.00–17.00 en Crispin Place.

Dónde... divertirse

La mayor parte de La City permanece dormida durante la noche. Barbican Centre y Broadgate Centre son los principales centros de la zona.

El **Barbican Centre** (Silk Street, EC2. Taquillas tel: 020 7638 8891; información general tel: 020 7638 4141) atrae a los amantes del teatro y la música, tanto por su proximidad a Clerkenwell, el último punto culinario de Londres, como por su programa cultural.

Barbican Centre es la sede de la orquesta sinfónica de Londres, que ofrece cerca de 85 conciertos al año con interpretaciones de algunos de los mejores músicos del mundo. Además, tiene dos teatros y dos salas de cine.

Merece la pena pasarse por el Barbican, especialmente durante los fines de semana, cuando hay más oferta de espectáculos gratuitos. También hay varias cafeterías en las distintas plantas.

Para llegar a este centro se recomienda el uso del metro. Las estaciones de Barbican y Moorgate son las más cercanas al recinto y están dotadas de letreros que señalan la dirección del centro.

En el **Broadgate Centre** (Broadgate Circus, Eldon Street, EC2, metro: Moorgate) se suceden las tiendas y los restaurantes situados en el impresionante anfiteatro, en el que es posible patinar sobre hielo durante el invierno y disfrutar de un espectáculo al aire libre en verano.

Westminster y South Bank

Cómo orientarse 90 – 91
En un día 92 – 93
Imprescindible 94 – 101
Otras opciones 102 – 107
Dónde... 108 – 110

Cómo orientarse

Desde uno de los puentes o diques, sólo hay que dirigir la mirada al Támesis para percibir el contraste entre el lento fluir de sus aguas y la espectacularidad de la ciudad que lo rodea.

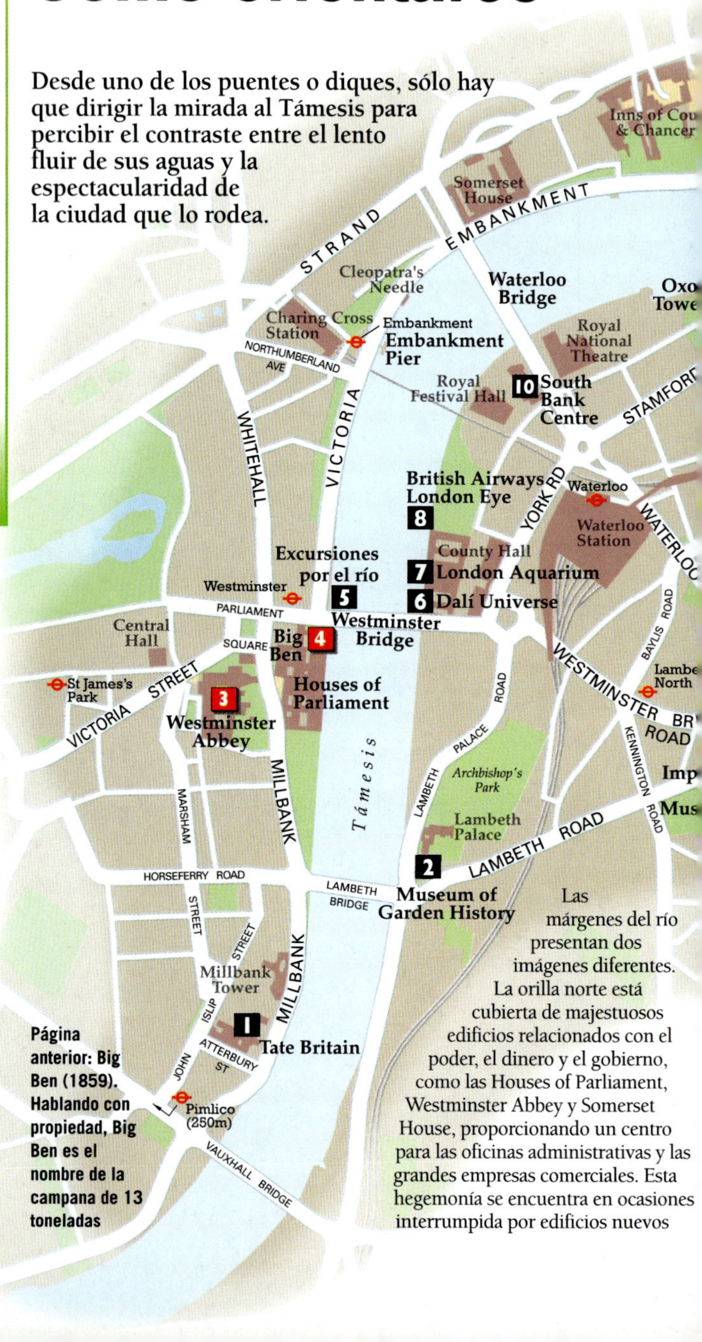

Página anterior: Big Ben (1859). Hablando con propiedad, Big Ben es el nombre de la campana de 13 toneladas

Las márgenes del río presentan dos imágenes diferentes. La orilla norte está cubierta de majestuosos edificios relacionados con el poder, el dinero y el gobierno, como las Houses of Parliament, Westminster Abbey y Somerset House, proporcionando un centro para las oficinas administrativas y las grandes empresas comerciales. Esta hegemonía se encuentra en ocasiones interrumpida por edificios nuevos

–la estación de tren de Charing Cross es un ejemplo significativo– pero, en general, la margen norte del río es uniforme y de reconocido prestigio, conservando la relevancia política, histórica y religiosa que ha venido disfrutando durante siglos. La margen sur del río, conocida como South Bank, tiene un sabor diferente. En la época de Shakespeare era el lugar al que desterraban a los actores, considerados una mala influencia, y donde floreció el teatro. El renacido Globe vuelve al pasado: 400 años atrás. A principios del siglo XX,

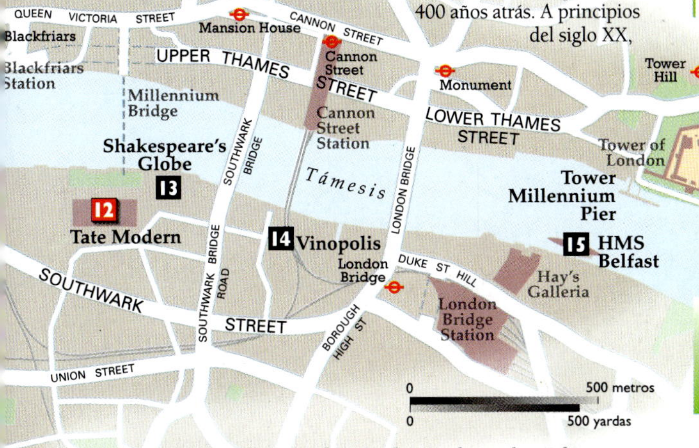

esta zona era una mezcla entre deprimida e industrialmente desarrollada, pero tras la II Guerra Mundial, el South Bank Centre, y el Royal Festival Hall en particular, marcaron el inicio de un nuevo rumbo. Como continuación de este cambio, al entrar en el nuevo milenio, la antigua Bankside Power Station abandonó su anterior apariencia industrial para transformarse en un centro cultural en forma de galería conocida como Tate Modern. Aún así, ésta ha sido eclipsada por el sorprendente éxito de British Airways London Eye. Esta elegante noria, aunque lenta en sus movimientos, se ha convertido rápidamente en la atracción favorita de Londres y es la posición estratégica perfecta para planear el día.

Imprescindible

- 3 **Westminster Abbey** ➤ 94
- 4 **Támesis** ➤ 98
  - Houses of Parliament y Big Ben
  - Westminster Bridge
  - Waterloo Bridge
- 12 **Tate Modern** ➤ 100

Otras opciones

- 1 Tate Britain ➤ 102
- 2 Museum of Garden History ➤ 102
- 5 Excursiones por el río ➤ 103
- 6 Dalí Universe ➤ 104
- 7 London Aquarium ➤ 104
- 8 British Airways London Eye ➤ 104
- 9 Imperial War Museum ➤ 105
- 10 South Bank Centre ➤ 105
- 11 Oxo Tower ➤ 105
- 13 Shakespeare's Globe ➤ 106
- 14 Vinopolis ➤ 107
- 15 *HMS Belfast* ➤ 107

El arte, la religión, el reloj más famoso del mundo y un paseo junto al río forman el centro de las visitas de interés del día. Hay que tener en cuenta que Westminster Abbey cierra temprano los sábados y sólo abre los domingos para los servicios religiosos.

Westminster y South Bank en un día

9.30

Calcule dos horas para disfrutar de la grandeza de 3 **Westminster Abbey** (derecha, ➤ 94–97). Busque los monumentos de los miembros de la familia real y de las figuras literarias entre la imponente arquitectura. Visite las capillas reales.

11.30

Admire las 4 **Houses of Parliament** y el 4 **Big Ben** (➤ 98–99), cruce por 4 **Westminster Bridge** y gire a la izquierda, hacia el destacado 8 **British Airways London Eye** (➤ 104). Aquí tiene una variedad de opciones: London Eye, 7 **London Aquarium** (➤ 104) y 6 **Dalí Universe** (➤ 104). Atención: es necesario reservar con antelación las entradas para London Eye.

13.30

Pasee a lo largo del río hasta 11 **Oxo Tower** (abajo; ➤ 105), suba al ascensor hasta arriba para disfrutar de una magnífica vista del Támesis, y relájese almorzando en su restaurante (➤ 109).

14.30

Después de comer, eche un vistazo a los talleres de diseñadores de la torre y diríjase a continuación hacia la 12 **Tate Modern** (➤ 100–101), la sorprendente galería de arte moderno de Londres, alojada en la antigua Bankside Power Station (a la derecha). Elija un par de galerías y consiga una audioguía en lugar de intentar ver toda la colección. Si aún le quedan fuerzas, 13 **Shakespeare's Globe** (➤ 106), una reconstrucción del Globe Theatre original, está a sólo unos pasos. Si lo ha programado todo bien, podría incluso terminar el día viendo la representación de una obra.

2 Westminster Abbey

El gran edificio religioso de Gran Bretaña es la abadía de Westminster, santuario nacional, escenario de coronaciones y lugar en el que descansan algunos de los personajes más famosos de casi mil años de historia británica. La mayoría de los monarcas del país, desde Guillermo el Conquistador en 1066 hasta la reina Isabel II en 1953, han sido coronados en Westminster; en 1997 fue también el entorno escogido para celebrar el funeral de la princesa Diana. El edificio tiene orígenes muy antiguos, pero la construcción de la estructura actual, obra de la arquitectura medieval, comenzó en el siglo XIII. Desde entonces, el conjunto ha ido creciendo y evolucionando, y hoy en día aún se siguen añadiendo monumentos al espectacular conjunto.

La abadía de Westminster es uno de los principales destinos turísticos de Londres, y atrae a multitud de visitantes. Es imposible apreciar todas las riquezas de la abadía en una sola visita, de modo que se recomienda ver los puntos más destacados que se describen a continuación.

Al entrar por la puerta norte lo primero que se ve es la girola, el pasillo que lleva hasta el extremo de la abadía. La capilla de la izquierda contiene la **tumba de Isabel I** (1533-1603) y su hermanastra mayor, María Tudor (1516-1558), hijas de Enrique VIII, casado en varias ocasiones. Aunque descansan ahora cerca, se profesaron poco amor en vida: María era católica e Isabel protestante, en una época en la que las creencias dividían el país y las persecuciones religiosas estaban extendidas.

A la izquierda: la nave y la bóveda de Westminster Abbey

Arriba: West Towers

199 F4 Broad Sanctuary, SW1 020 7654 4900; www.westminster–abbey.org

Lu–vi 9.30–16.45, sá 9.30–14.45. Última admisión una hora antes del cierre. Do abierto sólo para el culto religioso. College Garden: abr–sep, ma–ju 10.00–18.00; oct–mar 10.00–16.00. Chapter House, Abbey Museum y Pyx Chamber: todos los días 10.30–16.00 Cafetería en los claustros y Broad Sanctuary

Westminster, St. James's Park 3, 11, 24, 53, 77A, 159, 211

Caro

Delicada bóveda de abanico en la capilla de Enrique VII

A continuación está la **capilla de Enrique VII**, construida en 1512, posiblemente para limpiar su conciencia, ya que su ascenso al trono estuvo marcado por la violencia. Se trata de la capilla más hermosa de la abadía, a la que un comentarista llegó a describir como *orbis miraculum*, una maravilla del mundo. La bóveda de abanico es particularmente magnífica, como también lo son los coloridos estandartes de los caballeros de la orden de Bath (una orden de caballería establecida por el monarca), situados sobre la sillería de roble del coro. Detrás del altar se encuentran las tumbas y las efigies doradas de Enrique VII y su esposa Isabel.

Tras abandonar esta zona, se encuentra la capilla con la tumba de María Estuardo, conocida popularmente como la reina de los escoceses (1542-1587). María, rival de Isabel I por el trono, estuvo encarcelada durante 19 años antes de ser finalmente ejecutada en 1587. El hijo de María, Jacobo VI de Escocia, se convirtió más tarde en Jacobo I de Inglaterra cuando Isabel I murió sin descendencia. Ordenó entonces exhumar el cadáver de su madre para enterrarlo 25 años después en la abadía, donde se erigió un monumento tanto para Isabel I como para María Estuardo (aunque el de su madre es con diferencia el más grandioso).

A medida que se baja por la escalera se puede apreciar una modesta silla. Se trata de la **silla de la Coronación**, de 1296, donde la mayoría de los monarcas británicos han sido coronados. Durante varios siglos todo el mundo se podía sentar en ella y muchos de los que lo hicieron dejaron inscripciones.

A continuación está **Poets' Corner**, una zona llena de tumbas y monumentos de los literatos más célebres. Es fácil encontrar a Geoffrey Chaucer, autor de *Los cuentos de*

Personajes más importantes de Poets' Corner

- Lord Alfred Tennyson
- Dylan Thomas
- Henry James
- T. S. Eliot
- George Eliot
- William Wordsworth
- Jane Austen
- Las hermanas Brontë

Vidriera de la Batalla de Gran Bretaña que contiene las insignias de los 65 escuadrones que participaron en la II Guerra Mundial

Canterbury; a Shakespeare, conmemorado con un monumento aquí aunque esté enterrado en Stratford-upon-Avon; y a Charles Dickens, quien fue enterrado en la abadía en contra de su voluntad y por orden de la reina Victoria. Las cenizas de Thomas Hardy también se encuentran aquí, aunque su corazón fue enterrado en Dorset, el escenario de muchas de sus novelas.

Desde la esquina de los poetas se llega hasta el centro de la abadía, el altar profusamente decorado y la sillería del coro. Al final de la nave se puede ver la vidriera sobre la puerta oeste. Los **claustros** del siglo XIII proporcionan un apacible descanso; rodean un pequeño jardín utilizado en su tiempo para la reflexión de los monjes. En el extremo occidental de la abadía hay una placa negra: **la tumba del soldado desconocido,** elocuente testimonio de los caídos en la guerra.

WESTMINSTER ABBEY: INFORMACIÓN ESPECÍFICA

Sugerencias Se recomienda asistir a uno de los **servicios corales** para ver la abadía en su máximo esplendor. Los oficios de la tarde son a las 17.00 durante la semana, excepto miércoles, y a las 15.00 los sábados y domingos. Los horarios del resto de los servicios religiosos están expuestos en la abadía. Para más información póngase en contacto con la abadía.

• Los sacristanes de la abadía ofrecen **visitas guiadas** varias veces al día (90 min, suplemento adicional). Reserve en el mostrador de información. También hay disponible una **audioguía** en varios idiomas (suplemento).

Con más detalle Al salir del claustro explore la hermosa **Chapter House** del siglo XIII, la **Pyx Chamber,** también superviviente del diseño original, y el **Abbey Museum,** con sus increíbles efigies de cera de los miembros de la realeza.

Curiosidades El **College Garden** (abierto abr–sep ma–ju 10.00–18.00; oct–mar 10.00–16.00) es un remanso de paz. Todos los miércoles de julio y agosto tienen lugar conciertos. Para acceder al jardín hay que entrar a través de Little Cloister.

3 El Támesis

Gracias a este corto paseo con vistas, el visitante puede disfrutar del horizonte de Westminster y del puente de Waterloo, así como de algunas de las mejores panorámicas de las márgenes sur y norte del río. Ofrece la oportunidad de apreciar algunas de las mejores vistas de Londres y de disfrutar de una perspectiva diferente de ejemplos de la arquitectura histórica y más moderna de Londres.

El recorrido comienza en la margen norte del río, frente a **Houses of Parliament,** o Casas del Parlamento, (un complejo conocido oficialmente como Palace of Westminster, sede del gobierno del país. Fue reconstruido en gran parte en el siglo XIX tras un incendio, aunque Westminster Hall, parte del palacio original, data de 1097. Victoria Tower (102 m de altura) se encuentra en un extremo y la torre del Big Ben (98 m de altura) en el otro. En el sentido más estricto, **Big Ben** es el nombre de la campana del reloj, de 13 toneladas, y no el de la torre. No está claro cómo surgió este nombre (puede que la campana se llamara así en honor al campeón de boxeo de pesos pesados Benjamin Caunt, o al inspector de obras, sir Benjamin Hall, que supervisó su instalación).

A continuación se recomienda cruzar **Westminster Bridge** hasta la margen sur del río para tener las mejores vistas de Houses of Parliament. En la actualidad, este puente (construido en 1862) es uno de los 30 puentes que cruzan el Támesis, pero en 1750 el puente que se encontraba en este punto era sólo el segundo, construido tras el London Bridge. Desde Westminster Bridge se puede echar un vistazo al agua del río que, a pesar de su aspecto turbio, acoge a más de cien especies de peces, incluido el salmón (recientemente se han podido ver incluso focas).

Tras cruzar el puente gire a la izquierda para incorporarse al paseo que recorre la margen sur del río. El edificio enorme que se encuentra a la derecha es County Hall, antigua sede del

Ayuntamiento de Londres. Hoy en día alberga hoteles, restaurantes, el **London Aquarium** (► 104), el **Dalí Universe** (► 104), la **Saatchi Gallery** y las taquillas de **British Airways London Eye** (► 104), una enorme noria desde la que se pueden disfrutar las vistas más espectaculares de la ciudad. Desde este punto se puede ver la moderna estación de Charing Cross en la margen norte del río.

Continúe hasta pasar los edificios de hormigón de **South Bank Centre,** uno de los principales recintos culturales y artísticos de la ciudad (► 105 y 110).

Suba las escaleras de **Waterloo Bridge** para apreciar una de las vistas más interesantes de Londres. Al este puede ver St. Paul's Cathedral (► 78–81), el chapitel de St. Bride's Church, Tower 42 (antiguamente NatWest Tower), Lloyd's Building (► 173) y, a lo lejos, Canary Wharf. A la derecha y mucho más cerca se encuentra Oxo Tower (► 105).

A medida que avanza hacia el extremo norte del puente, el enorme edificio que queda a la derecha es Somerset House, el único ejemplo superviviente de las mansiones del siglo XVIII que antes bordeaban la orilla del río. Ahora alberga tres colecciones de talla mundial (► 85).

Baje las escaleras del puente hasta Victoria Embankment, ya en la margen norte del río. La calle es bastante ruidosa y muy transitada pero desde aquí puede apreciar mejor la margen sur del río. En este lado también se encuentra Cleopatra's Needle, un obelisco egipcio de 18 m de altura que data de 1475 a.C., otorgado a Gran Bretaña en 1819 por el virrey de Egipto.

Diríjase a Westminster Pier para comprobar los horarios, precios y destinos de los viajes en barco disponibles (► 102–103).

UN DESCANSO

Para tomar algo pruebe **Caffé Vergano 1882** (► 108) o EAT café, ambos en South Bank Centre.

12 Tate Modern

Se trata de uno de los museos más recientes de Gran Bretaña, instalado en una antigua central eléctrica sorprendentemente reformada y en pleno corazón de South Bank. En su inauguración, en mayo de 2000, fue universalmente aclamada. El museo engloba obras de arte moderno, desde impresionistas del siglo XIX hasta las obras más desafiantes de los jóvenes artistas británicos de finales del siglo XX y principios del XXI.

Una vez dentro, muchos visitantes encuentran fascinante el tamaño de Turbine Hall, que ocupa la mayor parte del edificio, y que se asemeja a una enorme catedral vacía, con 160 m de largo y 35 m de alto. En esta sala se exponen obras encargadas especialmente para el recinto.

La **colección permanente** se encuentra en las plantas 3 y 5. Cada planta está dividida en dos. Se recomienda empezar por el extremo oriental de la **planta tercera**, por la sección llamada Bodegón–Objeto–Realidad. Al principio comienza con obras convencionales como *Nature morte à la cruche* de Cézanne, pero rápidamente se vuelve más vanguardista. El *Teléfono langosta* de Salvador Dalí se encuentra en la sala Objetos Subversivos, mientras que Peter Fischli y David Weisse han creado una galería abarrotada de cosas que recrean un lugar aún en construcción. El ala oeste de la tercera planta, Paisaje-Tema-Medioambiente, tiene una sala entera dedicada a los *Seagram Murals* de Mark Rothko, unas enormes obras de arte del expresionismo abstracto.

El ala este de la **planta quinta** se titula Desnudo-Movimiento-Cuerpo. Comienza con una escultura dinámica de Rodin, *El beso,* y continúa con la obra de Henri Matisse y Francis Bacon. El ala oeste, Historia-Memoria-Sociedad, es una de las partes más interesantes del museo, con *La mujer que llora* de Picasso y las múltiples imágenes de Marilyn Monroe en el *Díptico de Marilyn* de Andy Warhol.

Para muchos visitantes, las vistas de Londres desde las plantas superiores del museo son tan interesantes como las obras de arte. Desde la sala Este de la **planta séptima** se puede disfrutar de una magnífica panorámica de Millennium Bridge hasta St. Paul's Cathedral, en la margen norte del río. La ventana este mira hacia

Arriba: la espectacular Turbine Hall

Shakespeare's Globe (► 106) y Docklands. Desde la ventana sur se puede ver British Airways London Eye (► 104).

UN DESCANSO

Globe Café (► 109) sirve platos ligeros para almorzar. En la planta superior hay un restaurante bastante recomendable.

Abajo: el *Verano* de Jackson Pollock, una de las obras de la muestra

201 E3 · Bankside, SE1 · 020 7887 8008; www.tate.org.uk · Todos los días 10.00–18.00 (vi–sá hasta 22.00); última admisión 45 min antes del cierre · Southwark · Waterloo (East), Blackfriars, London Bridge · 45, 63, 100, 344, 381, RV1 · Gratuito salvo exposiciones temporales

TATE MODERN: INFORMACIÓN ESPECÍFICA

Sugerencias Para evitar la aglomeración se recomienda visitar el museo entre semana por la mañana o aprovechar las sesiones de la tarde los viernes y sábados, ya que a las 20.30 desciende el número de visitantes.
- Hay **visitas con audioguía** disponibles para niños y para los que estén interesados en la arquitectura del recinto.
- Sólo se permiten **fotografías** en Turbine Hall.
- **Millennium Bridge,** que conecta St. Paul's Cathedral con la Tate Modern, es el mejor medio para llegar hasta la galería, ya que cruza el Támesis y llega hasta el mismo corazón de la galería.

Otras opciones

Ophelia, **de John Everett Millais, una famosa obra prerrafaelita de la Tate Britain**

1 Tate Britain

Hasta el año 2000 este museo albergaba toda la colección de la Tate, aunque el límite de espacio implicaba que sólo se pudiera exponer una parte de las obras al mismo tiempo. La solución fue sencilla: dividir la colección en dos. Desde la creación de la Tate Modern (➤ 100–101), se ha renovado el espacio del museo.

La Tate Britain abarca cinco siglos de arte británico, desde *A Man in a Black Cap* de John Bettes (1545) hasta obras de pintores como David Hockney, Francis Bacon, Lucian Freud, Stanley Spencer y esculturas de Henry Moore y Jacob Epstein.

Todos los cuadros de la Tate Britain cambian periódicamente de lugar, pero el visitante puede estar seguro de ver siempre obras tan importantes como las de Hogarth, Reynolds, Gainsborough, Constable y, por supuesto, J. M. W. Turner. Turner está considerado como el mejor talento nacional y, por esta razón, tiene su propia ala, Clore Gallery. Pero para muchos visitantes sus favoritas siguen siendo las obras románticas de los prerrafaelitas de finales del siglo XIX: John Everett Millais, William Holman Hunt y, en particular, Dante Gabriel Rossetti. Se recomiendan las obras *Ophelia* de Millais, *Beata Beatrix* de Rossetti y *La dama de Shalott* de John William Waterhouse.

199 F2 ✉ Millbank SW1 ☎ 020 7887 8000; www.tate.org.uk Todos los días 10.00–17.50 (también primer vi del mes 18.00–22.00) Cafetería, restaurante Rex Whistler Westminster, Vauxhall 2, 36, 88, 159, 185, 507, C10 Gratuito

2 Museum of Garden History

Ubicado en una iglesia reformada, este museo ofrece una retrospectiva de la historia de la jardinería desde la época romana. Algunos de los objetos curiosos de la colección incluyen el cobertizo del jardín de Gertrude Jekyll, un aparato para enderezar los pepinos y unas botas para ponis (antiguamente se utilizaban ponis para tirar de las primeras máquinas de cortar el césped y las botas protegían el césped de las huellas de los ponis).

:l cementerio de la iglesia está lanqueado por el muro de Lambeth 'alace y en él yace William Bligh (del amoso motín de la Bounty). En el ardín clásico del siglo XVII, dividido n forma geométrica por setos, hay ›lantas como la rosa del boticario, la ragontea, la aguileña común.

Fuera del plano 200 B1 **St. Mary at Lambeth Church, Lambeth Palace Road, SE1** **020 7401 8865; www.museumgardenhistory.org** **Café** **Todos los días 10.30–17.00** **Waterloo, Westminster, Lambeth North** **3, 77, 344, 507, C10** **Económico**

5 Excursiones por el río

Jna excursión por el río es una forma antástica de ver la ciudad, lejos del netro y de las calles llenas de tráfico. .os muelles del centro de Londres lesde los que se puede salir son: :mbankment, Bankside, Festival, 'ower Millennium, Waterloo Ⅰillennium y Westminster Ⅰillennium. Los trayectos que llegan ıasta el este, hasta Greenwich (con :onexiones a la ›arrera del 'ámesis), atraviesan paisajes industriales y urbanos y ofrecen unas magníficas vistas de Greenwich (➤ 176–179). Los trayectos río arriba hacia Hampton Court via Kew (➤ 162–163), Putney, Richmond y Kingston son los más rurales. Otra forma magnífica de ver la ciudad es hacer un crucero por la noche, cuando las orillas del río cobran vida gracias al millón de luces brillantes y relucientes. Los horarios varían de un mes a otro, de modo que es necesario ir al muelle o llamar por teléfono para conseguir más información.

DuckTours

La excursión por el río más novedosa de Londres es a bordo de un DUKW amarillo, un vehículo anfibio de la II Guerra Mundial. Empieza su recorrido en tierra (tras County Hall), recorre varios lugares turísticos del centro de Londres y vuelve a Vauxhall para meterse en el Támesis y surcar el río durante 30 o 35 min. tel: 020 7928 3132; www.londonducktours.co.uk.

Desde el muelle de Westminster Millennium

Río arriba hasta Kew (1,5 horas), Richmond (3 horas) y Hampton Court (4,5 horas), tel: 020 7930 2062; www.wpsa.co.uk.

Río abajo hasta el muelle de Tower Millennium (35–45 min) y Greenwich (65–75 min), tel: 020 7740 0400; www.citycruises.com.

Desde el muelle de Embankment

Río abajo hasta Greenwich (1 hora) y circuito (50 min) sin parada hasta Houses of Parliament/Tower Bridge. tel: 020 7987 1185.

Desde el muelle de Tower Millennium

Río arriba hasta Westminster (30 min) y Embankment (25 min). tel: 020 7987 1185.

Río abajo hasta Greenwich (30–40 min) tel: 020 7987 1158

Cruceros por la noch acompañados de cena y espectáculo (3 horas). De jueves a domingo, tel: 020 7740 0400.

Maravillas marinas en el London Aquarium

6 Dalí Universe

A medida que el visitante se adentra en este espacio surrealista y lee epigramas en las paredes como "Hay menos locura en mi método que método en mi locura" y "Para ser un verdadero daliniano hay que ser un verdadero masoquista" puede empezar a hacerse una idea de lo que hay en su interior. Lo más destacado de las más de 500 piezas expuestas son las esculturas, como la inquietante *Venus espacial* dislocada. No hay que salir del museo sin encontrar el sofá de labios rojos de Mae West y las hermosas esculturas de vidrio de los relojes derretidos de Dalí (aunque los cuadros más famosos de Dalí no se encuentran aquí).

200 B1 · County Hall, Riverside Buildings, SE1 · 0870 744 7485; www.daliuniverse.com · Todos los días 10.00–18.30 (última admisión 17.30) · Café · Westminster, Waterloo · 12, 24, 26, 76, 77, 148, 176, 243, 341, 381, 501, 507, 521, X68 · Caro

7 London Aquarium

Su pieza central es un enorme tanque de cristal de tres plantas de alto en el que nadan todas las formas de vida marina, mientras los visitantes que descienden las plataformas en espiral observan su interior desde distintos niveles. El gentil movimiento de los tiburones y las rayas, y la inmovilidad de los peces que abrazan el fondo del tanque, como la platija y el lenguado, tienen un efecto casi hipnotizador.

200 B1 · County Hall, Westminster Bridge Road, SE1 · 020 7967 8000; www.londonaquarium.co.uk · Todos los días 10.00–18.00 · Restaurantes en County Hall · Westminster, Waterloo · 12, 53, 76, 109, 171A, 211, P11 · Caro

8 British Airways London Eye

London Eye es el proyecto más exitoso del país de todos los construidos para recibir el milenio. Con 125 m de diámetro, es la noria más grande del mundo, y como sus 3 cabinas de cristal están situadas en el exterior de la estructura, es posible disfrutar de las vistas panorámicas de la ciudad sin ningún tipo de obstáculo. Durante un día despejado se puede llegar a ver hasta una distancia de 40 km.

La noria está en continuo movimiento. Se mueve un par de centímetros por segundo y tarda 30 minutos en dar una vuelta completa. Se recomienda reservar para no tener que esperar largas colas. Aún así, es posible que sea necesario esperar 30 minutos antes de subirse.

200 B2 · County Hall Riverside Buildings · Venta de entradas 0870 500 0600 (pequeño recargo por reservar); www.ba-londoneye.com · Jun–sep: todos los días 10.00–21.00; oct–may 10.00–20.00 · Cafés · Westminster, Waterloo · 1, 4, 26, 59, 68, 76, 77,168, 171, 172, 176, 188, 211, 243, 341, 381, 507, 521, X68, RV1 · Muy caro

Los más altos de Londres

- Canary Wharf Tower (243 m)
- Tower 42 (184 m)
- Swiss Re Tower (180 m)
- Telecom Tower (176 m)
- BA London Eye (135 m)
- Columna de Nelson (53 m)

9 Imperial War Museum

El fascinante y educativo Museo Imperial de la Guerra es mucho más que una muestra de poderío militar o una exaltación de la guerra, a pesar de su nombre, de los cañones del patio delantero y de los vehículos militares expuestos en la sala principal. La fuerza verdadera de este museo recae en su enfoque, ya que se centra en los efectos que las guerras del siglo XX tuvieron en las vidas de los soldados y los civiles, a través de objetos, documentos, fotografías, obras de arte y archivos de video y sonido. Los testimonios más conmovedores proceden de las grabaciones de gente corriente cuyas vidas se vieron afectadas por sus experiencias vividas durante la guerra. Si nunca ha vivido una guerra, este museo consigue ahondar en su conocimiento.

Fuera del plano 200 C1 · Lambeth Road, SE1 · 020 7416 5320; www.iwm.org.uk · Todos los días 10.00–18.00 · Café · Lambeth North, Elephant and Castle, Waterloo · 1, 12, 45, 53, 63, 68, 168, 171, 172, 176, 188, 344, C10 · Gratuito

Aviones de combate y misiles en la sala principal del Imperial War Museum

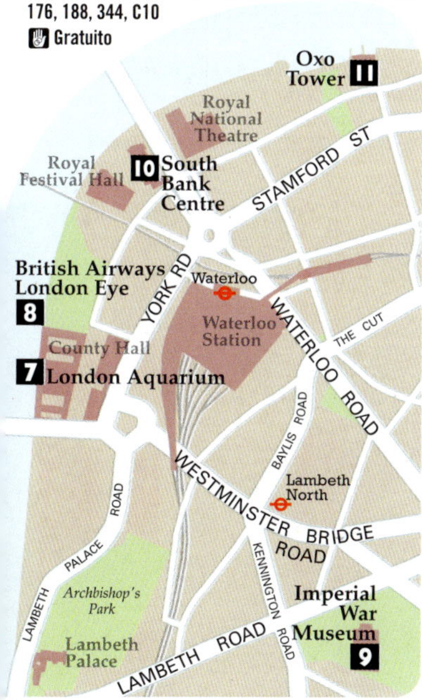

10 South Bank Centre

El vibrante complejo artístico de South Bank está repleto de teatros, salas de concierto, cines, bares, restaurantes e incluso una galería. Posee un murmullo genuino, procedente de la gente que acude a los restaurantes y cafeterías del complejo, así como a los conciertos (a menudo gratuitos) y exposiciones de las salas más importantes. Para más información ➤ 110. Hay en marcha un programa de remodelación para cambiar la apariencia del complejo por completo.

200 C2 · 020 7921 0600; ww.sbc.org.uk · Waterloo · Waterloo Bridge 1, 4, 26, 59, 68, 76, 77, 168, 171, 172, 176, 188 211, 243, 341, 381, 501, 507, 521, X68, RV1

11 Oxo Tower

Este edificio alberga una mezcla de viviendas, bares y restaurantes (➤ 109), y talleres de diseñadores. Las ventanas de la torre están dispuestas de manera inteligente, de modo que se puede leer la palabra OXO (una marca de pastillas de caldo), en una artimaña del arquitecto para evadir las leyes contra la publicidad junto al río.

201 D3 Barge House Street, SE1 020 7401 2255; www.oxotower.co.uk Zona de observación, planta 8: todos los días 11.00–20.00; estudios y tiendas ma–do 11.00–18.00 Blackfriars, Waterloo 45, 63, 100, 381 Gratuito

que se representaron por primera vez muchas de sus obras. El proyecto se debe a Sam Wanamaker, actor y director estadounidense, que murió antes de poder verlo terminado. Su estructura está formada por 9.500 estacas de roble y cubierta por el primer tejado de paja desde el Gran Incendio de Londres de 1666. También tiene una parte abierta, al igual que el Globe original de Shakespeare, con un

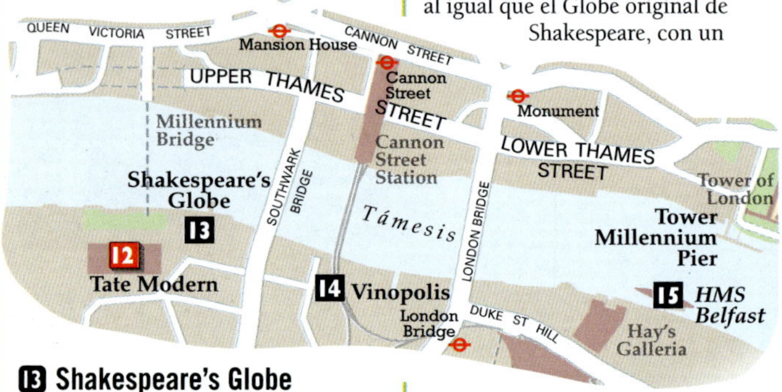

13 Shakespeare's Globe

¿Qué tal una visita al teatro de Shakespeare? Se trata de una reconstrucción del Globe Theatre (cuyo emplazamiento original se encuentra a unos 300 m), el lugar en el que Shakespeare actuaba, además de ser accionista del teatro, y en el

The Globe es una recreación fiel del teatro isabelino original de Shakespeare

espacio sin asientos frente al escenario para que los amantes del teatro puedan interrumpir a los actores al estilo isabelino.

La visita a la exposición engloba la historia del proyecto, los planes para el futuro y los trajes de las producciones anteriores.

201 E3 2 New Globe Walk, Bankside, SE1 020 7902 1400;

taquilla 020 7401 9919; www.shakespeares–globe.org
Exposición y visita: may–sep lu–sá 9.00–12.00, 12.30–17.00, do 9.00–11.30, 12.00–17.00; oct–abr todos los días 10.00–17.00
Cafetería y restaurante
Mansion House, London Bridge, Cannon Street Blackfriars Bridge 45, 63, 100; Southwark Street 344, 381 Caro

14 Vinopolis

Si la idea que se tiene de un buen museo es un sitio en el que se pueda pasear con una copa de vino en la mano, Vinopolis es entonces el lugar. Ubicado en una bodega que fue el centro de la industria vinícola europea en su día, este premiado museo atrae al visitante hacia el mundo del vino, con visitas a los principales países productores de vino acompañadas de clases de cata, tecnología interactiva y audio guías. En este museo el visitante puede disfrutar de una buena comida, un buen vino, una tienda de complementos, un excelente restaurante y un bar especializado en vinos.

201 F3 1 Bank End, Bankside SE1 0870 241 4040; www.vinopolis.co.uk Lu, ju, vi, sá 12.00–21.00, mi y do 12.00–18.00 (horario sujeto a cambios, se recomienda comprobar los horarios)
Restaurante, bar especializado en vinos London Bridge 17, 21, 35, 40, 43, 48, 133, 149, 343, 521, RV1
Muy caro (incluye una cata de vino)

15 'HMS Belfast'

Este buque de la II Guerra Mundial, el mayor barco construido por la Marina Británica, participó en el desembarco de Normandía y siguió operativo hasta 1965. Mantiene todos sus rasgos originales y se encuentra amarrado entre Tower Bridge y London Bridge, en la margen sur del Támesis.
En su interior aloja una exposición sobre la historia reciente de la Marina Británica, pero la verdadera atracción es el propio barco. En él se pueden explorar la sala de máquinas, la sala de calderas, las dependencias de los oficiales y la tripulación, las galeras, las celdas de castigo y la enfermería, así como las torretas, la santabárbara y las salas de proyectiles.

HMS Belfast, guerrero de alta mar hasta 1965

202 B2 Amarrado junto a Morgans Lane, Tooley Street, SE1
020 7940 6300; www.iwm.org.uk
Mar–oct: todos los días 10.00–18.00 (última admisión 17.15); nov–feb 10.00–17.00 (última admisión 16.15)
Muchos sitios para comer alrededor
London Bridge, Tower Hill, Monument
42, 47, 78, 381, RV1 Caro; gratuito para niños menores de 15

Para los niños

- London Aquarium (➤ 104)
- Excursión en barco río abajo o en uno de los cruceros de Duck Tour (➤ 102–103)
- BA London Eye (➤ 104)
- *HMS Belfast* (➤ 107)

Dónde... comer y beber

Precios
Precio aproximado de una comida, bebidas excluidas:
£ menos de 25 £ **££** 25–50 £ **£££** más de 50 £

Anchor & Hope £
Quizás la mejor hora para acercarse a este popular *pub* restaurante sea para almorzar algo tarde o para cenar bastante temprano, ya que al no hacer reservas es necesario esperar antes de conseguir una mesa por la noche. Ofrece una cocina británica de gran calidad así como algunos platos más imaginativos como pichón y terrina de *foie grass* o jarrete de ternera con vino tinto, romero y enebro.

204 C2 · 36 The Cut · 020 7928 9898 · Almuerzo: ma–sá. Cena: sólo lu · Southwark, Waterloo

Bengal Clipper £
El antiguo almacén de especias en Butler's Wharf hace de éste el escenario perfecto para este restaurante indio. El comedor está dominado por un gran piano en el centro, es confortable y está decorado con mucho estilo; el servicio es amable. El menú está especializado en platos bengalíes y de Goa.

202 F2 · Butler's Wharf, SE1 · 020 7357 9001; www.bengalclipper.co.uk · Almuerzo: todos los días 12.00–14.30 (también do 12.00–16.00). Cena: lu–sá 18.00–23.30, do 18.00–23.00 · London Bridge, Tower Hill

Caffé Vergnano 1882 £
Este restaurante y café de estilo italiano abrió su segundo establecimiento londinense en Southbank Centre en 2007. Considerado como el lugar que sirve el mejor *espresso* de la ciudad, su ambiente italiano de 124 años de antigüedad es sencillamente único. Su elegante interior tienta al visitante a sentarse y relajarse mientras disfruta de un intenso *espresso* de máquina o de un *cappuccino* decorado con chocolate cremoso.

200 B2 · Festival Terrace, SE1 · 020 7921 9339 · Almuerzo y cena todos los días · Waterloo

Cantina del Ponte £–££
Este sencillo restaurante italiano está situado en el muelle junto a Tower Bridge y tiene unas vistas fabulosas de la ciudad. Es uno de los restaurantes más económicos de la cadena de Conran Gastrodome y su menú, principalmente italiano, ofrece una selección de carnes y pescados asados y a la parrilla. En verano se recomienda pedir una mesa en la terraza.

202 F2 · Butler's Wharf Building, 36c Shad Thames, SE1 · 020 7403 5403; www.conran.com · Almuerzo: todos los días 12.00–15.00. Cena: lu–sá 18.00–23.00, do 18.00–22.00 · London Bridge, Tower Hill

Hara The Circle Bar £
Hara es uno de los restaurantes más de moda en Butler's Wharf. Su inusual diseño muestra un restaurante en una entreplanta con balcones, que a su vez se asoma a una barra (en la que hay disponibles tapas). El murmullo está asegurado, y la cocina hace frente a la mezcla de estilos que aparecen en su menú con influencias internacionales.

202 F2 · 13–15 Queen Elizabeth Street, SE1 · 0845 226 9411; www.hararara.co.uk · Do–vi 12.00–00.00, sá 18.00–00.00 · London Bridge, Tower Hill

Globe Café £

Desde este edificio georgiano, parte del complejo de Shakespeare's Globe en South Bank, las vistas del río son sensacionales. Este café al aire libre sirve almuerzos y cenas ligeras con platos de pasta y ensaladas, además de pasteles y sándwiches. El restaurante de la primera planta ofrece platos a la carta además de menús a muy buen precio para tomar antes o después de las representaciones.

201 F3 · 21 New Globe Walk, Bankside, SE1 · 020 7902 1576; www.shakespeare-globe.org · Cafetería: may–sep todos los días 10.00–23.00; oct–abr 10.00–17.30 · Cannon Street, London Bridge, Mansion House

Livebait £

El menú en esta informal y algo apretada marisquería incorpora platos tradicionales como ostras, cangrejo de Dorset y langostinos con mahonesa. Tiene además una selección de platos que reflejan influencias orientales y mediterráneas (a menudo en el mismo plato). Se encuentra cerca de Old Vic y South Bank Centre.

201 D2 · 43 The Cut, SE1 · 020 7928 7211; www.santeonline.co.uk/livebait · Lu–sá 12.00–23.00, do 12.30–21.00 · Waterloo

Oxo Tower ££–£££

Puede que Oxo Tower sea un punto de interés turístico junto al Támesis, pero encontrar la entrada no es nada fácil. Sin embargo, el restaurante de la octava planta lo recompensa todo con sus sorprendentes vistas al río, St. Paul's Cathedral y Houses of Parliament. Los platos recogen influencias de todas las partes del mundo, aunque las cenas tienden a ofrecer una interpretación más clásica de la cocina europea.

201 D3 · 8th Floor, OXO Tower Wharf, Barge House Street, SE1 · 020 7803 3888; www.oxotower.co.uk · Almuerzo: todos los días 12.00–15.00. Cena: lu–sá 18.00–23.00, do 18.30–22.00 · Blackfriars

RSJ ££

El nombre hace referencia a *rolled steel joist*, la viga chapada de acero que cruza el techo de este antiguo restaurante familiar. Entre sus numerosos encantos destaca su interior cálido y contemporáneo, su excelente cocina anglofrancesa basada en ingredientes de temporada, sus estupendos platos vegetarianos y su exquisita carta de vinos. Para el almuerzo hay disponible un menú a muy buen precio, idóneo para coger fuerzas antes de dirigirse a la primera sesión del Royal National Theatre.

200 C2 · 33 Coin Street, SE1 · 020 7928 4554; www.rsj.uk.com · Almuerzo: lu–vi 12.00–14.00. Cena: lu–sá 17.30–23.00 · Waterloo

Tas Restaurant £

En una calle llena de restaurantes, Tas ofrece algo diferente gracias a su cocina turca y su variedad de *mezes*. El restaurante es amplio y está perfectamente iluminado, con mesas y suelo de madera y una cocina abierta en la parte trasera. Los platos principales son generosos y están muy bien de precio.

201 D2 · 33 The Cut SE1 · 020 7928 1444; www.tasrestaurant.co.uk · Lu–sá 12.00–23.30, do 12.00–22.30 · Waterloo

BARS

Gordon's Wine Bar £

Fundado en 1890, afirma ser el bar especializado en vinos más antiguo de la ciudad. Este lugar oscuro y lleno de telarañas es toda una joya en Londres. El visitante puede codearse con trabajadores de la ciudad, con amantes del vino y con curiosos que acuden aquí para degustar la excelente variedad de su bodega. También ofrecen ensaladas, platos calientes y el tradicional asado del domingo.

200 A3 · 47 Villiers Street, WC2 · 020 7930 1408; www.gordonswinebar.com · Lu–sá 11.00–23.00, do 12.00–22.00 · Embankment

Dónde... comprar

Borough Market (abierto ju 11.00–17.00, vi 12.00–18.00, sá 9.00–16.00, metro: London Bridge), en la unión de Borough High Street y Soutwark Street, es el mejor mercado de la capital para comprar alimentos de primera calidad, y no sólo atrae a los tenderos más exigentes de Londres sino también a famosos chefs. Merece la pena visitarlo para ver también uno de los pocos lugares verdaderamente dickensianos que aún quedan en Londres.

Hay's Galleria, abierta hacia el lado del río (metro: London Bridge), fue una de las primeras construcciones de almacenes. El impresionante tejado de hierro y vidrio de estilo victoriano cubre un enorme atrio rodeado de una mezcla de oficinas, tiendas y cafeterías. Es conocida por sus tiendas de complementos extravagantes, pero durante la semana sus tiendas y restaurantes tienden a abastecer las necesidades de los oficinistas de la zona. Aunque no merece la pena por sí misma, Hay's Galleria proporciona un lugar de descanso perfecto.

Gabriel's Wharf (Upper Ground, SE1, metro: Waterloo), junto a Waterloo Bridge, cerca de South Bank Centre, es el lugar idóneo para comprar regalos poco comunes. El complejo alberga talleres de artesanía y diseño, donde los orfebres y ceramistas venden sus obras, además de varias cafeterías. Durante el verano, las actuaciones al aire libre amenizan el lugar.

En **Riverside Walk Market** se venden libros de segunda mano todos los fines de semana entre las 12.00 y las 19.00, y de forma irregular los otros días. Está ubicado en el paseo junto al Támesis, en una amplia zona bajo Waterloo Bridge.

Dónde... divertirse

CINES Y TEATROS

South Bank Centre (➤ 105) es el principal complejo artístico de Londres, en cuyo interior se puede encontrar el **Royal Festival Hall,** el **Queen Elizabeth Hall** y la **Purcell Room,** todos ellos recintos de música y baile. **The Royal National Theatre** (tel: 020 7452 3000) comprende los teatros de Lyttelton, Olivier y Cottesloe, y el **BFI South Bank** (tel: 020 7928 3232) proyecta películas extranjeras con subtítulos y películas más comerciales.

Las exposiciones de pintura, escultura y fotografía de **Hayward Gallery** (Belvedere Road, SE1, tel: 0870 380 4300, metro: Waterloo) son de visita obligada para los amantes del arte.

Muy cerca se encuentra el **British Film Institute London IMAX Cinema**(1 Charlie Chaplin Walk, SE1, tel: 08717 872525; www.bfi.org.uk, metro: Waterloo) y sus películas en 2D y 3D en las pantallas más grandes de Europa.

CLUBES

Visite el vanguardista **Ministry of Sound** (103 Gaunt Street, SE1, tel: 0870 060 2666, metro: Elephant and Castle). La música varía dependiendo del día de la semana (con códigos de vestimenta), por lo que se recomienda consultar las guías de ocio (➤ 43) o su página web (www.ministryofsound.com). Una noche de diversión aquí no resulta especialmente económica.

Knightsbridge, Kensington y Chelsea

Cómo orientarse 112 – 113
En un día 114 – 115
Imprescindible 116 – 128
Otras opciones 129 – 131
Dónde... 132 – 136

Cómo orientarse

Estos tres barrios residenciales fueron en su día pueblos de frondosos árboles, apreciados por la gente acaudalada por encontrarse lejos de la contaminación y la suciedad del Londres de antaño. En la actualidad conservan aún un ambiente de exclusividad gracias a sus magníficas casas, sus arboladas calles y los consulados y embajadas que se ubican aquí atraídos por su elegancia.

Kensington comenzó a adquirir fama a finales del siglo XVII cuando los miembros de la realeza decidieron mudarse a Kensington Palace. El palacio sigue siendo en la actualidad hogar de la familia real –aunque hay varias zonas abiertas al público– y sus jardines se encuentran entre los más hermosos de Londres. Los jardines de Kensington ocupan la franja occidental de Hyde Park, que se extiende hasta Marble Arch, proporcionando así una magnífica zona verde en pleno corazón de Londres. En medio del parque se encuentra el lago artificial Serpentine.

En el barrio de Kensington abundan los monumentos en memoria del marido de la reina Victoria, el príncipe Alberto, que murió en 1861. En el extremo de Kensington Gardens se encuentra el Albert Memorial, aunque existen muchos otros monumentos dispersos por la zona y de menor envergadura. El príncipe quiso que los beneficios de la Gran Exposición (celebrada en Hyde Park en 1851) se destinaran a la fundación de un centro educativo en la zona. Como resultado, South Kensington vio crecer el número de escuelas de formación e instituciones culturales, entre ellas tres de los museos más destacados de la capital: el Victoria and Albert Museum, el Science Museum y el Natural History Museum.

Knightsbridge se encuentra al este de Kensington y es un barrio residencial bastante exclusivo. También es famoso por su aspecto comercial, en el que destacan los grandes almacenes Harrods, uno de los establecimientos más atractivos de Londres.

Página anterior: el friso decorado de Royal Albert Hall representa el triunfo de las artes y las letras

★ Imprescindible

- 2 Harrods ➤ 116
- 3 Victoria and Albert Museum ➤ 117
- 4 Science Museum ➤ 121
- 5 Natural History Museum ➤ 124
- 7 Kensington Palace ➤ 127

Otras opciones

- 1 Chelsea Physic Garden ➤ 129
- 6 Albert Memorial ➤ 129
- 8 Hyde Park y Kensington Gardens ➤ 130
- 9 Portobello Road Market ➤ 131

Comience de forma relajada el día echando un vistazo a los productos de Harrods antes de dirigirse a los tres museos principales de South Kensington y al palacio Real y sus jardines.

Knightsbridge, Kensington y Chelsea en un día

10.00

Merece la pena visitar 2 **Harrods** (➤ 116), incluso aunque no se vaya a comprar nada. No olvide pasar por la sección de alimentos, el departamento de mascotas, la exótica sala egipcia y sus espléndidas escaleras mecánicas. Tómese un café en una de sus cafeterías.

11.30

Camine por **Brompton Road,** llena de exclusivas tiendas, hasta llegar al Victoria and Albert Museum. Si no le apetece caminar 800 m, puede coger los autobuses nº 14, 74 o C1, que paran cerca del museo. Los otros dos museos se encuentran al otro lado de la calle.

El 3 **Victoria and Albert Museum** (➤ 117–120) es el museo nacional de arte y diseño y alberga magníficos objetos de todo tipo; el 5 **Natural History Museum** (vestíbulo, abajo, ➤ 124–126) engloba la flora, fauna y geología de todo el planeta; y el 4 **Science Museum** (➤ 121–123) investiga todos los aspectos imaginables de la ciencia. Lo mejor es elegir un museo y pasar un par de horas. No intente abarcar mucho de una sola vez.

13.30

'ómese un descanso en alguna de las cafeterías del museo o en algún *ɔub* de Brompton Road.

14.45

ùuba por Exhibition Road, gire a la izquierda y siga por Kensington Gore ıasta el Royal Albert Hall. Una vez aquí admire el 6 **Albert Memorial,** que se ncuentra enfrente (➤ 129). Si el tiempo lo permite diríjase a Kensington ìardens y crúcelos para llegar a Round Pond y Kensington Palace. También ɩuede coger el autobús nº 9, 10 o 52 hacia Kensington High Street, bajar n Broad Walk (está sólo a un par de paradas) y caminar todo recto hasta los ardines situados junto al palacio. Tenga en cuenta que durante el invierno a última admisión a Kensington Palace es a las 16.00.

15.30

)isfrute de los alrededores de 15 **Kensington Palace** (➤ 127–128), que unque es menos solemne que Buckingham Palace, es un lugar en el que sí e puede imaginar a la gente viviendo en él. La colección de vestidos del ɩalacio es ɩastante nteresante.

17.00

ómese un descanso en **Orangery** (➤ 133) y disfrute de un paseo por **Kensington Gardens** y 7 **Hyde Park** (arriba, ➤ 130–131). Para terminar el ía puede incluso dar un paseo en barca en el lago Serpentine.

2 Harrods

Harrods es toda una institución en Londres. Comenzó cuando Henry Charles Harrod, tendero y comerciante de té, abrió un pequeño establecimiento en 1849. En la actualidad estos almacenes contienen más de 300 tiendas distribuidas por sus siete plantas. Su lema sigue siendo "Omnia Omnibus Ubique" (Todo para todo el mundo, en todas partes).

Harrods trabaja duro para seguir siendo el principal establecimiento comercial de Londres. Los porteros (conocidos como Green Men) vigilan las puertas, y si consideran que alguien no va vestido de forma apropiada le impiden la entrada. Se prohíben las mochilas, las mallas, los pantalones cortos o las prendas atrevidas.

El departamento más popular es el de los **alimentos**, en la planta baja. Los azulejos y los techos abovedados decoran todas sus salas, donde se expone todo tipo de pescado y fruta, así como miles de productos alimenticios y paquetés de té o café.

También merece la pena visitar **la sala egipcia**, decorada con esfinges (también presentes en la planta baja), y las **escaleras mecánicas egipcias**, que llevan hasta las plantas superiores. Otro de los departamentos con más éxito es el de las **mascotas** (en la segunda planta), cuya venta más famosa fue la de un bebé elefante en 1967. En la actualidad la tienda tiene animales más pequeños.

Durante la visita conviene estar bien atento para poder oír el sonido de los gaiteros de Harrods, que tocan normalmente al final de la mañana en la planta baja. Pero la experiencia Harrods no concluye hasta que no se vuelve a visitar el lugar al anochecer, cuando el exterior se ilumina con miles de luces brillantes.

De sus 300 departamentos, el de alimentos es el más famoso

UN DESCANSO

Se recomienda parar en **Harrods Famous Deli,** en el departamento de alimentación de la planta baja, para poder disfrutar de una rosquilla de ternera o de salmón ahumado con pan de centeno.

195 F2 · 87–135 Brompton Road, SW1 · 020 7730 1234; www.harrods.com · Lu–sá 10.00–20.00, do 12.00–18.00 · Bares y restaurantes, incluyendo una charcutería, pizzería, barra de *sushi* y un *pub* (con cerveza de la marca Harrods) · Knightsbridge · C1, 14, 74, 414

3 Victoria and Albert Museum

Victoria and Albert Museum (también conocido como V&A) es el museo nacional de arte y diseño. Fue fundado en 1852 con el propósito de hacer el arte más asequible y poder así educar a la clase obrera e inspirar a diseñadores y fabricantes. Es uno de los museos más importantes de Europa y en sus 10 km de galerías se exponen piezas procedentes de todas partes del mundo y de todos los tiempos: porcelana de Meissen, alfombras persas, un trono indio o la joya Heneage, en su día propiedad de Isabel I. La variedad de objetos que se puede encontrar aquí es sorprendente: esculturas, cerámicas, vasos, muebles, metales, tejidos, cuadros, fotografías, grabados, dibujos, joyas, vestidos e instrumentos musicales. Además de la riqueza de hermosas obras de arte, el museo también ofrece un ambiente apacible y la tienda más interesante de todos los museos importantes de Londres.

Moldes y copias del Renacimiento italiano: sólo una pequeña muestra de las hermosas obras del museo

195 E1 · Cromwell Road, SW7 · 020 7942 2000, 0870 442 0808 (información grabada); www.vam.ac.uk
Todos los días 10.00–17.45; mi y último vi del mes 10.00–22.00 · South Kensington · C1, 14, 74 · Gratuito

Una de las piezas más destacadas del **tesoro medieval** es el joyero de Becket, con esmalte de Limoges de 1180. Está cubierto de iconos que representan la muerte de Thomas Becket a manos de cuatro caballeros leales al rey Enrique II, a quien Becket había enfurecido impidiendo que la Iglesia permaneciera bajo el control de la Corona. Según se dice, el joyero contenía un trozo de tejido ensangrentado procedente de las ropas que Thomas Becket llevaba en el momento de su muerte. En esta colección también se pueden ver vestiduras eclesiásticas, en particular la Butler-Bowden Cope, una capa adornada con un elegante bordado.

La **Nehru Gallery de arte indio** exhibe una hermosa muestra de tejidos y pinturas, junto con una gran variedad de otros objetos interesantes, como una copa de vino de jade blanco y un anillo de

Ruta recomendada

- Medieval Treasury
- Nehru Gallery of Indian Art
- Raphael Cartoons
- Dress Collection
- Morris, Gamble and Poynter Rooms
- Canon Photography Gallery
- Cast Rooms
- Silver Gallery
- Glass Gallery

Sha Jahan (emperador mogol de la India en el siglo XVII que mandó construir el Taj Mahal). Otra de las piezas del museo es el Tigre de Tipu (c.1790), un autómata de Mysore que representa a un tigre atacando a un soldado europeo. Una caja musical en el interior del tigre reproduce los gruñidos del tigre y los gritos de su víctima.

El Tigre de Tipu, una de las piezas más populares del museo, representa a un tigre atacando a un soldado británico

Los **cartones de Rafael** fueron encargados por León X en 1515 como modelo para los tejedores que fabricaban los tapices de la Capilla Sixtina. Son grandes obras de arte que representan escenas de las vidas de san Pedro y san Pablo.

La **colección de trajes** sigue la evolución de los diseños en las prendas de vestir de hombres, mujeres y niños a través de los años. Es una de las secciones más populares del museo. Ofrece la oportunidad de apreciar la moda y admirar los suntuosos vestidos de siglos pasados o de maravillarse ante rarezas históricas tales como el manto de metro y medio de ancho, una prenda que las mujeres del siglo XVIII llevaban en las ocasiones solemnes. Por otro lado, vestidos de diseñadores como Dior, Issey Miyake, Versace y Chanel representan la moda actual.

Mil años de moda: la colección de prendas de vestir del museo es lo más destacado de la visita

Las **salas de Morris, Gamble y Poynter** están decoradas según el estilo de los tres artistas y diseñadores del siglo XIX que le dan nombre: el influyente William Morris (1834-1896), que diseñó muebles y tejidos entre otras cosas; James Gamble (1835-1919), que trabajó en el equipo de diseñadores del museo y fabricó las vidrieras y las cerámicas de su sala; y el artista Edward Poynter (1836-1919). Conservan aún su función original como salas de descanso para el público; el Victoria and Albert Museum fue el primer museo que proporcionó este tipo de instalaciones a sus visitantes. Mientras se disfruta de un café, se puede a la vez apreciar los azulejos, los frisos, las columnas, las vidrieras, y leer alguna de las citas que decoran las salas.

A la izquierda: las salas italianas contienen excelentes ejemplos de arte renacentista

En la **Canon Photography Gallery** se puede ver una selección de las 300.000 fotografías del museo, así como exposiciones temporales. Éste es uno de los pocos espacios dedicados a la fotografía en un museo londinense.

El Victoria and Albert Museum fue trasladado al edificio actual en 1857. Hasta 1899 era conocido como South Kensington Museum

Las **Cast Rooms** contienen algunas de las piezas más grandes del museo. Durante el siglo XIX los estudiantes de arte no disponían de tantas facilidades para viajar y estudiar las obras maestras de primera mano, de modo que se hacían reproducciones (a menudo moldes) de las esculturas más famosas para ayudar a su aprendizaje. Estas salas están llenas de estatuas, ventanas, púlpitos y altares. Queda claro que el tamaño no suponía ningún problema, ya que existen copias de partes de la columna de Trajano de Roma y del enorme Pórtico de la Gloria de Santiago de Compostela.

La **Silver Gallery** traza la historia de la plata desde el siglo XIV, con ejemplos de todos los tamaños, formas y procedencias. Aquí se puede ver desde el juego de vino de plata de Macclesfield del siglo XVIII, testimonio de una época con un estilo de vida por todo lo alto, hasta la caja de rapé de plata que el rey Carlos II ofreció a Nell Gwynn.

La **Glass Gallery** explica la historia del vidrio desde 2500 a.C. hasta la actualidad. Merece la pena ver *The Luck of Edenhall*, un recipiente sirio del siglo XIII traído probablemente durante las cruzadas, y que según la leyenda perteneció a un hada que lo dejó olvidado en el jardín de Edenhall.

El museo sigue un plan de renovación constante para ampliar sus secciones e incluir nuevas colecciones minuciosamente restauradas. En 2006 se inauguró la **Jameel Gallery**, una sala de arte islámico, y las últimas renovaciones incluyen una nueva galería de joyas, la remodelación de la galería de cerámicas y la colección del renacimiento medieval.

UN DESCANSO

Emporio Armani Caffè es un elegante café en el que los camareros vestidos de Armani sirven platos italianos deliciosos.

VICTORIA AND ALBERT MUSEUM: INFORMACIÓN ESPECÍFICA

Sugerencias Las salas abren hasta más tarde los miércoles y el último viernes de cada mes. Estos días algunas de las galerías no cierran hasta las 22.00. Todos los miércoles tiene lugar una conferencia (suplemento adicional) y los viernes se representan espectáculos temáticos. La entrada a las galerías es gratuita, aunque algunos espectáculos pueden tener un precio especial.

Curiosidades Se recomienda visitar la oficina de Edgar J. Kaufmann, propietario de los grandes almacenes Pittsburgh, diseñada por el arquitecto estadounidense Frank Lloyd Wright (1869-1959).

- La **colección de John Constable** es la más grande del mundo dedicada a este artista británico del siglo XIX.

4 Science Museum

En este museo la ciencia se presenta de una forma sencilla y fácil, con multitud de expositores interactivos ideales para niños y dispositivos inteligentes que ilustran el mecanismo de artículos complejos y de la vida diaria. El museo engloba todas las ramas de las ciencias puras y aplicadas, desde sus inicios hasta la actualidad, con un gran dominio visual y un verdadero deseo de comunicar el entusiasmo y el vigor de la ciencia.

Los maravillosos motores de la Revolución Industrial son las piezas más populares del museo

El visitante queda advertido: puede pasar un día entero en este museo y no verlo todo. Gracias a la sorprendente sala nueva Wellcome Wing, y a su cine IMAX y su simulador del espacio, el museo de las ciencias, uno de los mejores y más grandes museos de Londres, ha adquirido incluso una mayor dimensión en la actualidad. Se recomienda visitar sólo un par de galerías temáticas e intercalarlas con otras zonas de mayor diversión como el cine y los simuladores. Es un lugar ideal para dejar que los niños recorran libremente las numerosas zonas interactivas.

Para empezar la visita se recomienda la sala **Making the Modern World**, en la planta baja. Esta espectacular galería exhibe muchas de las conquistas técnicas de la época moderna: desde la locomotora *Rocket* de 1829 de Stephenson hasta el castigado módulo del *Apolo 10* que orbitó alrededor de la Luna en mayo de 1969 como precursor de los posteriores alunizajes (para mayor información sobre la historia de los viajes espaciales sólo hay que dirigirse a la Space Gallery). Sin embargo, los aparatos favoritos de la mayoría de los visitantes son los enormes motores giratorios que propulsaron la Revolución Industrial y que aún sueltan vapor para los visitantes del museo.

195 E1 · Exhibition Road, SW7
0870 870 4868; www.sciencemuseum.org.uk
Todos los días 10.00–18.00 · Restaurantes y cafeterías · South Kensington · 9, 10, 14, 49, 52, 70, 345, 360, 414, C1 · Gratuito. Cine IMAX: caro, simuladores: moderado

Entrar en el mundo de neón azul de **Wellcome Wing**, con sus plantas superiores suspendidas mágicamente en el aire, es como caminar hacia el futuro. Muchas de las piezas expuestas en esta parte del museo utilizan tecnologías vanguardistas, y las historias científicas se siguen aquí en tiempo real. Sin embargo, si los últimos avances en medicina y física nuclear pueden parecer demasiado complejos, también se puede dar una vuelta por la galaxia en uno de los simuladores virtuales o, para una experiencia más espectacular, acudir al cine IMAX, que dejará atónito al visitante con imágenes enormes y absorberá al espectador hasta el interior de la pantalla. Las películas tratan temas como el universo y la Tierra de un modo nunca visto pero para ver los últimos efectos especiales se recomienda llevar a los niños a *Cyberworld 3D*.

Arriba: una réplica del módulo lunar del *Apolo*, situada en la galería Making the Modern World

Abajo: aviones históricos en la galería Flight

Existen muchas otras galerías para explorar, dedicadas a las secciones de alimentación, gas, informática, tiempo, industria química, ingeniería marina, fotografía, salud, geofísica y oceanografía, por nombrar unas pocas. Son tantas que resulta difícil decidir por cuál empezar. Sin embargo, se recomienda hacer un hueco para visitar **Flight**, una espectacular exposición que engloba la historia de los vuelos tripulados desde los globos de los hermanos Montgolfier hasta los motores supersónicos. Aviones históricos cuelgan del techo y las pasarelas elevadas llevan al visitante hasta lo más alto, junto a estas hermosas máquinas.

UN DESCANSO

Deep Blue Café es un restaurante de gran calidad y con servicio de camareros. Se pueden disfrutar platos recién preparados en un escenario abierto desde el que contemplar la sala Wellcome Wing, que costó 40 millones de libras esterlinas. Revolution Café, en la planta baja, se encuentra junto a uno de los magníficos motores de la gran Revolución Industrial.

Minuciosas maquetas y exposiciones prácticas consiguen que la ciencia cobre vida

Para los niños

El museo está comprometido con los niños y está provisto de explicaciones informativas.

- **The Garden** (sótano): destinado a niños de 3 a 6 años.
- **Flight Lab** (planta tercera): esclarece los misterios de los vuelos.
- **Launch Pad** (sótano): una serie de principios científicos ilustrados en un entorno divertido y práctico.

Es probable que durante los fines de semana y los días festivos estas zonas tengan el acceso restringido y se rijan por un sistema de entradas limitadas por hora. Si es así, para adquirir estas entradas sólo hay que acudir a la entrada de cada galería.

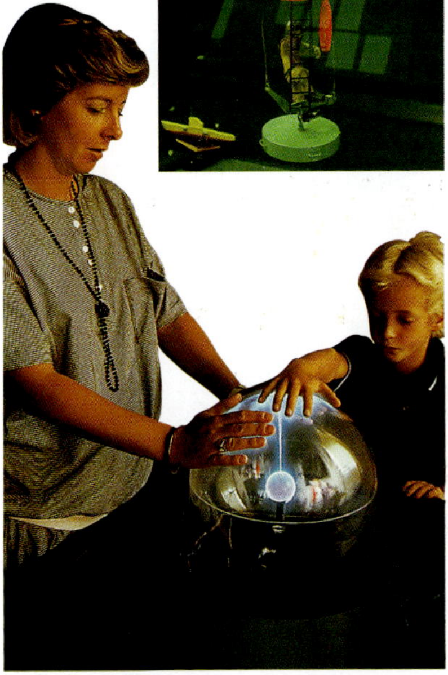

SCIENCE MUSEUM: INFORMACIÓN ESPECÍFICA

Sugerencias El **Launch Pad** (► recuadro Para los niños, arriba) es especialmente popular. Para evitar la multitud de visitantes se recomienda visitarlo temprano o a última hora de la tarde.

Con más detalle La sección **Science and Art of Medicine** (planta quinta) ilustra la fascinante historia de la medicina. También proporciona una perspectiva sobre las distintas interpretaciones culturales en el tratamiento de las enfermedades. La variedad de piezas expuestas es sorprendente, e incluye antiguos instrumentos médicos, calaveras, trajes, modelos anatómicos e incluso cabezas reducidas.
• La sección **Secret Life of the Home** (en el sótano) alberga una divertida colección que ilustra cómo utensilios del hogar comunes hoy día han ido evolucionando a lo largo del tiempo. Además, hay un grupo de objetos expuestos que no llegaron a tener éxito; se reta al visitante a interpretar su función.

5 Natural History Museum

El Museo de Historia Natural alberga una asombrosa colección de hasta 69 millones de ejemplares, muchos de los cuales (aunque no todos) se encuentran expuestos. La exposición abarca los seres vivos y los componentes básicos de la Tierra, desde el pasado más remoto hasta hoy en día. Todo lo que esté en la Tierra, debajo o encima de ella, se encuentra aquí: la flora fauna –desde dinosaurios y ballenas hasta mariposas, colibríes y seres humanos– en las galerías de la vida, y los materiales geológicos en las galerías de la Tierra. Ambos sectores contienen exposiciones amenas e interactivas, aunque inabarcables en una sola visita. Antes de entrar en el museo, se recomienda dedicar un par de minutos a contemplar el edificio diseñado a finales del siglo XIX siguiendo el modelo de una catedral. Fue el primer edificio de Gran Bretaña recubierto por completo de terracota.

La ruta recomendada que aparece a continuación dura unas dos horas. También se puede coger uno de los planos del museo y visitar lo más destacado.

El museo de historia natural alberga más de 69 millones de ejemplares

Galerías de la Vida

Las maravillas del museo de historia natural. Esta galería constituye la entrada a las galerías de la vida y contiene una gran variedad de ejemplares. El molde de 26 m del esqueleto fosilizado de un dinosaurio *Diplodocus* preside el centro de la sala, y los huecos de alrededor contienen ejemplares como el huevo fosilizado de un pájaro elefante de Madagascar (tan grande como un balón de fútbol). A continuación, subiendo por las escaleras hasta la tercera planta, se puede ver el fragmento de una secuoya gigante de San Francisco (estos árboles son los seres vivos más grandes del planeta). En el tronco se pueden apreciar las marcas que

195 D1 Cromwell Road, SW7 020 7942 5000; www.nhm.ac.uk Todos los días 10.00–17.50 (última admisión 17.30) Cafeterías, restaurante, bar y restaurante de comida rápida South Kensington 70, 74, 360 Gratuito

Los esqueletos de los dinosaurios se encuentran entre las piezas más grandes y populares del museo. De los 350.000 objetos que llegan al museo cada año, 250.000 son ejemplares de insectos

Las pasarelas elevadas consiguen acercar al visitante hasta dinosaurios como el Tiranosaurio Rex

las épocas de mayores sucesos históricos han dejado en los anillos del árbol.

Dinosaurios. Esta sorprendente y popular exposición examina diversos aspectos de la mayoría de las especies de dinosaurios, incluidas algunas de las muchas teorías que se han publicado acerca de su extinción. Una pasarela elevada permite a los visitantes acercarse más a los ejemplares expuestos. La exposición incluye además dinosaurios robotizados.

Mamíferos. Algunos de los ejemplares de estas galerías son animales disecados protegidos por vitrinas y forman parte del museo desde hace muchos años. Estas exposiciones sencillas son casi un alivio después de tanta variedad de ejemplares en otras galerías: el modelo de la ballena azul (28 m de largo) es una de las piezas más apreciadas.

Ecología. Se trata de una de las zonas más impresionantes del museo desde el punto de vista visual, con un sorprendente vídeo sobre el ciclo del agua, y una hoja gigante que ilustra la importancia de las plantas para la vida en el planeta. Explica de manera eficaz las complejas cuestiones ecológicas así como la necesidad de ser responsables con el medio ambiente.

La espectacular entrada a las galerías de la Tierra

Bichos. En esta galería se puede aprender más de lo que se querría saber sobre toda clase de insectos, arañas, crustáceos y ciempiés. Después de ver esta galería, la pregunta que surge es ¿qué merodea por nuestra casa? Desde luego, no es una visita apta para los más aprensivos.

Galerías de la Tierra

Imágenes de la Tierra. Una escalera mecánica transporta al visitante desde la impresionante entrada de las galerías de la Tierra hasta las galerías superiores, pasando por una enorme escultura vacía de la Tierra. Es una magnífica introducción a esta parte del museo, pero antes de subir también se pueden examinar las distintas exposiciones tras las diminutas ventanillas de las paredes: muchas de las piezas expuestas aquí tienen hermosas formas y colores brillantes sorprendentes. Se recomiendan especialmente el trozo de piedra lunar y los antiguos fósiles considerados una vez uñas del demonio y armas de Zeus.

El poder desde dentro. Esta galería visual pretende describir la actividad de los volcanes y los terremotos. Su pieza más popular es una maqueta de un supermercado que simula el terremoto de Kobe (Japón) de 1995 en el que perdieron la vida más de 6.000 personas.

El tesoro de la Tierra. La belleza y variedad de las piezas expuestas aquí es sorprendente. Se exponen piedras preciosas, rocas y minerales que van desde inestimables diamantes, esmeraldas y zafiros hasta granos de arena: el visitante nunca volverá a ver una simple roca del mismo modo.

Un fósil

UN DESCANSO

Para tomar algo de comer se recomienda **Emporio Armani Caffè** (➤ 120), en Brompton Road, o algunas de las cafeterías del museo.

NATURAL HISTORY MUSEUM: INFORMACIÓN ESPECÍFICA

Sugerencias La entrada principal al museo en Cromwell Road conduce hasta las Galerías de la Vida. Durante las horas de mayor afluencia se recomienda entrar por Exhibition Road, que lleva al visitante directamente hasta las galerías de la Tierra. Ambas secciones se unen en la galería 50.

• El museo está mucho **más tranquilo** entre semana, ya sea por la mañana temprano o a última hora de la tarde.

• **Investigate** (galería B2) es una zona en la que los niños aprenden a descubrir.

7 Kensington Palace

Durante siglos Kensington Palace ha sido hogar de varios miembros de la realeza, aunque se hizo más popular cuando la princesa Diana se trasladó aquí. Se trata de un palacio histórico bastante atractivo que bien merece una visita por su entorno, sus tesoros artísticos, sus salones, su elegante mobiliario y su colección real de vestidos de ceremonia.

Aún se depositan flores en las rejas del palacio en memoria de la fallecida princesa Diana

Esta mansión comenzó siendo una casa de campo en 1605, pero fue convertida en palacio por sir Christopher Wren para el rey Guillermo II y la reina María II tras subir al trono en 1689, cuando decidieron abandonar el húmedo palacio de Whitehall, situado junto al río. Entre los monarcas que han residido posteriormente en este palacio se incluyen la reina Ana, los reyes Guillermo I y Guillermo II, así como la reina Victoria, que nació, fue bautizada y creció en este palacio. Fue aquí también donde una mañana de junio de 1837 recibió la noticia de que su tío (Guillermo IV) había fallecido y de que ella sería la próxima reina. Hoy en día, varios miembros de la familia real conservan aposentos privados en el palacio.

La fachada sur del palacio fue diseñada en 1695 por Nicholas Hawksmoor

La colección de vestidos recoge las suntuosas vestimentas de aquéllos que se presentaban ante la corte a finales del siglo XIX,

194 B3
The Broad Walk, Kensington Gardens, W8
020 7937 9561; www.hrp.org.uk
Mar–oct: todos los días 10.00–17.00 (última entrada); nov–feb: todos los días 10.00–16.00 (última entrada)

Restaurante en Orangery (➤ 133) con comidas ligeras y aperitivos, té de la tarde
High Street Kensington, Queensway, Notting Hill
9, 10, 27, 28, 49, 52, 70, 94, 328, C1
Muy caro

además de los vestidos de la fallecida princesa Diana.

En la planta de arriba, las dependencias del rey Guillermo III y las de su esposa, la reina María II, han sido restauradas siguiendo el estilo del siglo XVIII. La parte más impresionante es la habitación de la cúpula, decorada al estilo de la antigua Roma: fue aquí donde se bautizó a la reina Victoria en 1819. La pieza central de la habitación es un reloj del siglo XVIII llamado *The Temple of the Four Grand Monarchies of the World*, cuya complicada decoración eclipsa la esfera del reloj.

El palacio también ha vivido alguna que otra tragedia. María II contrajo la viruela y murió a la edad de 32 años en 1694, y cuando el marido de la reina Ana, el príncipe Jorge, falleció en 1708, ésta no volvió al palacio durante varios meses. Al igual que María, la reina Ana también murió en el palacio seis años más tarde, a los 49 años de edad. Fue un personaje triste que a pesar de sus 18 embarazos no vio crecer a ninguno de sus hijos más allá de los 11 años. El rey Jorge II también encontró el final de sus días en este palacio, mientras estaba en el baño.

Arriba: King's Gallery contiene los mejores cuadros del palacio

Centro: King's Staircase, con retratos de los cortesanos reales

UN DESCANSO

El visitante puede disfrutar del clásico té inglés en los encantadores alrededores de la **Orangery** (➤ 133).

KENSINGTON PALACE: INFORMACIÓN ESPECÍFICA

Sugerencias El acceso al palacio se encuentra en la parte trasera, por Broad Walk, en los jardines de Kensington.

• No existe un monumento oficial a la princesa Diana, pero en los jardines de Kensington existe un patio en su recuerdo y en Hyde Park una fuente (➤ 130–131).

• Se recomienda visitar la **Orangery** (➤ 133), invernadero construido por la reina Ana y restaurante en la actualidad. No hay que olvidar el hermoso **Sunken Garden.**

Otras opciones

1 Chelsea Physic Garden

Este pequeño jardín constituye un remanso de tranquilidad rural en pleno corazón de la ciudad, con más de 5.000 especies de plantas. Fue fundado en 1673 por la Royal Society of Apothecaries para estudiar las plantas medicinales, lo que lo convierte en el jardín botánico más antiguo de Inglaterra después del de Oxford. Conserva además la rocalla más antigua del país (1773), y los primeros cedros de Inglaterra fueron plantados aquí en 1683. Después de cultivar en este jardín las plantas de algodón procedentes de las Indias Occidentales, en 1732 se enviaron las semillas a Georgia, en las colonias americanas, contribuyendo a lo que se convertiría más tarde en las mayores plantaciones de algodón del Sur.

198 A1 Swan Walk, 66 Royal Hospital Road, SW3 020 7352 5646; www.chelseaphysicgarden.co.uk Abr–oct: mi 12.00–17.00, do 14.00–18.00 Sloane Square 239 Moderado

Para los niños

- Science Museum (➤ 121–123)
- Natural History Museum(➤ 124–126)
- Montar en barco en el lago Serpentine o alimentar a los patos en Kensington Gardens y Hyde Park (➤ 130–131)
- Departamento de juguetes de Harrods (➤ 116)

6 Albert Memorial

Este brillante monumento es el más recargado y exuberante de todos los de Londres. Fue finalizado en 1872 por sir George Gilbert Scott, ganador de un concurso para diseñar un monumento en memoria del príncipe Alberto de Sajonia–Coburg–Gotha (1819–1861), el marido de la reina Victoria. Victoria y Alberto contrajeron matrimonio en 1840, pero Alberto falleció de fiebre tifoidea a los 41 años, un duro golpe del que la reina nunca logró recuperarse. Su espectacular estatua dorada triplica su tamaño real y el edificio completo tiene 55 m de altura. La cúspide está coronada por las figuras de la Fe, la Esperanza y la Caridad. Las figuras de los bordes representan materias como la astronomía, la poesía y la escultura, además de las favoritas de Alberto, la agricultura, la industria y el comercio. Las 169 esculturas de la base representan personajes históricos, mientras que las estatuas que se encuentran algo más retiradas constituyen alegorías de cuatro continentes: Europa, África, Asia y América.

195 D2 South Carriage Drive, Kensington Gardens, SW7 020 7495 0916 para más información acerca de visitas guiadas High Street Kensington, Knightsbridge 9, 10, 52

Albert Memorial, restaurado para lucir su antiguo esplendor

Arriba: barcos en el lago Serpentine, el refugio rural de Hyde Park. Abajo: escultura de Henry Moore en Hyde Park

8 Hyde Park y Kensington Gardens

Hyde Park comprende gran parte de la zona verde situada al suroeste de Marble Arch, mientras que Kensington Gardens, los antiguos terrenos de Kensington Palace (➤ 127–128), ocupan la zona situada al oeste del lago Serpentine.

Aunque en sus orígenes era la zona de caza de Enrique VIII, no fue hasta principios del siglo XVII cuando **Hyde Park** abrió sus puertas al público. Hoy en día proporciona una estupenda y apacible zona para escapar del bullicio de la ciudad. **Speakers' Corner**, en el extremo noreste del parque, junto a Marble Arch, es un lugar propicio para expresar lo que se piensa: cualquiera puede ponerse aquí y (siguiendo ciertos parámetros) hablar sin tapujos; la mayoría de los oradores se concentra aquí los domingos por la tarde. Más hacia el oeste se extiende **Serpentine**, un lago artificial encargado en 1730 por la reina Carolina, esposa de Jorge II, para poder montar en barco y bañarse.

Arriba: la esquina de los oradores en Hyde Park

Es un buen lugar para pasar una hora sobre el agua: hay barcas de remos y botes a pedales disponibles en la orilla norte; además, se puede nadar en zonas designadas cerca de la orilla sur. Muy cerca se encuentra la **fuente en memoria de la princesa Diana de Gales,** un anillo ovalado de 88 m levantado en granito de Cornisa en cuyo interior fluye el agua a distintas velocidades. La **Serpentine Gallery** muestra un programa de arte moderno, a menudo controvertido.

El parque tiene varias estatuas, entre ellas la de Peter Pan (1912), encargada por el autor del cuento, J. M. Barrie, que vivía cerca del parque. Está situada junto a uno de los senderos de la orilla oeste del lago.

195 E3 · Todos los días 5.00–24.00 · Hyde Park Corner, Knightsbridge, Lancaster Gate, Marble Arch

Kensington Gardens

194 C3 · Todos los días 5.00–24.00 · High Street Kensington, Bayswater, Queensway, Lancaster Gate

Serpentine Gallery

195 D3 · 020 7298 1501 · Todos los días 10.00–18.00 durante las exposiciones · Gratuito

9 Portobello Road Market

El mercado de Portobello es el más grande de Londres. Esta larga calle y sus alrededores acogen una gran variedad de alimentos, prendas de vestir modernas, artesanía y objetos de segunda mano, así como pequeños establecimientos especializados y tiendas (y puestos) de antigüedades que lo popularizaron en un primer momento. Los sábados se convierte en el mayor mercado de antigüedades del mundo –merece la pena curiosear aunque no se vaya a comprar nada–, con más de 1.500 vendedores, la mayoría de los cuales se sitúan en el extremo sur de la calle, después del cruce de Westbourne Grove. Los puestos de frutas dominan la parte situada tras Elgin Crescent, mientras que la ropa de segunda mano y las tiendas y puestos menos convencionales se encuentran más allá de Westway.

Hay que tener en cuenta que cuando hace buen tiempo el mercado se llena de compradores (cuidado con los carteristas).

194 A4 · General: lu–mi 8.00–18.00, ju 9.00–13.00, vi–sá 7.00–19.00. Antigüedades: sá; Ropa/objetos curiosos: vi, sá, do · Notting Hill Gate, Ladbroke Grove · 7, 23, 27, 28, 31, 52, 70, 328

Llamativa esquina en Portobello Road

Dónde... comer y beber

Precios
Precio aproximado de una comida, bebidas excluidas:
£ menos de 25 £ **££** 25–50 £ **£££** más de 50 £

The Ark ££
El uso inteligente de espejos proporciona mayor profundidad a este destacado establecimiento en Kensington. El menú incluye una mezcla de platos italianos tradicionales, modernos y regionales. Aquí se puede disfrutar de una excelente pasta *al dente* y de platos con carne acompañados de polenta. El menú del almuerzo es bastante popular y el de la cena, más especial.

194 B3 122 Palace Gardens Terrace, W8 020 7229 4024; www.thearkrestaurant.co.uk Almuerzo: ma–sá 12.00–15.00. Cena: lu–sá 18.00–23.00

Bibendum ££
Sir Terence Conran abrió su restaurante bandera en el popular edificio de Michelin en 1987. De ambiente relajado y profesional, tene un magnífico comedor como escenario. La amplia variedad de platos europeos clásicos de su menú ofrece un toque moderno y la oferta en la carta de vinos es excelente.

Fuera del plano 195 E1 Michelin House, 81 Fulham Road, SW3 020 7581 5817; www.conran.com Almuerzo: lu–vi 12.00–14.30, sá–do 12.30–15.00. Cena: lu–sá 19.00–23.30, do 19.00–22.30 South Kensington

Bluebird ££
Una floristería, un café, un bar y una tienda de alimentación forman parte de la experiencia en el Bluebird/Gastrodome de Terence Conran. En el menú, que consta de modernos platos europeos, prima la sencillez. Ofrece una gran selección de mariscos y opciones más rústicas como el pollo y el pastel de champiñones.

Fuera del plano 198 A2 350 Kings Road, SW3 020 7559 1000; www.conran.com Lu–vi 12.00–14.30, 18.00–22.30, sá–do 12.00–15.30, 18.00–22.30 (do 21.30) Sloane Square

Cambio de Tercio ££
Aclamado como uno de los mejores restaurantes españoles fuera de la península Ibérica, este agradable restaurante sirve una exquisita comida española moderna. Sus platos van desde los más innovadores –cuba libre de *foie* (*mousse* de hígado de pato, coca cola y gelatina de ron) y nieve de limón– hasta los más clásicos, como el solomillo, el rabo de buey o el atún a la parrilla, aunque con un toque moderno. Los postres también son deliciosos. Si lo que se desea es un menú más económico, sólo hay que cruzar la calle hasta el bar de tapas del restaurante, Tendido Cero.

Fuera del plano 195 1C 163 Old Brompton Road, SW3 020 7244 8970; www.cambiodetercio.co.uk Todos los días 12.00–14.30; 19.30–23.30 (do 23.00). Tendido Cero todos los días 12.00–23.00 Gloucester Road, South Kensington

Fifth Floor at Harvey Nichols ££
Este restaurante, situado en la planta superior de los grandes almacenes Harvey Nichols (➤ 134), forma parte del paraíso de los amantes de la buena cocina, con un departamento de alimentación, una cafetería y un bar, e incluso un *kaiten zushi* (un bar de *sushi* con cinta transportadora). El comedor es elegante y los platos están muy bien conseguidos, gracias a la utilización innovadora de los

productos británicos. Se llena en hora punta: reserva imprescindible.

198 A4 Harvey Nichols, Knightsbridge, SW1 020 7235 5250; www.harveynichols.com Almuerzo: lu–ju 12.00–15.00, vi 12.00–15.30, sá–do 12.00–16.00. Cena: lu–sá 18.00–23.30 Knightsbridge

Restaurant Gordon Ramsay £££

Gordon Ramsay es uno de los chefs más aclamados del país. Aprendió todo lo que sabe en las mejores cocinas de Francia y Londres, bajo las órdenes de Marco Pierre White y Albert Roux. Instalado ahora en la antigua La Tante Claire (discretamente rediseñada), Gordon Ramsay consigue cautivar a sus clientes con un estilo propio de la alta cocina. La mejor forma de degustar sus creaciones es a través de un almuerzo de tres platos.

198 A1 68–9 Royal Hospital Road, SW3 020 7352 4441; www.gordonramsay.com Lu–vi 12.00–14.50, 18.30–23.00 Sloane Square

The Orangery £

Este elegante, blanco y luminoso invernadero constituye el escenario perfecto para vivir la experiencia del té inglés. Ofrecen tres juegos de té, de los cuales el más completo incluye champán. También se puede disfrutar de una selección de deliciosos pasteles. Se sirve comida rápida entre las 12.00 y las 15.00.

194 B3 Kensington Palace, Kensington Gardens, W8 020 7938 1406 Mar–oct: todos los días 10.00–18.00; resto del año 10.00–17.00 High Street Kensington

Racine ££

Sólo en Francia se puede conseguir algo más francés que en este popular restaurante de Knightsbridge, situado frente a los museos de South Kensington. Característico por su ajetreo y por su decoración de madera y cuero oscuros, se convierte en el lugar ideal para disfrutar de un suculento menú que incluye platos como el conejo con salsa de mostaza, filetes con patatas fritas, e incluso langostinos, y postres como la copa de chocolate. Aquí incluso los platos más simples tienen grandes sabores.

195 1E 239 Brompton Road, SW3 020 7584 4477 Lu–vi 12.00–15.00, 18.00–22.30, sá–do 12.00–15.30, 18.00–22.00 South Kensington

Zafferano £££

El chef Giorgio Locatelli consiguió que Zafferano se convirtiera en uno de los restaurantes italianos líderes en Londres y, aunque ya no trabaja en su cocina, la comida sigue siendo excelente. El motor principal de sus menús son sus platos sencillos, basados en unos ingredientes de primera calidad, una técnica exacta y unos sabores definidos. El visitante puede disfrutar aquí de platos clásicos con cierto toque original como el *ossobuco* con pasta y salsa de azafrán. Si se busca un escenario romántico, se recomienda reservar mesa en el primer comedor.

198 B3 15 Lowndes Street, SW1 020 7235 5800: fax: 020 7235 1971 Almuerzo: lu–vi 12.00–14.30, sá–do 12.30–15.00. Cena: lu–sá 19.00–23.00, do 19.00–22.30 Knightsbridge

BARES

Boisdale of Belgravia ££

Hasta 170 variedades de whisky de malta se pueden encontrar en esta whiskería de Londres. Su decoración incluye los clásicos cuadros escoceses que enfatizan el ambiente temático del establecimiento. Aunque tiene una sección para fumadores de puro, no es exclusiva para los hombres. En realidad, se trata de un agradable lugar, con un atractivo patio, una acogedora barra y un restaurante adyacente especializado en platos escoceses. Por las noches hay conciertos de jazz.

198 C3 15 Eccleston Street, SW1 020 7730 6922; www.boisdale.co.uk Lu–vi 12.00–1.00, sá 19.00–1.00 Victoria

Dónde... comprar

En las calles de Knightsbridge, Kensington y Chelsea se encuentran algunas de las tiendas más aristocráticas y sofisticadas de Londres, que conviven junto a las más tradicionales. Muchas de ellas abren normalmente a las 10.00 y cierran a las 18.00 (algunas algo más tarde). Los domingos abren de 12.00 a 17.00 en la mayoría de los casos. Los miércoles se puede comprar hasta más tarde (Kensington High Street, jueves), ya que las tiendas amplían una hora sus horarios.

KNIGHTSBRIDGE

Harvey Nichols (109–125 Knightsbridge, SW1, tel: 020 7235 5000; www.harveynichols.com, metro: Knightsbridge). Tres plantas de moda femenina, dos plantas de moda masculina y una planta baja dedicada a los últimos accesorios, como medias de Wolford, gafas de sol de Dolce & Gabbana y toda clase de pañuelos, perfumes y cosméticos. En la planta quinta del edificio, construida en acero y vidrio, se aloja un verdadero emporio dedicado a la alimentación, con barra de *sushi*, cafetería, bar y restaurante.

Harrods es probablemente el establecimiento más conocido de Londres y es una visita obligada en todas las rutas turísticas (➤ 116). Su departamento de alimentación es reconocido mundialmente, pero su sección de moda también es excelente.

SLOANE STREET

Sloane Street limita al norte con la estación de metro de Knightsbridge y al sur con Sloane Square. Se trata de todo un escenario para los diseñadores internacionales. Italia se encuentra aquí representada por los románticos diseños de **Alberta Ferretti** (205–206 Sloane Street, SW1, tel: 020 7235 2349, metro: Knightsbridge) con gasas y sedas brillantes; por el maestro de la neutralidad, **Armani** (37 Sloane Street, SW1, tel: 020 7235 6232, metro: Knightsbridge); y por la original uniformidad de **Prada** (43–45 Sloane Street, SW1, tel: 020 7235 0008, metro: Knightsbridge). A la vuelta de la esquina, **Agent Provocateur** (16 Pont Street, SW1, tel: 020 7235 0229, metro: Knightsbridge) vende la lencería más picante.

Si toda esta oferta provoca una crisis de armario (o de cartera), se puede acudir a **Smythson's** (135 Sloane Street, SW1, tel: 020 7730 5520, metro: Sloane Square), santuario de los artículos de papelería donde se pueden encontrar cuadernos y agendas de piel, bolsos, carteras, papel y sobres grabados a precios muy razonables.

KENSINGTON HIGH STREET Y KENSINGTON CHURCH STREET

Puede que Kensington High Street no sea tan elegante, pero se trata de una calle repleta de tiendas útiles, todas agrupadas en torno a la estación de metro de High Street Kensington. Aquí se encuentran las tiendas más comerciales, como Top Shop, Laura Ashley, Zara y Gap, además de un establecimiento de Mark & Spencer. En 2007 abrió el Whole Food Market, que sólo vende comida orgánica y natural.

Al norte, enfrente de Barkers Arcade, se encuentra Kensington Church Street (metro: High Street Kensington), que acoge una gran concentración de anticuarios. En **Haslam & Whiteway** (105 Kensington Church Street, W8, tel: 020 7229 1145). se venden obras de importantes diseñadores del siglo XIX y principios del XX, como William Morris. Los objetos de Cornualles y las cerámicas de Midwinter y Poole son la especialidad en **Richard Dennis**(144 Kensington Church Street, W8, tel: 020 7727 2061, abierto sólo con cita previa). Richard Dennis admite envíos a domicilio, al igual que **John Jesse** (160 Kensington Church Street, W8, tel: 020 7229 0312), que vende diseños del siglo XX, entre ellos, grabados *art nouveau*. Cualquiera que sea la compra, no hay que olvidar examinar detenidamente la mercancía, regatear y pedir un recibo con la descripción detallada del artículo adquirido.

SOUTH KENSINGTON

Las tiendas del **Natural History Museum** (➤ 124–126), el **Science Museum** (➤ 121–123) y el **Victoria and Albert Museum** (➤ 117–120) venden todo tipo de material educativo: pequeños juguetes, dinosaurios y minerales en el Museo de Historia Natural; cohetes y robots en el Museo de las Ciencias. Sin embargo, las tiendas de los museos también son el lugar ideal para encontrar grandes regalos para los adultos más exigentes. La **tienda del Victoria and Albert Museum** es como un cofre lleno de tesoros. Una sección del Crafts Council vende obras contemporáneas de artistas británicos –regalos únicos y coleccionables– mientras que la sección principal está llena de reproducciones de cerámicas del siglo XVIII, muñecas y ositos de peluches antiguos, una enorme selección de objetos de William Morris y libros ilustrados de arte de gran formato. En el Museo de las Ciencias los adultos pueden encontrar una amplia gama de artilugios e instrumentos científicos.

KING'S ROAD

Los más jóvenes de espíritu acuden a esta calle de Chelsea para visitar sus *boutiques* y tiendas. El paseo comienza en Sloane Square (metro: Sloane Square) y se puede llegar hasta el final de la calle o recorrer sólo una parte.

Los grandes almacenes de **Peter Jones** (Sloane Square, SW1, tel: 020 7730 3434) se encuentran en la propia Sloane Square. Whistles, Kookai, Warehouse, Oasis y Next comienzan la lista de nombres comerciales a medida que se baja King's Road. Más allá, la tienda de ropa *vintage* **Steinberg & Tolkien** (193 King's Road, SW3, tel: 020 7376 3660) tiene una amplia gama de prendas de décadas pasadas, entre las que destacan las originales camisas Pucci, los caftanes de la década de 1970, antiguos joyeros y extravagantes complementos.

A los adolescentes les encanta vestirse en **Ad Hoc** (153 King's Road, SW3, tel 020 7376 8829). Se trata de una tienda llena de sombreros, bisutería, pelucas, medias de fantasía y ¡todo tipo de prendas poco apropiadas! Es posible percibir la fragancia natural de los cosméticos de **Lush** (123 King's Road, SW3, tel: 020 7376 8348), mucho antes de entrar en la tienda: pedazos de jabón al peso, bombas de baño y mascarillas.

Heal's (234 King's Road, SW3, tel: 020 7349 8411) tiene cosas para la casa, desde muebles hasta portarretratos, al igual que la popular **Designers' Guild** (267–271 & 275–7 King's Road, SW3, tel: 020 7351 5775) situada al final de la calle King's Road (metro: West Brompton o Earl's Court). Puede que a los amantes de la comida no les importe llegar hasta tan lejos para descubrir **Bluebird** (➤ 132), con su cafetería, bar, restaurante y mercado de alimentos. Se recomienda echar un vistazo a su panadería y comprar por ejemplo el pan de romero o espinacas. Enfrente, los más golosos pueden dejarse mimar con los chocolates de **Rococo** (321 King's Road, SW3, tel: 020 7352 5857) tabletas de chocolate negro y chocolate con leche totalmente artesanas, y chocolates con sabor a té, guindilla, nuez moscada, cardamomo y menta.

Dónde... divertirse

Se trata de una zona cosmopolita y acaudalada, por lo que las opciones de entretenimiento abundan aquí. Aunque esta parte de la ciudad es cara, también es posible encontrar lugares económicos.

CINE

Para ver las películas más comerciales se puede acudir a uno de los **dos cines Cineworld,** en los que se proyectan los últimos estrenos (279 King's Road, SW3 and 142 Fulham Road, SW10, both tel: 0871 200 2000, metro: Earl's Court).En **Chelsea Cinema** (206 King's Road, SW3, tel: 020 7351 3742, metro: Earl's Court) se pueden ver películas similares con la ventaja de sentarse en los asientos más cómodos de la ciudad. También tiene un pequeño bar. En **Gate Cinema** (Notting Hill Gate, W11, tel: 08707 550 063, metro: Notting Hill Gate) se pueden ver tanto películas de autor como los éxitos más comerciales.

MÚSICA CLÁSICA

Henry Wood Promenade Concerts, también conocido como **Proms,** es uno de los mejores festivales de música del mundo. Todos los veranos, a partir de mediados de julio y durante siete semanas, se celebran conciertos en el **Royal Albert Hall** (Kensington Gore, tel: 020 7589 8212, metro: South Kensington) Las orquestas internacionales, los solistas y los directores se unen a la orquesta sinfónica de la BBC para interpretar una amplia selección musical. Para aquéllos a quienes no les importe estar de pie durante el concierto, existen entradas más económicas.

VIDA NOCTURNA

En esta parte de la ciudad no existen demasiadas discotecas. Se recomienda **Bar Cuba** (11–13 Kensington High Street, W8, tel: 020 7938 4137, metro: Kensington High Street), un lugar con una elegante clientela. Ofrece una gran variedad de música latina, con algún que otro grupo tocando en directo.

Para los amantes del jazz, el lugar ideal es **606 Club**(90 Lots Road, SW10, tel: 020 7352 5953, metro: Earl's Court), donde tocan grupos como el cuarteto de Julian Siegel, por ejemplo. Está abierto a todo el público. En el sofisticado **Pizza on the Park**(11–13 Knightsbridge, SW1, tel: 020 7734 3220, metro: Hyde Park Corner), es posible escuchar música en directo. En su sótano han actuado grandes del jazz como el veterano George Melly.

TEATRO

El **Royal Court** (Sloane Square, SW1, tel: 020 7565 5000, metro: Sloane Square), es sede de la English Stage Company y en él se han formado algunos de los mejores dramaturgos de Gran Bretaña. Es el lugar perfecto para ver una obra de teatro moderno. La última renovación del teatro, que ha costado millones de libras, ha conseguido mejorar el lugar con la incorporación de instalaciones que sustituyen la falta de espacio que existía anteriormente.

Holland Park Theatre (Holland Park W8, tel: 0845 230 9789, metro: Holland Park) es un recinto al aire libre en el que sólo se representan obras durante los meses de verano. Con las ruinas del siglo XVII de Holland House como fondo, y acompañado de forma ocasional por los pavos reales que caminan libremente por el parque, el teatro acoge al ballet real además de ofrecer un ciclo de ópera de reconocido prestigio.

Covent Garden, Bloomsbury y Soho

Cómo orientarse 138 – 139
En un día 140 – 141
Imprescindible 142 – 151
Otras opciones 152 – 155
Dónde... 156 – 160

Cómo orientarse

El recorrido por estos barrios subraya la gran variedad que existe en Londres: a tan sólo unas pocas calles el carácter de la zona puede cambiar por completo, de un barrio con estilo a otro más desenfadado, de una zona comercial a otra residencial, y del bullicio y la emoción al buen gusto y la elegancia.

★ Imprescindible

- **1 British Museum** ➤ 142
- **2 British Library** ➤ 146
- **6 Madame Tussaud's** ➤ 148
- **9 Covent Garden** ➤ 150

Otras opciones

- 3 Mercados de Camden ➤ 152
- 4 Regent's Park ➤ 152
- 5 Zoo de Londres ➤ 152
- 7 Wallace Collection ➤ 153
- 8 Chinatown ➤ 155
- 10 Cartoon Museum ➤ 155
- 11 London's Transport Museum ➤ 155

Covent Garden ha sufrido más cambios que el resto de los barrios londinenses. Hasta la década de 1970 era el lugar donde se encontraba el mercado al por mayor de fruta y verdura, pero cuando éste se trasladó al sur del Támesis, el edificio del mercado fue transformado en un pequeño centro comercial y un mercado de artesanía. El aburguesamiento se ha expandido desde entonces por la zona, y el mercado y sus alrededores se han convertido en un barrio lleno de tiendas, puestos de mercado, museos divertidos, bares, cafeterías y restaurantes.

Al oeste de Covent Garden se encuentran Chinatown y el Soho, abarrotado de restaurantes, bares y discotecas. El Soho es el barrio gay de Londres por excelencia y la zona de mayor tolerancia. En él se mezcla una cierta bohemia con luces de neón y anuncios de *striptease* y *sex shops*. Sin embargo, sólo hay que caminar unos minutos hacia el norte de Covent Garden para encontrarse con el sobrio barrio de Bloomsbury. Esta zona dio nombre a un grupo de escritores y artistas de principios del siglo XX que vivieron aquí. Este barrio de casas hermosas y calles y plazas clásicas constituye el hogar ideal para el British Museum. Al norte de Bloomsbury se encuentra King's Cross, sede de la British Library, uno de los edificios públicos más costosos de la capital. Al oeste de Bloomsbury se encuentran las elegantes calles y plazas de Marylebone y una de las atracciones más visitadas de Londres, el Museo de Madame Tussaud. Si no es del gusto del visitante, también se propone la visita a la Wallace Collection, una colección de obras de arte y objetos ubicada en una bonita casa del siglo XVIII.

Numerosas experiencias culturales aguardan el día que incluye la visita a los antiguos tesoros del British Museum, a los libros y manuscritos de la British Library y a las figuras de cera de ricos y famosos en el Museo de Madame Tussaud.

Covent Garden, Bloomsbury y Soho en un día

9.00

Llegue al 1 **British Museum** (➤ 142–145) a las 9.00, cuando la Great Court abre. Admire esta espectacular explanada durante unos minutos antes de comenzar a visitar el propio museo, lleno de magníficas piezas de civilizaciones antiguas (mármoles de Elgin, a la izquierda).

12.00

Para almorzar puede acudir a cualquiera de los cafés o *pubs* próximos al museo, o bien hacer un *picnic* en Russell Square.

13.00

Desde Russell Square puede coger el autobús nº 91 o caminar 30 minutos hasta la 1 **British Library** (➤ 146–147). Observe la enorme plaza que se encuentra en el exterior del edificio (abajo a la izquierda) y entre en la biblioteca para contemplar algunos de los libros y manuscritos más preciosos del mundo.

14.30

El autobús nº 30 le lleva por Euston Road hasta Marylebone Road y 6 **Madame Tussaud's** (➤ 148–149). Las figuras de cera reciben muchas visitas durante todo el año, por lo que suele haber una larga cola a las puertas del museo. Es conveniente comprar las entradas por adelantado.

16.30

Coja el metro desde Baker Street hasta 9 **Covent Garden** (arriba, ➤ 150–151). Las tiendas, los artistas callejeros y la gran variedad de restaurantes, *pubs* y bares de la zona hacen de éste el lugar ideal para pasar la tarde. Muchos de los teatros del West End (➤ 160) están sólo a unos pasos.

1 British Museum

El Museo Británico alberga una de las colecciones más importantes del mundo, con una gran riqueza de antigüedades que explican la historia de civilizaciones y culturas de todo el planeta. Fue fundado en 1753 a partir de la colección privada de sir Hans Sloane, y ahora posee más de 6 millones de objetos, todos ellos expuestos en un magnífico edificio con varios kilómetros de galerías. Entre las piezas expuestas se incluyen esculturas antiguas, cuadros valiosos, joyas exquisitas y muchos otros tesoros.

El edificio principal del Museo Británico fue construido en 1844 en sustitución de la anterior Montague House, que se había quedado demasiado pequeña para alojar la creciente colección del museo

El Museo Británico es enorme y alberga un sinfín de hermosas piezas suficientes para varias visitas, por lo que para disfrutar de este museo se recomienda no intentar verlo todo de una sola vez. Conviene ser bastante selectivo y tratar de no distraerse demasiado por el camino.

La visita comienza en la **Great Court (de la reina Isabel II).** Esta espectacular explanada, con un techo de vidrio sobre el patio central del museo, forma parte de un programa continuo de remodelación. En su corazón se encuentra la hermosa Reading Room del siglo XIX, que antiguamente albergaba la British Library

197 F3 · Great Russell Street, WC1 · 020 7323 8000; www.british-museum.ac.uk · Galerías principales: sá–mi 10.00–17.30, ju–vi 10.00–20.30. Great Court: lu–mi 9.00–21.00, ju–sá 9.00–23.00, do 9.00–18.00; cerrado Viernes Santo · Cafeterías y restaurantes · Holborn, Tottenham Court Road, Russell Square · Tottenham Court Road, dirección norte, y Gower Street, dirección sur 10, 24, 29, 73, 134; Southampton Row 68, 91, 188; New Oxford Street 7, 8, 19, 25, 38, 55, 98 · Gratuito

A la derecha: la galería de esculturas egipcias aloja estatuas, sarcófagos y la piedra Rosetta, una de las piezas más importantes del Museo Británico

Abajo: Great Court, la plaza cubierta más grande de Europa

(► 146–147) pero que ahora está abierta al público en general. Marx, Lenin, George Bernard Shaw y otros cientos de personajes ilustres estudiaron aquí. La Great Court sirve ahora de punto informativo, por lo que se puede adquirir un plano del museo antes de comenzar el recorrido por las galerías.

Entre lo más destacado del museo se encuentran las **galerías egipcias**, que albergan una de las mejores colecciones de antigüedades egipcias fuera de Egipto. El arte funerario domina la sala, con féretros exquisitamente decorados, momias, sarcófagos, joyas, maquetas y manuscritos. El sarcófago dorado de Henutmehyt (c.1290 a.C.) es especialmente impresionante. También lo es la caja de Ginger, una momia de 5.000 años de antigüedad, cuyos restos atraen a gran multitud de visitantes. Aún conserva algunos mechones pelirrojos, aunque le falta el dedo índice izquierdo.

El objeto más importante de estas galerías, y quizás de todo el museo, es la **piedra Rosetta** (196 a.C.). Su importancia radica en sus tres tipos de escritura: griego en la parte inferior, jeroglíficos egipcios en la parte superior y una forma demótica entre los dos. Fue descubierta accidentalmente en 1799 y permitió descifrar los jeroglíficos por primera vez, permitiendo comprender gran parte de la civilización egipcia. Menos importante, pero más deslumbrante visualmente, es la enorme **cabeza de granito de Ramsés II,** que llega hasta lo más alto de la sala. Fue esculpida para un templo de Tebas en el siglo XIII a.C.

Ruta recomendada

Siga la siguiente ruta para visitar lo más destacado del museo de la forma más sencilla.

Planta baja:
Sala 4 Galería de esculturas egipcias
Salas 6–10 Galerías asirias
Sala 18 Esculturas del Partenón

Primera planta:
Sala 41 Alta Edad Media (Sutton Hoo)
Sala 49 Galería Weston de la Gran Bretaña romana (el tesoro de Mildenhall)
Salas 61–66 Galerías egipcias

Imponente reconstrucción del monumento de las Nereidas descubierto en Janto, al suroeste de la actual Turquía

Las esculturas más polémicas del museo son los **mármoles de Elgin,** llamados así por lord Elgin, el diplomático británico que los trajo a Inglaterra en 1816. La mayoría de ellos pertenecen a un friso del siglo V a.C. que formaba parte del Partenón, el templo más importante de la Atenas clásica. Este friso representa la procesión en honor a Atenea, la diosa de la ciudad. Grecia considera que los mármoles deberían ser devueltos, argumentando que un museo extranjero no debería estar en posesión de reliquias culturales tan importantes para el país.

Los asirios, que vivieron en lo que hoy es el norte de Irak, están representados en el museo mediante la entrada al **palacio de Sargón II** (721-705 a.C.) en Khorsabad, un maravilloso ejemplo de los enormes relieves de toros alados con cabezas humanas que guardaban el palacio. Igualmente cautivadores son los relieves del rey Ashurbanipal, el último gran rey asirio: representan una cacería de leones y en su día decoraban el palacio de Nineveh.

En el museo también se exponen antigüedades británicas, como los objetos anglosajones del siglo VII encontrados en el **barco funerario de Sutton Hoo,** en particular armas y cascos. Éstos han sido de vital importancia para comprender mejor la

Arriba: esta tapa de monedero, una de las piezas encontradas en el barco funerario de Sutton Hoo, muestra la artesanía de la época anglosajona

Edad Media, un período de la historia europea sobre el que se sabe más bien poco. Fueron descubiertos en 1939 durante las excavaciones de antiguos montículos funerarios próximos al río Deben, cerca de Woodbridge, en Suffolk, un emplazamiento que, antes de la construcción del malecón, estaba a sólo 185 m del nivel del agua. Un par de años más tarde se hizo otro descubrimiento en Mildenhall, también en Suffolk. En este caso se trataba del **tesoro de Mildenhall,** una importante colección de vajilla romana de plata del siglo IV. Aún hoy existe cierto misterio en torno a su descubrimiento, ya que no fue comunicado de forma inmediata a las autoridades. La pieza central de esta colección es el gran plato de 8 kg decorado con imágenes de Neptuno, el dios del mar, con algas marinas a modo de barba y delfines saltando de sus cabellos.

UN DESCANSO

Para una comida rápida **Coffee Gallery** (23 Museum Street, WC1, tel: 020 7436 0455) es un buen lugar.

BRITISH MUSEUM: INFORMACIÓN ESPECÍFICA

Sugerencias Existen dos entradas al museo: la principal por Great Russell Street y una menos transitada por **Montague Place.**

- Se permite tomar fotografías y grabar en video.
- Existen **visitas guiadas** de lo más destacado del museo (60 y 90 min; suplemento adicional) o de galerías por separado (50 min; gratuito). Para más información, o para apuntarse a ellas, se recomienda preguntar en los puntos de información de la Great Court. También hay audio guías disponibles.

Con más detalle La **galería mexicana (sala 27)** contiene piezas impresionantes como las máscaras con mosaicos de turquesa de la cultura mixteca–azteca (1400-1521).

- Si aún queda tiempo, se recomienda admirar la artesanía de plata y oro del **tesoro de Oxus (sala 51),** una colección de objetos persas que datan del siglo V o IV a.C.

Advertencia El famoso **jarrón Portland,** una pieza de vidrio soplado de la época romana, es bastante pequeño e insignificante. A primera vista se puede apreciar el trabajo de reconstrucción después de que un visitante borracho lo rompiera en cientos de pedazos en 1845.

2 British Library

La Biblioteca Británica se encuentra, junto con la Biblioteca del Congreso en Washington y la Biblioteca Nacional de París, entre las tres mejores del mundo. En su interior se guardan algunos de los tesoros impresos más valiosos de diferentes épocas. Sus ejemplares abarcan tres milenios, desde el *Sutra del Diamante*, un texto budista de 868 d.C. considerado como el libro impreso más antiguo del mundo, hasta las modernas partituras de Paul McCartney y John Lennon. También guarda obras como el Primer Folio que escribió Shakespeare, la Biblia de Gutenberg y la Carta Magna de Da Vinci.
Los edificios construidos para albergar la moderna biblioteca están agrupados alrededor de una amplia plaza central que proporciona un espacio abierto, atractivo y agradable para poder disfrutar de la colección.

La cubierta de los Evangelios de Lindisfarne (c.698 d.C.)

La **galería John Ritblat: tesoros de la biblioteca británica** contiene las obras más valiosas de la biblioteca, incluidos mapas, textos religiosos, cartas, manuscritos literarios y partituras. La importancia de esta galería radica en la popularidad, antigüedad, extensión y calidad de su colección. Para proteger el material que hay en ella se utiliza una luz tenue y la atmósfera en su interior es casi sagrada –como en realidad debería ser ante la presencia de los Evangelios de Lindisfarne y el Libro de Horas del duque de Bedford, dos de los antiguos manuscritos ingleses más hermosos–. Entre el resto de las obras expuestas se encuentran los manuscritos originales de Jane Austen y Charlotte Brontë, las partituras de Mozart y Händel, entre ellas el *Mesías*, las cartas de Gandhi, y la última carta de amor (sin terminar) de lord Nelson a lady Hamilton.

Para una experiencia más interactiva sólo hay que dirigirse a **Turning the Pages**, un sistema informatizado único (justo a la salida de la Galería John Ritblat) que permite a los visitantes ojear página a página algunos de los tesoros de la biblioteca.

197 F5 · 96 Euston Road, NW1 · 020 7412 7332; www.bl.uk
Lu–vi 9.30–18.00 (también ma 18.00–20.00), sá 9.30–17.00, do y festivos 11.00–17.00 · Restaurante y cafetería · King's Cross · 10, 30, 73, 91
Gratuito

Las otras dos galerías de la biblioteca ofrecen un enfoque más práctico. La **Pearson Gallery** interpreta y da vida a las grandes colecciones de la biblioteca y es el lugar en el que se celebran las exposiciones temporales. El **Taller de Palabras, Sonidos e Imágenes** investiga la tecnología relacionada con la producción y la impresión de libros, así como la grabación. Ofrece al visitante la posibilidad de diseñar su propia página. Los sábados también hay demostraciones de caligrafía, producción e impresión de libros.

UN DESCANSO

Se recomienda visitar la cafetería o restaurante de la biblioteca (► Información específica, abajo). También se puede acudir a **Patisserie Deux Amis**, una sencilla cafetería en la que sirven bocadillos y deliciosas tartas.

La estatua de Newton esculpida por Eduardo Paolozzi (1995) se encuentra en la plaza de la British Library y representa a Newton midiendo el universo con un compás

EN CIFRAS

- El sótano de la biblioteca equivale a 5 plantas y contiene 300 km de estanterías.
- En el sótano hay cerca de 12 millones de libros, pero la colección total de la biblioteca llega a más de 150 millones de ejemplares.
- A la biblioteca llegan copias gratuitas de cualquier libro, cómic, periódico, mapa y revista publicado en el Reino Unido. Esto significa que recibe una media de 3 millones de ejemplares al año.
- La construcción del edificio actual de la biblioteca comenzó a debatirse en la década de 1950, pero no fue inaugurado hasta 1998, para cuando ya había costado 3 veces el presupuesto original.

BRITISH LIBRARY: INFORMACIÓN ESPECÍFICA

Sugerencias Desde **la cafetería o el restaurante** de la biblioteca se tienen algunas de las mejores vistas de la torre de cristal que alberga los 65.000 volúmenes encuadernados en cuero pertenecientes a la biblioteca del rey Jorge III.

Con más detalle Las **visitas guiadas** ofrecen una introducción a la historia y el funcionamiento de la biblioteca (1 hora, precio medio, lunes, miércoles y viernes a las 15.00, sábado a las 10.30 y a las 15.00. Las visitas de los domingos a las 11.30 y a las 15.00 incluyen la entrada a una de las salas de lectura. Para reservar tel: 020 7412 7639).

6 Madame Tussaud's

El Museo de Madame Tussaud es uno de los lugares más populares de Londres y ofrece la oportunidad de conocer a James Bond, de comprobar lo alto que es en realidad Arnold Schwarzenegger y de hacerse una foto con la leyenda del boxeo Mohammad Ali –o por lo menos con sus figuras de cera y con otros 400 personajes famosos–. La diversión de niños y adultos está asegurada.

El actor Brad Pitt es una de las muchas estrellas de cine que se pueden ver en el museo

La verdadera exposición comienza con **Blush**, donde el visitante puede codearse con los actores de Hollywood. Se puede tocar a Brad Pitt, hacer que Jennifer López se sonroje (¡pero hay que visitar el museo para comprobarlo!), posar en una de las sesiones de fotos junto a Kate Moss o ser entrevistados en la televisión de Madame Tussaud.

A continuación aparece toda la ostentación de **Premiere Night** con una espectacular producción de estrellas del pasado y del presente.

En la planta de arriba está **World Stage**, donde se encuentran las figuras de líderes religiosos, miembros de la familia real, políticos y líderes mundiales, así como representantes de las artes como Picasso, Beethoven y The Beatles.

La cúpula de cobre del planetario de Madame Tussaud's

196 B4 · Marylebone Road, NW1
0870 400 3000; www.madame–tussauds.co.uk
Lu–vi 9.30–17.30, sá–do 9.00–18.00
Cafetería para aperitivos en el museo, pero más opciones en la calle de Baker Street
Baker Street
13, 18, 27, 30, 74, 82, 113, 139, 274, 205, 453
Muy caro

INFORMACIÓN DETALLADA

- Las técnicas antiguas requerían extraer los moldes del rostro del personaje. A Napoleón hubo que colocarle pajitas por las fosas nasales para que pudiera respirar mientras le sacaban el molde, y estaba tan consternado que agarró la mano de Josefina durante todo el proceso.
- El pelo de las figuras de cera es real y es necesario lavarlo y peinarlo con cierta regularidad.
- La cera utilizada en estas figuras es muy parecida a la de las velas, por lo que el museo no tiene ventanas para que no se derritan con la luz del sol.

De aquí se pasa a **Chamber Live**, la sección más macabra del museo (no apropiada para menores de 12 años). Aquí se ocupan de la tortura, la ejecución y el asesinato, todo ello acompañado de horripilantes efectos sonoros y actores reales para infundir más miedo. Esta zona lleva un suplemento adicional.

La diversión está asegurada en la exposición **Spiderman**, donde la misión del visitante consiste en atraparle con la cámara. En la sección **Spirit of London** se pueden recorrer 400 años de la historia de Londres.

En 2006 se abrió una nueva sección inspirada en los **Piratas del Caribe**, donde el visitante puede unirse al Capitán Jack Sparrow (Johnny Depp) y a su tripulación a bordo de la *Perla negra*.

UN DESCANSO

Se recomienda probar el *dim sum* en el popular **Royal China.** (40 Baker Street, W1, tel: 020 7487 4688).

Como si fuera ayer: John Lennon, Paul McCartney, George Harrison y Ringo Starr, tal y como eran al principio de su carrera musical

MADAME TUSSAUD'S: INFORMACIÓN ESPECÍFICA

Sugerencias La exposición es bastante popular y puede que haya que esperar hasta dos horas para entrar durante el período de mayor afluencia. Para evitar esta espera, se recomienda **reservar las entradas con tarjeta de crédito,** lo que permite entrar por el acceso para los que ya disponen de entrada. Las entradas adquiridas de esta forma llevan un pequeño suplemento adicional.

• La exposición abre media hora antes durante los **días de vacaciones escolares** (para más información, llamar por teléfono), aunque se aconseja evitar este horario siempre que sea posible. El museo está mucho más tranquilo por la tarde; si se llega a las 16.00 todavía hay tiempo suficiente para verlo todo.

9 Covent Garden

Hasta la década de 1970 era donde se encontraba el mercado al por mayor de fruta y verdura, pero tras su traslado al sur del Támesis, Covent Garden se transformó en uno de los barrios más vivos y populares de la ciudad. Los fines de semana son perfectos para descubrir sus tiendas, su mercado y su zona de ocio. Aquí se encuentran además algunos museos interesantes, los teatros más importantes de Londres y la reconocida Royal Opera House.

Acróbatas en Covent Garden

A la derecha: la venta de fruta y verdura ha dado paso a una mayor oferta de cafés, bares y puestos artesanos

La Piazza de Covent Garden –que rodea el edificio restaurado del mercado del siglo XIX, ocupado por pequeñas tiendas y por los puestos de artesanía del Apple Market– constituye el corazón del barrio. Muy cerca de aquí se encuentra la reformada Royal Opera House y el Jubilee Market (ropa, artesanía y artículos de piel). El Cartoon Museum (➤ 155) y el London's Transport Museum (➤ 155) ofrecen un par de horas de entretenimiento.

Otro de los rasgos más característicos de Covent Garden son los artistas callejeros que se congregan aquí. Los espectáculos engloban desde orquestas chinas y músicos con guairas, hasta acróbatas y mimos. También merece la pena visitar algunas de sus pequeñas calles, en especial Neal Street y la zona situada al norte de la estación de metro de Covent Garden, en las que existen tiendas poco convencionales (➤ 159) y escondidos cafés, bares y restaurantes.

200 B3 · Covent Garden · A lo largo de Strand 6, 9, 11, 13, 15, 23, 91, 176

COVENT GARDEN: INFORMACIÓN ESPECÍFICA

Sugerencias Una vez en Covent Garden no hay que olvidar pasarse por **Neal Street.** Entre las tiendas más interesantes de esta calle se encuentra **Neal Street East** (4–7 Neal Street, WC2, tel: 020 7240 0135), que vende productos orientales, así como **The Tea House** (15 Neal Street, WC2, tel: 020 7240 7539), en la que el visitante puede adquirir una gran variedad de tés y teteras
• Tampoco hay que olvidar **Neal's Yard Remedies** (15 Neal's Yard, WC2, tel: 020 7379 7222), donde se pueden conseguir remedios naturales, aceites y artículos de perfumería de gran calidad, así como un gran número de libros dedicados a los remedios naturales y a la medicina alternativa.
• Para probar los deliciosos quesos ingleses sólo hay que acudir a **Neal's Yard Dairy** (17 Shorts Gardens, WC2, tel: 020 7240 5700), o visitar **Monmouth Coffee Company** (► 157) para tomar uno de los mejores cafés de Londres.

Curiosidades Se recomienda visitar el interior de **St. Paul's Church** y disfrutar de su encantador jardín. Se la conoce como la iglesia de los actores.

Otras opciones

3 Mercados de Camden

Estos mercados se extienden a lo largo de Chalk Farm Road y Camden High Street, y hasta ellos llegan multitud de visitantes atraídos por la diversidad que se puede encontrar en Camden Town. El mejor día para visitar el mercado es el domingo, cuando todos los puestos están abiertos, aunque los mercados independientes mencionados a continuación también abren otros días. Es una zona bastante transitada, especialmente en verano, y un buen lugar para encontrar ropa moderna, joyas y artesanía.

Fuera del plano 197 E5

Camden Lock

Estos almacenes reformados junto al canal albergan puestos con obras de arte, artesanía, prendas de vestir antiguas y actuales y CDs.

Todos los días 10.00–18.00

Camden Canal Market

Este mercado está situado al norte del canal, entre Chalk Farm Road y Castle Haven Road. La entrada al mercado es pequeña pero el lugar est repleto de artículos coleccionables como libros, ropa e incluso bicicletas

Vi–do 10.00–18.00

Stables Market

Éste es el mercado situado más al norte (desemboca en Chalk Farm Road). Ofrece más o menos la misma variedad de artículos que Camden Lock pero con muebles y antigüedades.

Sá–do 8.00–18.00; lu–vi 9.00–17.00, número reducido de puestos

Electric Ballroom Market

Aquí se vende ropa de segunda mano además de algunos artículos nuevos. En este mercado se presta especial atención a lo extraño y lo estrambótico.

Camden High Street, justo al norte de la estación de metro de Camden Town
Do 9.00–17.30

Camden Market

Aquí se puede encontrar ropa actual y artículos *vintage*, joyas y cintas de música.

Camden High Street Ju–do 10.00–17.30

4 Regent's Park

Regent's Park está conectado por uno de sus extremos a St. James's Park, proporcionando uno de los espacios verdes (➤ 14) más hermosos de Londres. Está bordeado por los edificios arquitectónicos de la época regente de John Nash, y acoge una rosaleda, el teatro al aire libre, un lago y el zoológico de Londres (➤ 153).

Una de las atracciones a menudo olvidadas del parque es la excursión por el Regent's Canal. Fue construido en 1820 y recorre 13 km entre la elegante Little Venice al oeste de

Regent's Canal, un plácido entorno

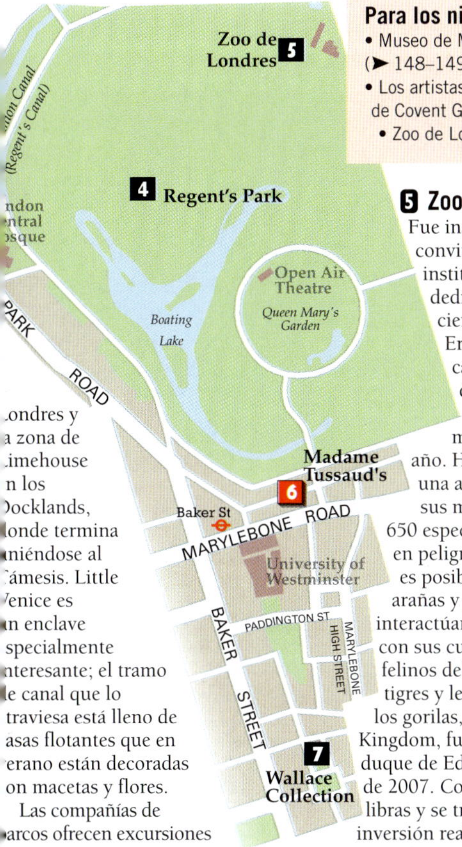

.ondres y
a zona de
.imehouse
n los
)ocklands,
londe termina
ıniéndose al
ámesis. Little
'enice es
ın enclave
specialmente
nteresante; el tramo
le canal que lo
traviesa está lleno de
asas flotantes que en
erano están decoradas
on macetas y flores.

Las compañías de
ıarcos ofrecen excursiones
ıor el canal entre Little
'enice y Camden Lock.

196 B5

London Waterbus Company
020 7482 2660; www.londonwaterbus.com
Abr–sep: todos los días 10.00–17.00. Salidas cada hora

Jason's Trip
020 7286 3428; www.jasons.co.uk
Abr–oct: 3 veces al día

Walkers Quay (Jenny Wren) Excursiones desde Camden Town hasta Little Venice y regreso (90 min) 020 7485 4433; www.walkersquay.com Mar–oct 2 excursiones por día, 4 los fines de semana y durante las vacaciones escolares; ago 4 excursiones por día

Para los niños

- Museo de Madame Tussaud (➤ 148–149)
- Los artistas callejeros y los títeres de Covent Garden (➤ 150–151)
- Zoo de Londres (➤ 153)

5 Zoo de Londres

Fue inaugurado en 1828 y se convirtió en la primera institución del mundo dedicada al estudio científico de los animales. Era el lugar de moda de la capital y en la década de 1950 llegó a recibir la visita de más de 3 millones de personas al año. Hoy en día sigue siendo una atracción popular con sus más de 5.000 animales y 650 especies, muchas de ellas en peligro de extinción. Aquí es posible acercarse a reptiles, arañas y pelícanos, ver cómo interactúan las jirafas y los gorilas con sus cuidadores, y visitar los felinos del zoo: leones asiáticos, tigres y leopardos. El recinto de los gorilas, denominado Gorilla Kingdom, fue inaugurado por el duque de Edimburgo el 29 de marzo de 2007. Costó 5,3 millones de libras y se trata de la mayor inversión realizada en el zoo en los últimos 40 años.

196 B5 Regent's Park, NW1 020 7722 3333; www.londonzoo.co.uk Mar hasta finales de oct: todos los días 10.00–17.30; feb y finales de oct 10.00–16.30; nov–ene 10.00–16.00 Muy caro

7 Wallace Collection

Esta colección de objetos de arte es mucho más atractiva gracias a su ubicación en Hertford House, una hermosa mansión del siglo XVIII adquirida en 1797 por el segundo marqués de Hertford. Éste legó su colección a la nación con la condición de que nunca se vendiera o se trasladara fuera del centro de Londres.

La sala más llamativa y la favorita de muchos visitantes es la 22, donde se encuentran las obras de Tiziano, Rubens, Murillo, Van Dyck y otros artistas. La obra más conocida de la colección es el *Caballero sonriente* de Frans Hals. Se trata del retrato de un joven desconocido pintado en 1624, aunque el hombre en cuestión ni es caballero ni sonríe (el título fue acuñado en 1888 cuando se expuso el cuadro en la Royal Academy Old Masters Exhibition). Muy cerca se encuentra otro retrato de una modelo desconocida, la *Dama con el abanico* de Velázquez.

La colección no termina ahí, pues también incluye porcelana de Sèvres, muebles nobles, miniaturas con infinidad de detalles y pinturas del siglo XVIII. Su exposición de armaduras es una de las mejores de todo el país, dejando a un lado la de l Torre de Londres.

196 B3 · Hertford House, Manchester Square, W1 · 020 7563 9500; www.wallacecollection.org · Todos los días 10.00–17.00 · Restaurante Wallace · Bond Street · 2, 13, 30, 74, 82, 94, 113, 189, 274 · Gratuito

La Hertford House constituye un elegante escenario para los numerosos objetos de arte de la colección Wallace

la izquierda: Gerrard Street, el corazón e Chinatown en Londres, está repleta de estaurantes

8 Chinatown

Jnas pocas manzanas junto a Gerrard treet son como un imán para la omunidad de 60.000 chinos en ondres. Aunque muchos viven en tras zonas de la ciudad, los lomingos se reúnen aquí y es cuando a zona cobra más vida. Las calles stán llenas de letreros, restaurantes (➤ 156), tiendas de comestibles y ibrerías chinas. Incluso hay cabinas le teléfono en forma de pagoda.

197 F2 ✉ Cerca de Gerrard Street, W1 Ⓤ Leicester Square 🚌 14, 19, 24, 29, 38, 176

10 Cartoon Museum

Fue inaugurado en ebrero de 2006 y es el orimer museo de Londres dedicado a los libujos animados. Su exposición incluye más le 250 ejemplares de libujos, caricaturas y cómics originales, pertenecientes a los mejores dibujantes y artistas, desde el siglo XVIII hasta hoy.

La colección recoge ilustraciones de *The Beano, Dandy, Topper,* además de *The Bash Street Kids, Roger the Dodger, Billy Whizz, Desperate Dan, Beryl the Peril* y *Denis the Menace (Daniel el travieso).*

Otras piezas clave son los dibujos en 3D, como el famoso *Chairman Mao* de Gerald Scarfe. También hay clásicos de la historieta bélica, como la obra de sir David Low *All behind you, Winston,* o el dibujo del Capitán Bruce Bairnsfather que representa a dos soldados en las trincheras de la I Guerra Mundial.

Dispone además de una biblioteca con obras de referencia que contiene alrededor de 4.000 libros, así como una colección de 2.500 comics. Abre todos los miércoles con cita previa.

200 A5 ✉ 35 Little Russell Street, WC1A 2HH ☎ 020 780 8155; www.cartooncentre.com 🕐 Ma–sá 10.30–17.30, do 12.00–17.30 Moderado Ⓤ Holborn 🚌 7, 8, 19, 25, 38, 55, 98

11 London's Transport Museum

Este museo retrata la historia de Londres durante los últimos 200 años a través de una perspectiva diferente, observando cómo ha influido el transporte en la vida de sus ciudadanos. También muestra el trabajo necesario para conseguir que millones de viajeros se muevan todos los días por la capital, además de enseñar cómo fue la construcción de los actuales sistemas de transportes.

200 B3 ✉ Covent Garden, WC2 ☎ 020 7565 7299/020 7379 6344; www.ltmuseum.co.uk 🕐 Sá–ma10.00–18.00 vi 11.00–21.00 Café Ⓤ Covent Garden 🚌 A lo largo de Strand 6, 9, 11, 13, 15, 23, 91, 176 Moderado; gratuito para menores de 16 años

Autobuses antiguos en London Transport Museum

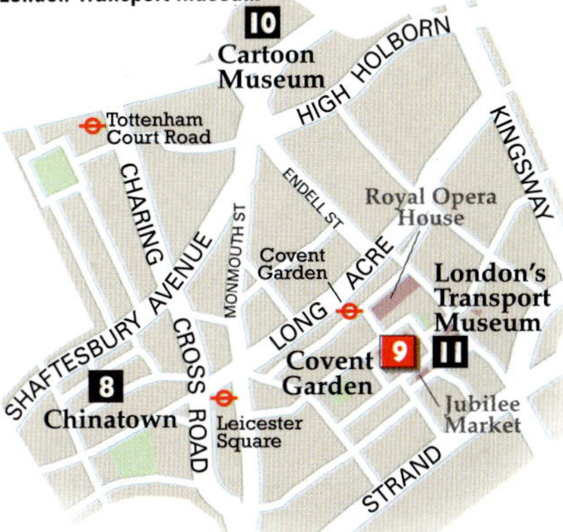

Dónde... comer y beber

Precios
Precio aproximado de una comida, bebidas excluidas:
£ menos de 25 £ **££** 25–50 £ **£££** más de 50 £

Alastair Little Soho ££

Todo lo referente al restaurante de Alastair Little es sencillo: desde las paredes desnudas de color aguamarina y los suelos, hasta su servicio desenfadado pero a la vez experto y su comida fresca y aparentemente fácil. Su influencia italiana viene acompañada de ingredientes de temporada, cuya calidad brilla en cada plato. Sus menús de precio fijo (no hay menús a la carta) están muy bien de precio.

197 E2 49 Frith Street, W1 020 7734 5183 Almuerzo: lu–vi 12.00–15.00. Cena: lu–sá 18.00–23.00 Leicester Square

Bank ££

Se trata de un enorme bar-restaurante contemporáneo y de uno de los más coloridos de Londres, donde siempre tienen de todo. El menú combina platos clásicos con nuevas ideas metropolitanas. La calidad de su cocina está asegurada.

200 B4 1 Kingsway, WC2 0845 658 7878; www.bankrestaurants.com Lu–vi 7.30–11.30, 12.00–15.00, sá 11.30–15.30, 17.30–23.30, do 11.30–17.00, 17.30–21.00 Holborn

Christopher's ££

Ubicado en las dos plantas de un edificio victoriano, este animado restaurante sirve algunos de los mejores clásicos de la comida americana. No se puede dejar de probar los filetes importados de Estados Unidos, los bogavantes de Maine, los sabrosos asados y los pasteles de cangrejo de Maryland, todo en generosas porciones. La popularidad de Christopher's es conocida, por lo que se recomienda reservar. La cafetería es mucho más informal y en ella se sirven ensaladas y sándwiches.

200 B3 18 Wellington Street, WC2 020 7240 4222; www.christophersgrill.com Almuerzo: lu–vi 12.00–15.00, sá–do 11.30–15.30 (desayuno–almuerzo). Cena: lu–sá 17.00–23.30 Covent Garden

Floridita ££

En el lugar del viejo restaurante Mezzo de Terence Conran se encuentra su nueva operación en Londres: Floridita. Este restaurante ofrece el sabor, la emoción y la frescura de Cuba. La comida es sensacional, con la langosta como plato estrella. Sin embargo, Floridita es algo más que una experiencia culinaria, con los puros (en una barra independiente), los ritmos calientes (con bandas traídas desde La Habana), los daiquiris y la diversión nocturna.

197 E2 100 Wardour Street, W1 020 7314 4000; www.floriditalondon.com Lu–mi 17.30–2.00, ju–sá 17.30–3.00 Piccadilly Circus, Tottenham Court Road

Fung Shing ££

Puede que los restaurantes se sucedan uno tras otro en Chinatown y que Lisle Street sea una calle algo deprimida, pero el viejo Fung Shing sigue siendo uno de los mejores lugares para comer. Su auténtica comida cantonesa difiere mucho de la del resto de sus vecinos. Su personal experto demuestra su paciencia explicando el menú a sus visitantes.

197 F1 15 Lisle Street, WC2 020 7437 1539 Todos los días 12.00–23.30 Leicester Square

The Ivy £££

The Ivy está considerado uno de los restaurantes de moda, y es casi un lugar de culto; los más asiduos vuelven una y otra vez para degustar sus platos preferidos, centrados en comida clásica estilo *brasserie*. Las ideas tradicionales británicas se suavizan con toques modernos europeos y orientales. Tienen una selección de más de doce vinos. Se recomienda reservar con bastante antelación.

197 F2 ✉ 1 West Street, Covent Garden, WC2 ☎ 020 7836 4751; www.caprice-holdings.co.uk ⏲ Todos los días 12.00–15.00 (también do 12.00–15.30), 17.30–24.00 Ⓢ Leicester Square, Covent Garden

J Sheekey ££

Se trata de una de las marisquerías más viejas y conocidas de la capital. Lleva abierta desde 1896. Está gestionada por los responsables de templos gastronómicos como The Ivy y Le Caprice y es el lugar idóneo para probar los tradicionales platos de pescado. La selección de nuevas creaciones aporta una mayor dimensión al menú.

197 F1 ✉ 28–32 St. Martin's Court, WC2 ☎ 020 7240 2565; www.caprice-holdings.co.uk ⏲ Todos los días 12.00–15.00 (do hasta 15.30), 17.30–24.00 (do hasta 24.00) Ⓢ Leicester Square

Lindsay House ££

Para entrar en esta bonita casa georgiana de color crema, hay que llamar al timbre. El propietario de este restaurante, el chef Richard Corrigan, ha recibido numerosos galardones por su cocina. Sus raíces celtas pueden apreciarse en su estilo desenfadado, casi robusto, aunque sus creaciones también incorporan un toque delicado. Sus platos de pescado son especialmente imaginativos.

197 E2 ✉ 21 Romilly Street, W1 ☎ 020 7439 0450; www.lindsayhouse.co.uk ⏲ Almuerzo: lu–vi 12.00–14.30. Cena: lu–sá 18.00–22.45 Ⓢ Leicester Square

Monmouth Coffee Company £

Éste es uno de los secretos mejor guardados del Soho. Desde la calle no es nada más que una tienda que vende granos de café, pero en la parte trasera tiene ocho mesas. Es el lugar perfecto para descansar y probar algunos de sus grandes cafés, así como su deliciosa selección de pastas.

197 F2 ✉ 27 Monmouth Street, WC2 ☎ 020 7379 3516; www.monmouthcoffee.co.uk ⏲ Lu–sá 8.00–18.30 Ⓢ Covent Garden

Orrery ££–£££

Uno de los restaurantes más prestigiosos de la cadena Conran, con 80 asientos, una tienda y un departamento de alimentación. Sin embargo, los rasgos del diseño familiar están aquí presentes: ventanas con arcos, mucha luz natural, madera clara, en definitiva, un *look* con estilo. El menú explora los clásicos franceses, con cierto toque moderno. La cocina incorpora muchos de los rasgos de la última cocina europea propios de la marca Conran. Sus ingredientes naturales son de gran calidad.

196 B3 ✉ 55–77 Marylebone High Street, W1 ☎ 020 7616 8000; www.conran.com ⏲ Almuerzo: todos los días 12.00–15.00. Cena: do–mi 18.30–22.30, ju–sá 18.30–23.00 Ⓢ Baker Street, Regent's Park

Le Palais du Jardin ££

Este enorme y popular bar-restaurante está situado en pleno corazón de Covent Garden y tiene un fuerte toque parisino, gracias al mostrador de la parte delantera en el que se sirve marisco a cualquier hora del día, así como al ajetreo y bullicio de camareros tradicionalmente vestidos con largos delantales blancos. Es el marisco –el bogavante, en concreto– la principal razón por la que el restaurante tiene asiduos comensales, pero también existe una variedad de platos con carne. Es un buen lugar para comer antes de ir al teatro.

200 A4 ✉ 136 Long Acre, WC2 ☎ 020 7379 5353; fax: 020 7379

1846; www.lpdj.co.uk Todos los días 12.00–15.00, 17.30–1.00 Covent Garden, Leicester Square

Pâtisserie Valerie £

Este apretado pero acogedor salón de té es toda una institución en el Soho, con sus mesas para compartir y su amable servicio. Como pastelería es magnífica (sólo hay que mirar el escaparate), pero también ofrece ensaladas, desayunos, sándwiches de jamón y queso y *quiches* para llevar.

197 E2 44 Old Compton Street, W1 020 7437 3466; www.patisserie–valerie.co.uk Lu–vi 7.30–20.30, sá 8.00–20.30, do 9.00–18.30 Leicester Square

La Porte des Indes ££

Se trata de un espectacular restaurante indio lleno de exuberante vegetación tropical y adornado con brillantes colores. Su cocina explora la relación entre Francia y sus colonias en la India a través de platos como las *beignets d'aubergines* (rodajas de berenjenas rellenas de queso y paté a las finas hierbas). El almuerzo consiste en un fabuloso *buffet*, uno de los mejores de la zona por su calidad y precio.

196 A2 32 Bryanston Street, WI 020 7224 0055; www.pilondon.net Lu–vi 12.00–14.30, lu–sá 19.00–23.30, do 12.00–15.30, 18.00–22.30 Marble Arch

Quo Vadis ££

Este restaurante es la personificación del estilo londinense, donde se fusiona el talento de Marco Pierre White; sus obras de arte están colgadas de las paredes y su influencia como chef es evidente en la cocina. El menú ofrece una mezcla de comida italiana moderna y clásica, y a veces los platos son una obra de arte en sí mismos.

197 E2 26–29 Dean Street, W1 020 7437 9585; www.whitestarline.org.uk Almuerzo: lu–vi 12.00–15.00. Cena: lu–sá 17.30–23.30 Leicester Square

Rasa Samudra ££

Su auténtica cocina india está especializada en los platos de la región costera de Kerala, y en particular en sus platos de pescado y marisco. La decoración del interior incluye sedas brillantes y coloridas pinturas al óleo. Se recomienda probar el *varuthathu* de cangrejo (carne de cangrejo fresca salteada con coco, jengibre y semillas de mostaza), acompañado de arroz con zumo de limón, hojas frescas de curry y semillas de mostaza.

197 D3 5 Charlotte Street, W1 020 7637 0222; www.rasarestaurants.com Almuerzo: lu–sá 12.00–15.00. Cena: todos los días 18.00–23.00. Cierra dos semanas en diciembre Tottenham Court Road

Soho Spice £

Es la nueva cara de la cocina india en la capital, con un menú que consta de 10 entrantes, diez tipos de kebab y diez salsas de *curry*. Los kebabs son la especialidad de la casa, con opciones poco convencionales como codorniz, fletán y *piccata* de cordero. La presentación y el estilo tienen un enfoque moderno. En la planta de abajo hay un bar con pista de baile y un *DJ* pinchando música.

197 E2 124–126 Wardour Street, W1 020 7434 0808; www.sohospice.co.uk Lu–ju 11.30–00.30, vi–sá 11.30–3.00, do 12.30–22.30 Piccadilly Circus

Vasco & Piero's Pavilion ££

Encantador restaurante italiano situado en pleno Soho. Su decoración no tiene nada en especial: paredes de color melocotón con piezas de arte moderno, mesas algo apretadas y sillas de metal. Su pequeño menú cambia todos los días y refleja la herencia de su propietario, procedente de la región italiana de Umbría. El servicio es muy eficaz y las cenas son bastante tranquilas.

197 D2/E2 15 Poland Street, W1 020 7437 8774; www.vascosfood.com Lu–vi 12.00–15.00, 18.00.23.00, sá 18.00–23.00 Oxford Circus

Dónde... comprar

Esta parte de Londres es como un imán para los visitantes, por lo que las tiendas de esta zona abarcan dos extremos distintos: la venta de productos típicos para turistas y la de artículos especializados más sofisticados.

COVENT GARDEN

La zona peatonal de la plaza de Covent Garden (metro: Covent Garden) es bastante popular entre los turistas (➤ 150–151), por lo que los comerciantes abren de 7.00 a 20.00. El propio mercado es un buen punto de partida. **Peter Rabbit and Friends** (34 The Market, WC2, tel: 020 7497 1777) es una tienda de regalos de Beatrix Potter. **Culpeper Herbalists** (8 The Market, WC2, tel: 020 7379 6698) no sólo vende hierbas, sino también aceites, sales de baño y artículos de perfumería estupendos para regalar. **Benjamin Pollock's Toy Shop** (44 The Market, WC2, tel: 020 7379 7866) es una impresionante tienda de marionetas de madera, títeres y otros juguetes.

Si lo que se busca son prendas de vestir, no hay nada más que acudir al diseñador británico **Paul Smith** (43 Floral Street, WC2, tel: 020 7379 7133) donde hay ropa informal, trajes elegantes y calcetines, corbatas y gemelos poco convencionales. En **Full Circle** (13–15 Floral Street, WC2, tel: 020 7395 9420) se puede encontrar lo último en moda a precios asequibles.

BLOOMSBURY

La **tienda del British Museum** (Great Russell Street, WC1, tel: 020 7323 8000, metro: Holborn, Tottenham Court Road, Russell Square) vende objetos egipcios, recuerdos de Miguel Ángel y cientos de réplicas históricas.

Bloomsbury es también la sede por excelencia de las editoriales de Londres, de modo que las **librerías** abundan en la zona. **Charing Cross Road** (metro: Leicester Square) es el lugar perfecto para los ratones de biblioteca: **Foyles, Books etc, Blackwell's** y **Waterstone's** son las cuatros librerías grandes. **Any Amount of Books** (62 Charing Cross Road, WC2, tel: 020 7836 3697, metro: Tottenham Court Road) vende libros de segunda mano y tiene descuentos en la planta baja. **Ulysses** (40 Museum Street, WC1, tel: 020 7831 1600, metro: Tottenham Court Road) está especializado en primeras ediciones.

SOHO

Chinatown está situada en pleno corazón del Soho, y Gerrard Street es la arteria del barrio. Es el centro cultural y financiero de la comunidad china de Gran Bretaña, con una gran oferta de tiendas y restaurantes chinos. Merece la pena visitar **Berwick Street Market** (Berwick Street), un mercado de fruta y verdura abierto de lunes a sábado. En Old Compton Street se encuentran **I Camisa & Son** (61 Old Compton Street, W1, tel: 020 7437 7610, metro: Leicester Square), que vende exquisiteces italianas, el **Algerian Coffee Store** (52 Old Compton Street, W1, tel: 020 7437 2480, metro: Leicester Square) que ofrece una gran variedad de cafés frescos, y la maravillosa **Pâtisserie Valerie,** en la que se pueden comprar deliciosos pasteles franceses (➤ 158).

American Retro (35 Old Compton Street, W1, tel: 020 7734 3477, metro: Leicester Square) es una gran fuente de complementos originales. En Brewer Street se encuentra **Vintage Magazine** (39–43 Brewer Street, W1, tel: 020 7439 8525, metro: Piccadilly Circus), un lugar ideal para buscar un viejo póster de cine o películas y revistas de música poco convencionales.

En el Soho las tiendas abren hasta más tarde en comparación con el resto de zonas de la ciudad.

Dónde... divertirse

En esta parte de Londres abundan los teatros, los clubes, los cines y los bares, por lo que los sábados por la noche parece que toda la ciudad acude a Leicester Square y Covent Garden. Los fines de semana por la noche las calles están abarrotadas de gente y la zona está bastante animada. La oferta de ocio es bastante amplia.

TEATRO

La oferta se extiende desde los éxitos de taquilla de Shaftesbury Avenue hasta las obras más vanguardistas de **Donmar Warehouse** (tel: 0870 060 6624, metro: Covent Garden). Aunque las entradas se pueden adquirir directamente en las taquillas del teatro, es posible encontrar entradas a mitad de precio en las taquillas **tkts** de la Society of London Theatre's, en el edificio de la torre del reloj al sur de Leicester Square (abierto lu–sá 10.00–19.00, do 12.00–15.00). Tienen comisión y las entradas son para obras que se interpreten en el mismo día de la compra. En el caso de las obras más populares es posible que sólo se pueda conseguir una entrada, por lo que hay que llegar antes de las 12.00 para poder estar entre los primeros de la cola. Existen taquillas más caras en la zona, por lo que hay que tener cuidado de ponerse en la cola correcta. Se desaconseja comprar entradas a los vendedores que se acerquen durante la espera. Es una actividad ilegal y las entradas podrían ser falsas.

Ticketmaster (tel: 0870 534 4444) o **Keith Prowse/First Call** (tel: 0870 840 1111) pueden ser también de gran ayuda a la hora de encontrar localidades. Sin embargo, tienen una comisión más alta.

Otra opción es la línea de **Theatre Cares** (tel: 020 7539 3880). Tienen entradas para los espectáculos más populares del West End, como por ejemplo *Miss Saigon*, *Los miserables* y *El fantasma de la ópera*, y el precio incluye un donativo a favor de la lucha contra el sida.

CLUBES

Se puede decir que Londres es el rey de la escena musical, por lo que las discotecas aquí ofrecen música para todos los gustos, desde rock, country y jazz, hasta techno, música alternativa y hip hop. La guía de espectáculos *Time Out* (todos los martes) es la revista con información más exhaustiva de todas las que hay en Londres. Como los espectáculos y el tipo de música varían de una noche a otra se recomienda comprobar siempre la última información.

Heaven (The Arches, Villiers Street, WC2, tel: 020 7930 2020, metro: Charing Cross), un enorme club gay con una atmósfera relajada y acogedora que lo hace también popular entre el público heterosexual.

Otros lugares populares son:

The Astoria (157 Charing Cross Road, WC2, tel: 020 7434 9592, metro: Tottenham Court Road), ideal para escuchar los últimos sonidos, además de rock y reggae.

Café de Paris (3 Coventry Street, W1, tel: 020 7734 7700, metro: Piccadilly Circus), un salón de baile bastante elegante, junto a un restaurante con galerías.

The Rock Garden (6–7 The Piazza, Covent Garden, WC2, tel: 020 7240 3961, metro: Covent Garden), un restaurante y local nocturno reconocido por presentar a nuevos talentos de la escena musical.

Excursiones

Kew 162 – 163
Windsor 164 – 166

Kew

Kew es un lugar perfecto para una excursión. No sólo porque es accesible –se llega tras un corto crucero por el río o en tren desde el centro de Londres– sino también por su importancia, ya que en Kew se encuentra el complejo de Royal Botanic Gardens, el jardín botánico más importante del mundo y uno de los lugares más hermosos de la capital.

Las 121 hectáreas de Royal Botanic Gardens contienen cerca de 3.000 especies de plantas, entre ellas 13 especies extinguidas en la naturaleza. Las visitas fuera de los meses de verano pueden ser bastante gratificantes: de septiembre a noviembre los colores del otoño lo invaden todo, en enero florecen las camelias y de febrero a mayo se ven los primeros brotes de la primavera. Es fácil pasarse varios días paseando por los jardines, pero si se quiere ver lo más destacado, sólo hay que acudir a los invernaderos en el orden en que aparecen a continuación.

El **Princess of Wales Conservatory** muestra hasta diez zonas climáticas distintas gracias al uso de las últimas tecnologías. Se puede pasear entre orquídeas por la zona tropical húmeda, entre cactus por la zona tropical seca, así como apreciar la enorme

El famoso edificio Pagoda, en Kew, terminado en 1762 para la princesa Augusta, madre de Jorge III

Curiosidades

Escondida en los jardines se encuentra la casa de campo de la reina Carlota, la reina consorte de Jorge III, que mandó construir una vivienda rústica durante la década de 1770. Los jardines son ahora una reserva natural de especies británicas.

Página anterior: el foso del castillo de Windsor se ha transformado en unos hermosos jardines

---

Kew Gardens

020 8332 5655; www.kew.org
Todos los días 9.30–anochecer (para saber horario exacto, llamar por teléfono). Los invernaderos y las galerías cierran más temprano
Varias cafeterías y restaurantes en los jardines y más opciones en los alrededores Kew Gardens
Kew Bridge 65, 391 Crucero en barco desde Westminster y Richmond hasta el muelle de Kew
Caro (gratuito para niños)

rriba: Palm
louse se
onstruyó en
uatro años y
ecesitó 16.000
aneles de
ristal

bajo:
as plantas
ropicales se
lesarrollan en
u clima natural

influencia del clima en la tipología de las plantas. Las más extrañas son los cactus piedra, procedentes de Namibia y denominados piedras vivas, difíciles de distinguir de las piedras normales a no ser que estén en flor.

La **Palm House** es toda una obra maestra de la ingeniería victoriana. Fue construida entre 1844 y 1848 con cerca de 16.000 paneles de cristal. Tras subir una de las escaleras de hierro forjado en espiral, se llega a las pasarelas elevadas, y desde aquí se puede apreciar la exuberante selva tropical que hay en su interior y que contiene especies tropicales como el cocotero, el plátano y el árbol del caucho. No hay que olvidar visitar también el sótano y sus plantas y hábitat marinos, el arrecife de coral en particular.

La **Temperate House** es el invernadero más grande de todos (180 m por 42 m). Se comenzó a construir en 1860, pero no se terminó hasta 40 años después. Lo más destacado de su interior es la palmera de vino de Chile, plantada a mediados del siglo XIX y en la actualidad una de las palmeras más grandes plantadas en invernadero. También se pueden ver aquí plantas tropicales como los cítricos, el árbol del té y el rododendro del Himalaya.

Justo detrás de Temperate House se encuentra **Evolution House,** en la que se traza la evolución de las plantas más antiguas. En ella se ha recreado el primer suelo del planeta. Desde este punto se sigue la evolución de las plantas, desde las primeras bacterias a través de las algas, los musgos y los helechos, hasta las coníferas y las flores.

El edificio **Pagoda** está desgraciadamente cerrado al público. Fue utilizado durante la II Guerra Mundial para observar el comportamiento de las bombas durante su caída y poder así predecir el punto exacto e los impactos.

Windsor

La visita al castillo de Windsor constituye sin duda lo más destacado de esta excursión, aunque la ciudad de Windsor también es bastante atractiva. Existe, además, la posibilidad de visitar el histórico Eton College, el colegio de los hijos de ricos y famosos, así como el moderno parque temático de Legoland.

Sugerencias

- El cambio de guardia tiene lugar todos los días (excepto domingos) a las 11.00 (de abril a julio) y en días alternos durante el resto del año.
- Se recomienda comprar una guía, ya que existe muy poca información durante la visita.

Centro de información
✉ The Old Booking Hall, Central Station, Windsor
☎ 01753 743900; 01753 831118 🕐 Lu–vi, do 10.00–16.00, sá 10.00–17.00; abierto durante más tiempo durante el verano

Eton College
☎ 01753 671177; www.etoncollege.com
🕐 Todos los días 14.30–16.30 durante la época escolar, 10.30–16.30 durante las vacaciones escolares (abr–sep) 💰 Moderado; precio de las visitas guiadas: moderado

Windsor Castle
☎ 01753 831118 (24 horas); 020 7766 7304; www.royalresidences.com 🕐 Mar–oct: todos los días 9.45–17.15 (última admisión a las 16.00); nov–feb 9.45–16.15 (última admisión a las 15.00). Cerrado Viernes Santo y Domingo de Resurrección. St. George's Chapel cerrado a los visitantes los domingos. Comprobar los horarios antes de la visita 💰 Muy caro

Legoland Windsor
✉ Winkfield Road
☎ 08705 040404; www.legoland.co.uk
🕐 Desde mediados de jul hasta primeros de sep: todos los días 10.00–19.00; desde últimos de sep hasta mediados de jul 10.00–18.00
💰 Muy caro (disponibles entradas para 2 días)

Windsor Castle

El castillo de Windsor cumple a la perfección con la imagen de fortaleza, con las torres y torreones, las almenas e incluso los guardias con uniforme. Se trata del castillo habitado más grande del mundo y su grandeza eclipsa incluso a la de Buckingham Palace (➤ 50–51). Fue fundado por Guillermo el Conquistador alrededor de 1080, cuando formaba parte de las zonas defensivas construidas en torno a Londres. Con el tiempo se convirtió en residencia real, en gran parte debido a la posibilidad de cazar en sus alrededores. Enrique I tenía sus dependencias en el castillo allá por el año 1110 y casi 900 años más tarde el monarca sigue residiendo en él. La reina Isabel II pasa aquí muchos fines de semana, así como gran parte de los meses de abril y junio.

zquierda: a panorámica el castillo e Windsor s imponente, specialmente esde el ámesis

rriba: la uerta de nrique VIII

El incendio de la noche del 20 de noviembre de 1992 destruyó gran parte del interior del castillo. Sufrieron daños varios de los salones reales, entre ellos St. George's Hall, Grand Reception Room, State Dining Room y Crimson Drawing Room. El incendio se prolongó durante 15 horas y se necesitaron más de 6 millones de litros de agua para apagarlo. La restauración de las partes afectadas llevó cinco años y costó 38 millones de libras esterlinas, la mayor parte proporcionada por la familia real gracias al dinero conseguido tras la apertura anual de Buckingham Palace y las entradas de los visitantes al recinto del castillo de Windsor.

Entre las zonas del castillo abiertas al público se encuentran los salones reales (durante todo el año, excepto del 16 al 19 de junio y en determinadas fechas), los aposentos privados de Jorge IV (sólo desde finales de septiembre hasta marzo) y la capilla de San Jorge (todos los días, durante todo el año excepto domingos y del 15 al 18 de junio). Entre sus grandes tesoros se encuentran los fabulosos tapices de Gobelins, recargados muebles de época y los cuadros de artistas como Van Dyck, Rubens, Gainsborough, Durero, Rembrandt, Reynolds y Canaletto. La visita del castillo recorre los siguientes puntos:

La Casa de Muñecas de la Reina Ana es una casa construida a escala 1:12. En ella hay hasta diminutos libros encuadernados, una aspiradora, la vajilla y los utensilios de la cocina, obras de arte en miniatura colgadas de las paredes e incluso una máquina de coser que funciona.

La **Gran Escalera** y el **Gran Vestíbulo** constituyen una magnífica introducción a los salones reales. Ambos se encuentran flanqueados por estatuas, armas de fuego, armaduras y enormes cajas llenas de tesoros, entre ellos, la bala que mató al almirante lord Horatio Nelson en la batalla de Trafalgar en 1805 (actualmente expuesta en el museo marítimo nacional de Greenwich ➤ 179).

La **Gran Recepción** fue diseñada por el rey Jorge IV, apasionado por el diseño francés, razón por la cual las paredes, techos y mobiliario están adornados con motivos dorados.

En St. George's Chapel yacen diez monarcas británicos, entre ellos Carlos I, que murió ejecutado

St. George's Hall, magníficamente restaurado tras el incendio de 1992, es el salón más espléndido del castillo. Con 55 m de largo, es impresionante por su tamaño, aunque también destaca su decoración –emblemas, bustos y armaduras– y su maravilloso techo de roble.

Diez monarcas están enterrados en **St. George's Chapel**, un espacio bellamente decorado, caracterizado, entre otras cosas, por su coro, su altar y sus bóvedas doradas. También contiene la capilla en memoria del príncipe Alberto, el marido de la reina Victoria, que murió en Windsor en 1861. Se trata de una asombrosa obra de arte repleta de estatuas, mosaicos venecianos y paneles de mármol con incrustaciones.

Windsor

Próximo al castillo, ya en la calle, se encuentra el **Windsor Guildhall**, edificio del siglo XVII donde el príncipe Carlos contrajo matrimonio con Camilla Parker–Bowles en abril de 2005. Sólo abre los lunes de 10.00 a 14.00 (cerrado en festivos).

Si se dispone de algo más de tiempo se puede visitar **Eton College**, a sólo 15 minutos de Windsor. Se trata de uno de los colegios privados más antiguos de Gran Bretaña. Fue fundado en 1440 y sus estudiantes aún visten formalmente. Hoy en día sigue siendo bastante popular; la mayoría de sus estudiantes proceden de familias influyentes y en él estudiaron más de 18 primeros ministros. El patio del colegio, las aulas antiguas, el museo y la capilla están abiertos al público. Por las tardes hay visitas guiadas.

El parque temático **Legoland** se encuentra a sólo 3,2 km del centro de la ciudad y es ideal para las familias con niños. Es una mezcla de atracciones con construcciones del popular juego Lego, además de espectáculos en directo. Existe un servicio de autobús de enlace desde las paradas cercanas a Windsor y Eton Central así como desde las estaciones de tren de Riverside (en la mayoría de las estaciones de tren hay billetes con autobús de enlace y entrada al parque incluida).

Cómo llegar

Windsor está situado al este Londres, a sólo 34 km.
Tren (☎ 0845 748 4950) Trenes directos a Windsor y Eton Riverside desde la estación de Waterloo, cada 30 min. El trayecto dura aproximadamente 55 min. Trenes a Windsor y Eton Central, con trasbordo en Slough, desde la estación de Paddington, cada 30 min. El trayecto dura aproximadamente 40 min.
Autobús (☎ 0870 608 7261) Servicio de autobuses Greenline desde la estación de autobuses de Victoria. El trayecto dura aproximadamente 57 min.
Se recomienda llamar por teléfono para más información.

Itinerarios

1 Las plazas de Mayfair 168 – 171
2 La City 172 – 175
3 Greenwich 176 – 179
4 Hampstead 180 – 183
5 Ruta del autobús nº 15 184 – 186

1 LAS PLAZAS DE MAYFAIR

Paseo

DISTANCIA 5 km **DURACIÓN** 2 horas. Calcule más tiempo para mirar los escaparates, pararse para tomar algo y visitar las iglesias **PUNTO DE PARTIDA** Estación de metro de Piccadilly Circus 197 E1 **LLEGADA** Estación de metro de Oxford Circus 197 D2

En medio del ruido y del bullicio de las calles colindantes, Mayfair (➤ 46-66) es todo un enclave de lujo y elegancia. Diseñada originalmente a principios del siglo XVIII por familias acaudaladas como los Grosvenors y los Berkeleys, es una de las zonas más caras de Londres. Conserva gran parte de su glorioso pasado gracias a sus elegantes casas, sus frondosas plazas, sus elegantes galerías de tiendas y sus antiguos callejones de piedra de Shepherd Market.

A medida que avanza, localice las placas azules que indican los personajes famosos relacionados con esta zona, y busque las fachadas de las tiendas con emblemas reales. Las empresas con estos emblemas abastecen a algún miembro de la familia real; lea el pequeño grabado para descubrir a quién.

1–2

Salga de la estación de metro Piccadilly Circus por la salida de Piccadilly (South Side) y siga todo recto por Piccadilly, pase por St. James's Church, diseñada por Christopher Wren, por la galería Princes Arcade, con tiendas muy buenas, y por la librería Hatchards, abierta desde 1797. A continuación están los grandes almacenes Fortnum & Mason, en los que se pueden comprar alimentos de gran calidad. Estos almacenes comenzaron con la tienda fundada por un sirviente de la reina Ana en 1707, y se trata de un establecimiento muy exclusivo (algunos vendedores llevan frac).

2–3

Atraviese Piccadilly hasta Burlington House, una mansión del siglo XVIII, en la actualidad sede de la Royal Academy of Arts (➤ 58). Justo detrás se encuentra Burlington Arcade, construida en 1819. Ésta es una de las galerías de

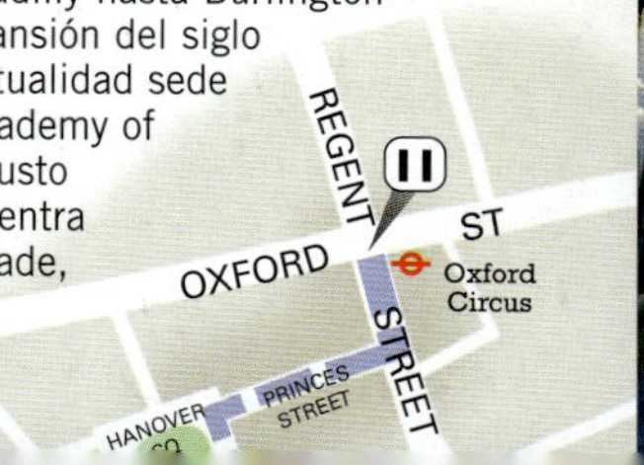

La elegante Burlington Arcade, junto a Piccadilly

tiendas exclusivas más conocidas, y sus vigilantes con sombrero de copa se aseguran de que se cumplan las normas que prohíben silbar, cantar y caminar deprisa. Camine hasta la parte trasera de Burlington Arcade, gire a la derecha en Burlington Gardens y tras 91 m gire a la izquierda en Savile Row.

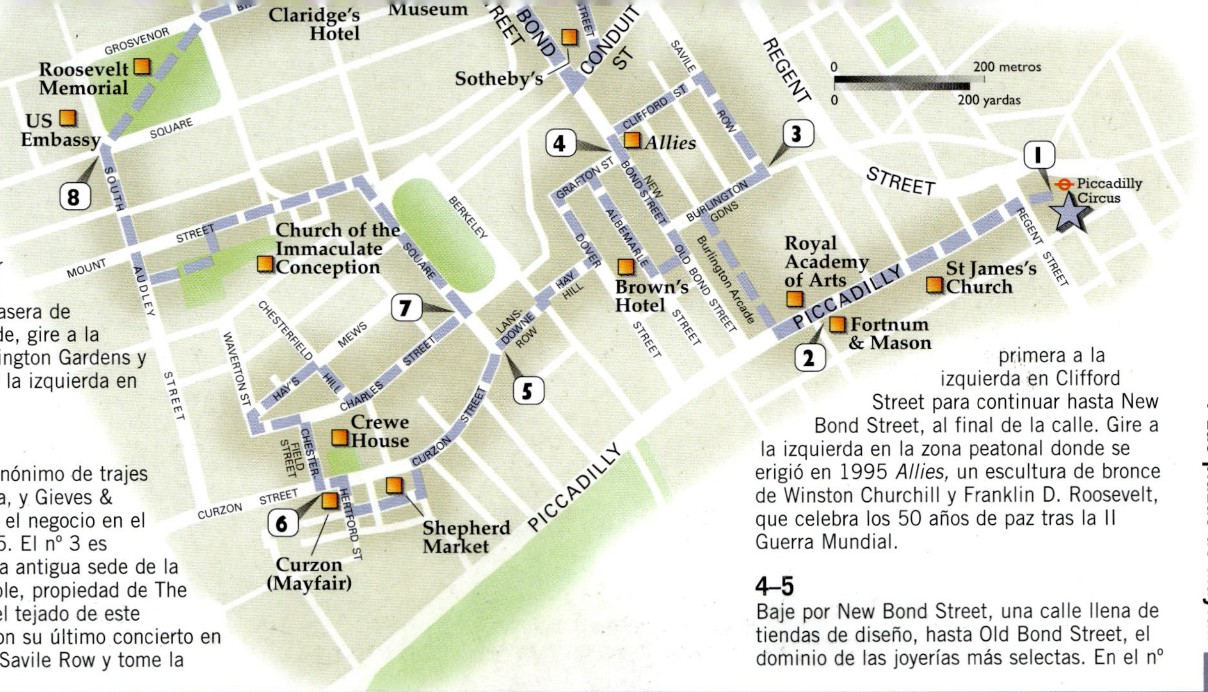

3–4

Savile Row es sinónimo de trajes hechos a medida, y Gieves & Hawkes lleva en el negocio en el nº 1 desde 1785. El nº 3 es famoso por ser la antigua sede de la discográfica Apple, propiedad de The Beatles; desde el tejado de este edificio ofrecieron su último concierto en 1969. Siga por Savile Row y tome la primera a la izquierda en Clifford Street para continuar hasta New Bond Street, al final de la calle. Gire a la izquierda en la zona peatonal donde se erigió en 1995 *Allies*, un escultura de bronce de Winston Churchill y Franklin D. Roosevelt, que celebra los 50 años de paz tras la II Guerra Mundial.

4–5

Baje por New Bond Street, una calle llena de tiendas de diseño, hasta Old Bond Street, el dominio de las joyerías más selectas. En el nº

28 de Old Bond Street gire a la derecha y atraviese la Royal Arcade hasta Albemarle Street. Gire aquí a la derecha y podrá ver Brown's Hotel a su izquierda. Alexander Graham Bell hizo su primera llamada telefónica desde aquí en 1876. Al final de Albemarle Street gire a la izquierda y coja la calle Grafton Street; gire de nuevo a la izquierda en Dover Street y luego a la derecha en Hay Hill. Cruce la carretera al final para llegar a la zona peatonal de Lansdowne Row y cruce por aquí hasta llegar a Curzon Street.

5–6

Avance 183 m por Curzon Street para ver la peluquería y perfumería de G. F. Trumper, fundada en 1875. Gire a la izquierda y atraviese la entrada cubierta para llegar a Shepherd Market, construido en 1735. Hoy en día sus calles están llenas de cafeterías con terrazas, pequeñas tiendas y restaurantes; todo lo que hay aquí es más antiguo y a una escala mayor que lo que hay en los alrededores.

En el *pub* Ye Grapes, al final del pasaje, gire inmediatamente a la derecha en la zona peatonal. Cruce Trebeck Street y gire a la derecha subiendo Hertford Street, pasado el cine de Curzon Mayfair, hasta Curzon Street. En Curzon Street se encuentra Crewe House (la actual embajada de Arabia Saudí), que Shepherd construyó en 1730 para sí mismo.

Shepherd Market, con calles estrechas, tiendas y *pubs*

6–7

Gire a la izquierda en Curzon Street y después a la derecha en la elegante Chesterfield Street. Al final de la calle gire de nuevo a la izquierda en Charles Street, a la derecha en el *pub* Red Lion hacia Waverton Street y a la derecha de nuevo en Hay's Mews, originalmente los establos para los caballos de los carruajes de los ricos, convertidos ahora en casas. Tome la siguiente a la derecha en Chesterfield Hill y al final gire a la izquierda, de vuelta a Charles Street. Siga esta calle hasta el final en Berkeley Square.

7–8

Berkeley Square, diseñada a mediados del siglo XVIII, se hizo conocida tras la canción *A Nightingale Sang in Berkeley Square.* Camine hacia el lado izquierdo (oeste) de la plaza, la parte con mayor carácter. En la esquina de la izquierda (noroeste) gire a la izquierda hacia Mount Street; tras andar 183 m gire de nuevo a la izquierda hasta ver los apacibles Mount Street Gardens, donde se encuentra la entrada a la Church of the Immaculate Conception (abierta al público). Continúe hasta el otro extremo de los jardines y gire luego a la derecha hacia South Audley Street. Esta calle conduce hasta Grosvenor Square, una de las plazas más grandes de Londres; a la izquierda se encuentra la embajada de los Estados Unidos, donde se hallan las estatuas de los presidentes estadounidenses Roosevelt y Eisenhower.

Cruce la plaza en diagonal y salga por la esquina noreste junto a Brook Street. Continúe todo recto y pase por Claridge's (➤ 37), un hotel frecuentado por miembros de la realeza. En el nº 25 de Brook Street vivió y murió George Frederick Händel. Los amantes de la música pueden visitar Handel House Museum, dedicado al compositor y su obra. Jimi Hendrix vivió en el nº 23 desde 1968 hasta 1969.

9–10

En el siguiente cruce gire a la derecha en New Bond Street. En el lado izquierdo se encuentra Sotheby's, la prestigiosa casa de subastas, en la que se puede entrar para echar un vistazo. Tome la siguiente a la izquierda en Conduit Street y tuerza inmediatamente a la izquierda en St. George Street, donde se encuentra la imponente St. George's Church a la derecha. Desde su construcción en 1724 ha sido un lugar de moda para celebrar bodas.

10–11

Siga hasta el final de St. George Street, donde se halla la estatua de William Pitt, primer ministro en 1783 a la edad de tan sólo 24 años, que marca la entrada hacia Hanover Square. Tome Princes Street en la esquina

Berkeley Square es un exclusivo remanso de paz

derecha (noreste) de la plaza hacia Regent Street. Tuerza a la izquierda y pronto llegará a la estación de metro de Oxford Circus.

Un descanso

Descanse en uno de los cafés o bares de Lansdowne Row o pruebe algunas de las terrazas o *pubs* de Shepherd Market.

¿Cuándo?

Es mejor visitar esta zona entre semana, ya que los domingos muchas tiendas están cerradas y los sábados las iglesias suelen celebrar bodas.

Lugares de interés

Handel House Museum
196 C2 · 020 7399 1953; www.handelhouse.org · Ma–sá 10.00–18.00, ju 10.00–20.00, do 12.00–18.00 · Moderado

St. James's Piccadilly
197 E1 · 020 7734 4511 · Abierto al público todos los días 8.00–18.30. Conciertos gratuitos a mediodía (13.10) lu, mi y vi. Conciertos por las tardes ju-sá

St. George's
197 D2 · Hanover Square · 020 7629 0874 · Lu–vi 8.00–16.00

2 LA CITY
Paseo

DISTANCIA 3,2 km **DURACIÓN** 2 horas. Calcule más tiempo para las visitas **PUNTO DE PARTIDA** Estación de metro de Monument ✚ 202 A3 **LLEGADA** Estación de metro de Bank ✚ 202 A4

La City de Londres (➤ 67-88), también conocida como la milla cuadrada, es un importante centro financiero, con bancos, compañías, instituciones financieras y centros de negocio. La mayor parte de los acuerdos se celebran de puertas para adentro, por lo que la preocupación por la seguridad en la zona se traduce en el cierre de los edificios al público en general. Sin embargo, entre semana sus calles adquieren vida propia (los fines de semana están completamente muertas). Este recorrido abarca desde los puntos más altos de la capital, las iglesias y las

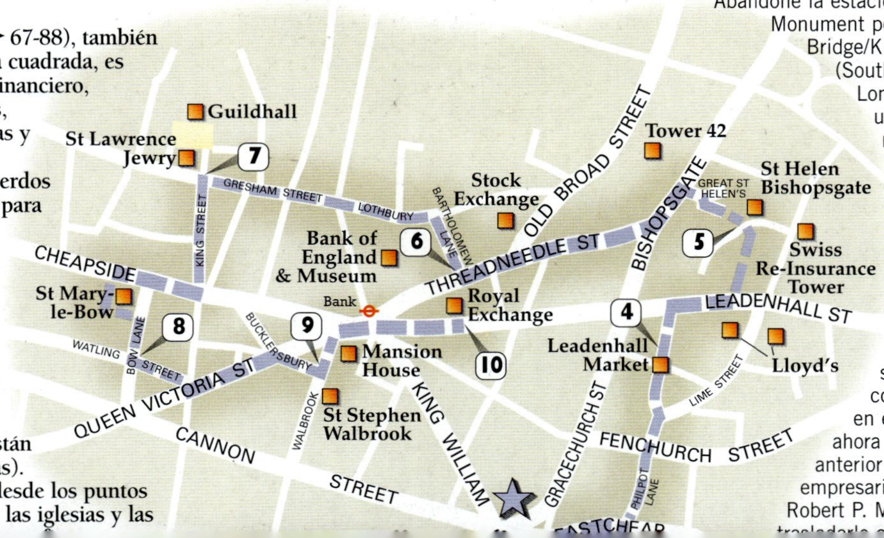

1–2

Abandone la estación de metro de Monument por la salida London Bridge/King William Street (South). Avance hacia London Bridge para ver unas increíbles vistas del río; Tower Bridge al este con *HMS Belfast* amarrado a su derecha.

Los romanos fueron los primeros en construir un puente en esta zona hace casi 2.000 años, y desde entonces se han sucedido varias construcciones. El puente en el que se encuentra ahora data de 1973. El anterior fue vendido al empresario estadounidense Robert P. McCulloch para

Tower Bridge y *HMS Belfast*

2–3

Vuelva hacia la estación de metro y tome la primera a la derecha, Monument Street, hasta llegar a Monument, codiseñado por sir Christopher Wren –arquitecto de St. Paul's Catedral– en la década de 1670 como monumento en memoria del Gran Incendio de 1666. Tiene una altura de 62 m –la distancia desde la base hasta el lugar en el que se originó el incendio en Pudding Lane– y sus 311 escalones llegan hasta la plataforma desde la que se pueden apreciar las vistas de la ciudad.

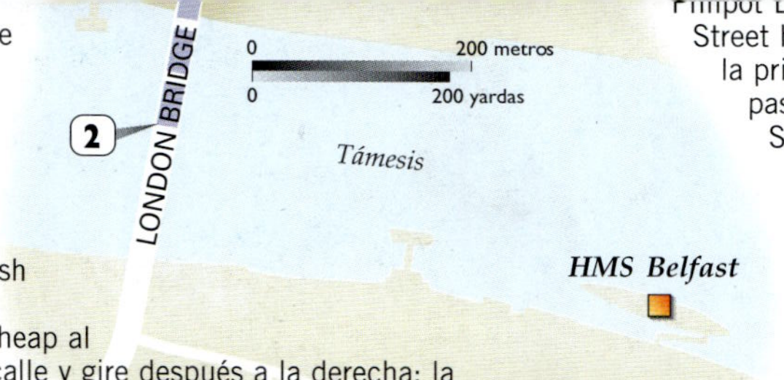

3–4

Suba por Fish Street Hill hasta Eastcheap al final de la calle y gire después a la derecha; la siguiente calle a la derecha es Pudding Lane, flanqueada ahora de oficinas modernas.

Cruce Eastcheap para alcanzar Philpot Lane y observe desde aquí las impresionantes vistas de Lloyd's Building. Diseñado por lord Richard Rogers, aloja en su interior a la aseguradora Lloyd's, el centro de las compañías de seguros durante más de 200 años. Junto al Lloyd's Building, justo detrás, se encuentra la Swiss Re Tower, sede de la reaseguradora Swiss Re, diseñada por lord Norman Foster y conocida como The Gherkin [El pepinillo]. Al final de Philpot Lane, cruce Fenchurch Street hacia Lime Street y tome la primera a la izquierda, el pasaje empedrado de Lime Street Passage, que lleva hasta Leadenhall Market (➤ 82).

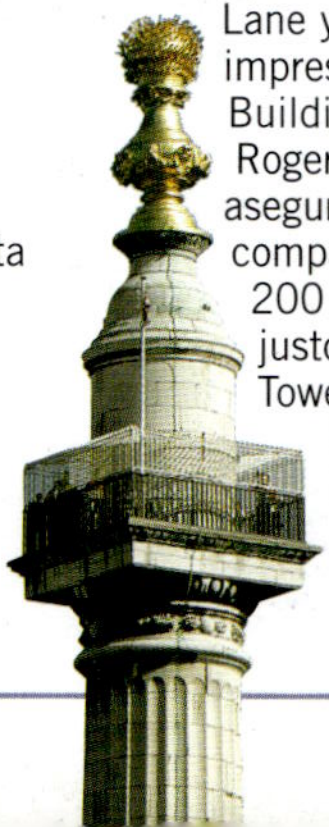

Monument recuerda el Gran Incendio de Londres

4–5

Abandone el mercado por Whittington Avenue y gire a la derecha en Leadenhall Street junto al edificio Lloyd's. Cruce la carretera y la plaza hacia el norte hasta llegar a St. Helen Bishopsgate, una de las pocas iglesias supervivientes del Gran Incendio de Londres. Existen 38 iglesias dentro de la milla cuadrada, muchas de ellas diseñadas por el arquitecto Christopher Wren. El escaso número de feligreses residentes en la zona no justifica la cantidad de iglesias, por lo que la amenaza de cierre cuelga sobre muchas de ellas.

5–6

Gire a la izquierda en la iglesia y en Great St. Helen's hacia Bishopsgate. Observe la Tower 42, el edificio más alto de La City con sus 184 m de altura.

Gire a la izquierda en Bishopsgate y cruce el semáforo hacia Threadneedle Street. En el cruce con Old Broad Street hay un pequeño letrero que señala la Bolsa de Londres. Continúe por Threadneedle Street y gire a la derecha hacia Bartholomew Lane, donde se encuentra el Banco de Inglaterra y un museo (➤ 82) que muestra su funcionamiento.

6–7

Siga hasta el final de Bartholomew Lane, luego gire a la izquierda en Lothbury hacia Gresham Street. A su derecha, tras St. Lawrence Jewry Church, se encuentra el Guildhall, el corazón simbólico de La City. El edificio original data del siglo XV y desde entonces ha sufrido muchas reconstrucciones. Aun así, su sala principal sigue conservando las figuras de los legendarios gigantes Gog y Magog, engalanados con escudos y estandartes.

Dentro del complejo del Guildhall está el curioso Clock Museum, que alberga el reloj de bolsillo con forma de calavera de María Estuardo; la Guildhall Art Gallery, donde se muestran las importantes pinturas de la colección de la Corporation of London; y en la planta baja, el único anfiteatro romano de Londres, descubierto en 1988 y abierto al público en 2003.

7–8

Una vez situado de espaldas al Guildhall, cruce Gresham Street hacia King Street y baje por Cheapside, donde debe girar a la derecha hacia el enorme campanario de St. Mary-le-Bow. Aún se conserva la cripta original normanda, mientras que la elegancia de la obra de Christopher Wren se puede apreciar en las elegantes líneas del chapitel y en los arcos y el techo abovedado de su interior. Tradicionalmente, sólo aquellos que nazcan dentro del alcance de sus campanadas pueden ser considerados verdaderos *cockneys* (londinenses nativos).

Camine por el cementerio de St. Mary-le-Bow, donde puede encontrar la estatua de sir John Smith (1580-1631), casado con la princesa Pocahontas y feligrés de esta iglesia. Siga por la parte trasera de la iglesia y gire a la derecha en Bow Lane, donde está Williamson's Tavern a la derecha. Gire a la izquierda hacia Watling Street; el *pub* Ye Olde Watling, al final de la calle, data de 1666 y, según la tradición, fue la oficina de sir Christopher Wren mientras se construía St. Paul's Cathedral.

8–9

Avance por Watling Street y atraviese el cruce hacia Queen Victoria Street. Gire a la derecha en Bucklersbury

En el Guildhall, el centro simbólico

El Royal Exchange, fundado en 1571

hacia St. Stephen Walbrook Church, construida por Christopher Wren (1672-1679). Se cree que la cúpula fue un ensayo para la construcción de la de St. Paul's Cathedral. En el estudio del rector se estableció una línea de atención telefónica a los necesitados en 1953.

9–10

Después de visitar la iglesia gire hacia Walbrook y luego a la derecha hacia el enorme edificio parecido a un templo situado al final del cruce. Se trata del Royal Exchange, al que la reina Isabel I otorgó en el siglo XVI una cédula real para que pudiera realizar todo tipo de transacciones comerciales. Este edificio en particular data de 1844, y hasta hace poco fue el centro del negocio de futuros, aunque en la actualidad está cerrado. Sus jardines son un buen lugar para descansar, y si se sitúa de espaldas a la enorme estatua del duque de Wellington, podrá ver una placa que detalla los edificios cercanos: a la izquierda, la Mansion House, la residencia oficial del alcalde de Londres; a la derecha, el edifico del Banco de Inglaterra, rodeado por sus muros sin ventanas. El recorrido concluye en este punto. La estación de metro de Bank está cerca.

Un descanso

The Place Below, en la cripta de St. Mary-le-Bow, sirve comida vegetariana de primera calidad 7.30-15.30.

Lugares de interés

Monument

202 A3 Monument Street, EC3 020 7626 2717 Todos los días 9.30–17.00 Económico

St. Helen Bishopsgate

202 B4 Great St. Helen's, EC3 020 7283 2231 Lu–vi 9.00-12.30. Cita previa para visitarla por las tardes Gratuito

Bank of England Museum

202 A4 Bartholomew Lane, EC3
020 7601 5545; www.bankofengland.co.uk/museum
Lu–vi 10.00–17.00 Gratuito

Guildhall

201 F4 Gresham Street, EC2
020 7606 3030; www.cityoflondon.gov.uk
Guildhall y anfiteatro: lu–sá 10.00–17.00. Clock Museum: lu–sá 9.30–16.45. Art Gallery: lu–sá 10.00–17.00, do 12.00–16.00
Guildhall y Clock Museum, gratuito; Art Gallery y anfiteatro, económico; gratuito los viernes y todos los días después de las 15.30

St. Mary-le-Bow

201 F4 Cheapside, EC3 020 7248 5139
Lu–mi 6.30–18.00, ju 6.30–18.30, vi 6.30–16.00. Conciertos gratuitos durante el almuerzo ju 13.05 Gratuito

St. Stephen Walbrook

202 A4 39 Walbrook, EC4 020 7283 4444
Lu–ju 10.00–16.00, vi 10.00–15.00 Gratuito

3 GREENWICH

Paseo

DISTANCIA 3,2 km **DURACIÓN** 2 horas. Calcule más tiempo para las visitas, podría pasar fácilmente todo un día aquí **PUNTO DE PARTIDA** Muelle de Greenwich. Calcule un viaje en barco de una hora desde el muelle de Westminster hasta Greenwich **LLEGADA** Muelle de Greenwich

Greenwich, 13 km río abajo desde el centro de Londres, está inundado de asociaciones reales, marítimas y astronómicas. Es más conocido a escala mundial por la hora GMT y el meridiano de Greenwich, donde el este y el oeste se unen. A esto hay que añadir las colinas de su parque, las maravillosas vistas y los mercados del fin de semana (vi-sá), para hacer de Greenwich un lugar que nadie debería perderse.

La capilla de San Pedro y San Pablo en el Old Royal Naval College, rediseñada tras el incendio de 1779

1–2

Avance todo recto desde el muelle de Greenwich hasta el barco *Cutty Sark*. Fue construido en Clydeside (Escocia) en 1869 y era el barco clíper más rápido de su época. Transportaba té desde China y lana desde Australia, llegando a navegar en una ocasión 580 km en un sólo día. En mayo de 2007 el barco fue víctima de un gran incendio, y por el momento se encuentra cerrado

Los elegantes mástiles y las jarcias del *Cutty Sark*, clíper del siglo XIX dedicado al transporte del té

Vuelva hacia la entrada al muelle de Greenwich y desde allí continúe hacia el este por el sendero junto al río. A la derecha está el Old Royal Naval College, construido en el lugar del antiguo Greenwich Palace donde nacieron tanto Enrique VIII como su hija Isabel I. Este colegio fue diseñado por el arquitecto sir Christopher Wren, que contó con la ayuda de Nicholas Hawksmoor y sir John Vanbrugh, y se empezó a construir en 1696. Generaciones de marineros, incluido el príncipe Carlos, aprendieron su oficio aquí hasta su cierre en 1995. La capilla y el gran salón están abiertos al público, y éste último contiene el cuadro más grande del país: *The Triumph of Peace and Liberty* (un tributo al rey Guillermo y a la reina María). Es obra de James Thornhill (y varios de sus ayudantes), fue pintado entre 1707 y 1727 y mide 32 m por 15 m. Por esta obra, Thornhill recibió 6.685 libras, una suma astronómica en aquella época. Desde las verjas centrales se puede tener una hermosa vista de la Queen's House, el elegante edificio blanco, y del Royal Observatory, más al fondo, sobre la colina. Desde aquí también se ve el Millennium Dome, el centro de las celebraciones que tuvieron lugar en Londres para dar la bienvenida al nuevo milenio, y al otro lado del río se encuentra el grueso de acero y cristal de Canary Wharf, que con sus 243 m es el rascacielos más alto de Londres y de todo el Reino Unido. Continúe por el sendero junto al río hasta Park Row y Trafalgar Tavern.

2–3

Trafalgar Tavern fue construida en 1837 y frecuentada por el escritor Charles Dickens. Puede degustar su menú o, si lo prefiere,

El Old Royal Naval College, en Greenwich, donde generaciones de marineros aprendieron su oficio

alejarse del río y caminar por Park Row. Cruce después la carretera principal (Romney Road) para encontrar la entrada al National Maritime Museum y a Queen's House, a la derecha. El National Maritime Museum es como un tesoro escondido, con instrumentos navales, cartas, modelos, cuadros y otros objetos de interés (hay incluso una barcaza real). La historia de la navegación (tanto la militar como la de exploración) está ilustrada aquí de forma exhaustiva gracias a la utilización de exposiciones modernas e interactivas. Una de las galerías está plenamente dedicada al almirante lord Horatio Nelson, vencedor de la Batalla de Trafalgar en 1805. Salga hacia Park Row y entre en el parque.

El observatorio real de Greenwich fue fundado en 1675 por el rey Carlos II

3–4

Siga el primer sendero frente a la Queen's House hasta que pueda torcer a la derecha, y después coja el segundo camino hacia la izquierda, que sube hasta la colina One Tree Hill. La reina Isabel I solía acudir a menudo a este lugar para disfrutar de sus vistas, una costumbre recordada en los versos de los bancos.

4–5

Desde One Tree Hill puede seguir los distintos caminos o acortar campo a través hacia el Royal Observatory, un majestuoso edificio con una cúpula verde al lado. Primero aparece la estatua del general James Wolfe, quien en 1759 estuvo al mando del ejército británico durante la toma de Québec, donde fue asesinado. Desde aquí puede apreciar otra de las grandes vistas de Londres: busque St. Paul's Cathedral, con la característica Tower 42 negra a su lado (antes conocida como NatWest Tower).

El observatorio real fue fundado en 1675 por el rey Carlos II, con el objetivo de solucionar el problema de la determinación de la longitud en el mar. En la actualidad los astrónomos estudian el cielo alejados de las luces de la capital, pero las piezas expuestas aquí ilustran la historia de la astronomía y los desafíos de medir la posición y el tiempo. Aquí tiene la posibilidad de situarse en mitad del primer meridiano, la línea de longitud cero desde la que comienza el resto de las longitudes. También puede ver los revolucionarios cronómetros con los que John Harrison (1693-1776) solucionó el problema de la longitud.

5–6

Una vez situado de espaldas al general Wolfe, continúe por Blackheath Avenue, dejando Park Café a su izquierda. En la pequeña rotonda gire a la derecha y siga el sendero flanqueado por una hilera de árboles hasta la verja del parque. Tuerza a la izquierda en el camino de grava hacia Croom's Hill.

Si se desvía unos 183 m hacia la izquierda, se topará con Ranger's House, edificio construido en el siglo XVII, que actualmente alberga un espléndida colección de obras de arte medievales y renacentistas.

6–7
A medida que continúa bajando la colina, puede admirar las casas del siglo XVII y XVIII. En la parte baja de Croom's Hill, se encuentra el Fan Museum, el único de su categoría en el mundo. Está situado en dos casas del siglo XVIII y fue fundado en 1989 por Helen Alexander, cuya colección personal de más de 3.500 abanicos constituye el grueso de esta exposición.

7–8
Camine todo recto hasta el final de Croom's Hill. A continuación, siga por Stockwell Street (el Village Market está a la derecha) y gire a la derecha en Greenwich Church Street. Continúe por esta calle y cruce Nelson Road. Entre en el principal mercado de artesanía por un pequeño callejón a la derecha. Después vuelva a Greenwich Church Street, tuerza a la derecha, cruce College Approach y tras 91 m estará de nuevo junto al *Cutty Sark*.

8–9
Puede volver al centro de Londres en barco o en tren (Docklands Light Railway) (▶ 34). Hay una estación de tren junto al barco. Estos trenes circulan por unas vías elevadas, por lo que el viaje ofrece una buena panorámica.

Un descanso
Trafalgar Tavern, té en el invernadero del Fan Museum (ma y do) y restaurantes en Greenwich Church Street.

¿Cuándo?
Los sábados o domingos, cuando abren los mercados.

Lugares de interés

Cutty Sark
King William Walk, SE10 · 020 8858 3445; www.cuttysark.org.uk · Cerrado hasta previo aviso tras el incendio

Old Royal Naval College
Entrada por King William Walk, SE10
020 8269 4747; www.greenwichfoundation.org.uk
Todos los días 10.00–17.00 · Gratuito

National Maritime Museum, Queen's House y Royal Observatory
Greenwich Park, SE10 · 020 8858 4422 teléfono información: 020 8312 6565; www.nmm.ac.uk · Todos los días 10.00–18.00 (última admisión a las 17.30), en verano; 10.00–17.00 (última admisión a las 16.30), en invierno · Gratuito

Ranger's House
Chesterfield Walk, Greenwich Park, SE10
020 8853 0035; www.english-heritage.org.uk
Abr-sep: lu-mi y do. Cerrado a finales dic–feb. Abierto en otros horarios sólo con cita previa
Moderado

Fan Museum
12 Croom's Hill, SE10
020 8305 1441; www.fan-museum.org
Ma–sá 11.00–17.00, do 12.00–17.00
Moderado

4 HAMPSTEAD

Paseo

DISTANCIA 6 km **DURACIÓN** 3 horas. Calcule más tiempo para descansar y visitar las casas **PUNTO DE PARTIDA** Golders Green Estación de metro de Golders Green **LLEGADA** Estación de metro de Hampstead

Este paseo atraviesa el encantador pueblo de Hampstead y Hampstead Heath, 6,5 km dirección norte desde el centro de Londres, y ofrece los escenarios más campestres de la capital, así como vistas desde Parliament Hill, casas históricas y calles preciosas. Hampstead ha sido siempre una zona popular entre escritores y artistas. Los visitantes comenzaron a venir aquí a partir del siglo XVIII para beber el agua de su manantial. Entre sus habitantes más famosos se encuentran el artista John Constable, el poeta John Keats, los escritores Ian Fleming y Agatha Christie y los actores Peter O'Toole, Elizabeth Taylor y Emma Thompson.

1–2

Coja el autobús nº 210 hacia Kenwood House desde el exterior de la estación de metro de Golders Green –para mayor seguridad pídale al conductor que le avise de cuándo tiene que bajarse–. Por el camino fíjese en Jack Straw's Castle. Durante más de 500 años fue una posada, hasta que el último *pub* (de 1962) fue reconvertido en apartamentos. Sin embargo, el *pub* Spaniard's Inn, del siglo XVI, aún sirve pintas de cerveza; su historia está relacionada con el bandolero Dick Turpin y los escritores Dickens, Keats, Shelley y Byron.

Para llegar a Kenwood House se pueden tomar dos vías: West Lodge y East Lodge.

2–3

Kenwood House data del siglo XVIII y es popular por la obra del arquitecto escocés Robert Adam. Lo más destacado de su interior es la biblioteca y la colección de arte de Iveagh Bequest, que incluye un autorretrato de Rembrandt, *La guitarrista* de Vermeer y obras de

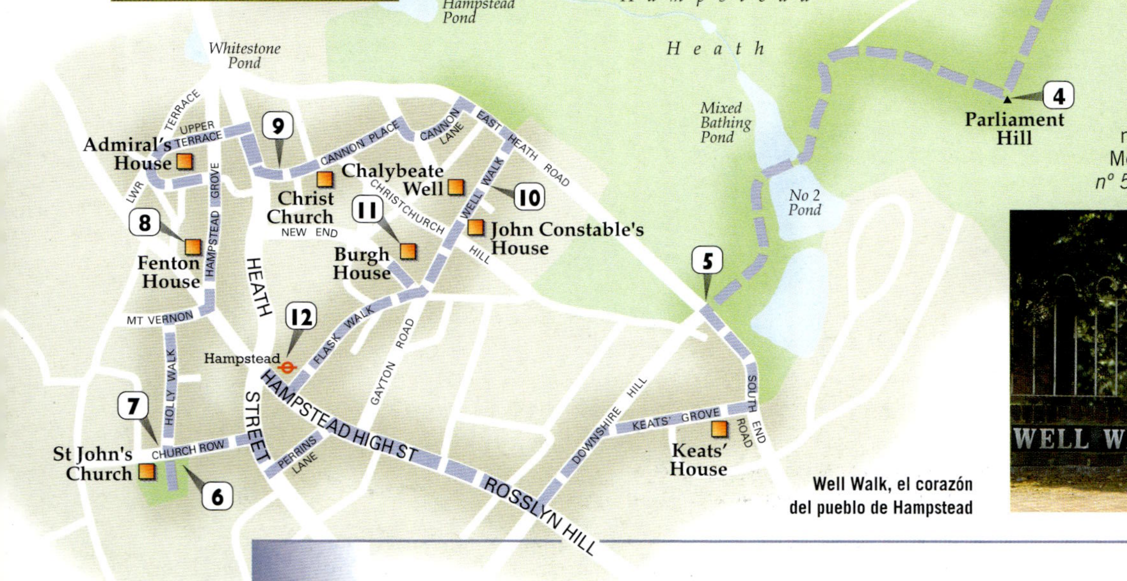

J. M. W. Turner, Joshua Reynolds y Thomas Gainsborough.

Tras situarse de espaldas a la casa y de cara al lago que hay situado en el lado sur, gire a la derecha y siga el camino de grava que pasa por delante de una hilera de bancos de madera. Avance hacia la primera puerta de madera de la derecha, justo enfrente de un campo con una magnífica escultura de Henry Moore titulada *Figura recostada nº 5* (1963-1964).

Well Walk, el corazón del pueblo de Hampstead

Desde Parliament Hill el visitante puede disfrutar de las vistas panorámicas de la capital

3–4

Tome el camino de grava de la izquierda y continúe por él hasta que se una otro por la derecha. Después de 274 m, pase por una puerta de hierro. Desvíese a la izquierda y descienda entre los árboles hasta una enorme zona de grava que debe atravesar. Cruce la intersección, y después de 46 m, en el siguiente cruce, gire a la izquierda. Poco a poco comienza un descenso y a su derecha aparece Boudicca's Mound, un montículo con árboles cercados por una valla. Boudica, reina de la tribu de los icenos, guió a su pueblo contra los romanos en el siglo I a.C. La leyenda de la zona dice que éste es el lugar en el que yace. Siga todo recto por el sendero después del próximo cruce y tome el próximo camino a la derecha; pronto podrá ver Parliament Hill, sin árboles.

4–5

En Parliament Hill una placa detalla los edificios más emblemáticos de Londres que se ven a lo lejos. Gire a la derecha y siga por el sendero que hay entre dos de los numerosos estanques de Heath; a la derecha está el estanque en el que se pueden bañar tanto hombres como mujeres, y a la izquierda, el llamado estanque *número dos* de Hampstead. Continúe por el sendero junto a éste último, que lleva hasta la carretera principal, East Heath Road.

5–6

Cruce East Heath Road por el paso de peatones y baje South End Road a la izquierda. Tome la tercera bocacalle a la derecha hacia Keats' Grove, dejando Keats' House a la izquierda, donde el poeta John Keats (1795-1821) vivió durante dos años. En esta casa escribió algunas de sus obras más conocidas y fue aquí donde se enamoró de su vecina.

Continúe por Keats' Grove, tuerza a la izquierda en Downshire Hill y luego a la derecha en Rosslyn Hill. Después del *pub* King William IV, gire a la izquierda en Perrins Lane, al final de la calle tuerza a la derecha en Heath Street, y a continuación, tome la primera bocacalle a la izquierda hacia la elegante Church Row.

6–7

Al llegar al final de Church Row, entre por la puerta de St. John's Church, que queda a la izquierda, y gire inmediatamente a la izquierda hacia el camino lleno de baches. Al final del cementerio, a la izquierda, tras una pequeña verja de hierro, se halla la tumba del habitante más famoso de Hampstead, el artista John Constable (1776-1837), enterrado junto a su esposa y su hijo mayor.

Suba hasta la iglesia, en cuyo interior hay elegantes vidrieras y, delante, a la derecha del coro, un monumento a John Keats.

7–8

Abandone la iglesia, tuerza a la izquierda y atraviese el cementerio. Cruce la carretera hacia Holly Walk para adentrarse en las calles de Hampstead. A la derecha se encuentran las pintorescas casitas de Benhams Place, que datan de 1813. Al final de Holly Walk, tuerza a la derecha en Mount Vernon, siga el camino a la izquierda de la última casa y tome el sendero más a la izquierda que se desvía hacia Holly Bush Hill. Una vez en la cima, las verjas decoradas en negro y dorado pertenecen a Fenton House, una de las casas más antiguas y grandes de Hampstead.

8–9
Avance por el lado derecho de Fenton House hacia Hampstead Grove y tuerza a la izquierda en Admiral's Walk. A la derecha se encuentra Admiral's House, convertida en una especie de barco por uno de sus antiguos propietarios. Continúe por Admiral's Walk hasta Lower Terrace, gire a la derecha y de nuevo a la derecha en Upper Terrace. Atraviese un pequeño cruce hasta llegar a Heath Street. Tuerza a la derecha y tome la primera a la izquierda, hacia Hampstead Square.

9–10
Cruce hasta la parte superior de la plaza, dejando Christ Church a la derecha. Continúe todo recto hacia Cannon Place. Al final de la calle gire a la derecha para bajar la colina, tuerza a la izquierda en Cannon Lane para llegar a East Heath Road. Gire a la derecha y tome la segunda calle a la derecha, Well Walk.

10–11
A su derecha se halla Chalybeate Well, un pozo famoso por su agua rica en sales minerales y seco en la actualidad. Justo enfrente se encuentra, en el nº 40 de Well Walk, una de las casas de John Constable. Cruce Christchurch Hill y al final tuerza a la derecha hacia New End Square, donde puede ver la histórica Burgh House a su derecha, construida en 1703.

11–12
Vuelva hacia New End Square y tome la primera bocacalle a la derecha en Flash Walk. Esta calle lleva hasta Hampstead High Street, donde se puede girar a la derecha y llegar a la estación de metro de Hampstead.

Un descanso
Brew House Café en Kenwood House y Buttery en Burgh House.

¿Cuándo?
El mejor momento para visitar esta zona es durante el fin de semana, cuando las cometas vuelan sobre Parliament Hill (las tiendas están cerradas los domingos).

Lugares de interés
Kenwood House
Hampstead Lane, NW3
020 8348 1286; www.english-heritage.org.uk
Abr–oct: todos los días 11.00–17.00; nov–mar 11.00–16.00 Gratuito

Keats' House
Keats' Grove, NW3
020 7435 2062 Ma–do 13.00–17.00
Moderado

Fenton House
20 Hampstead Grove, Windmill Hill, NW3
020 7435 3471; www.nationaltrust.org.uk
23 Mar–30 oct: mi–vi 14.00–17.00, sá–do y festivos 11.00–17.00 (5–20 mar: sá-do 14.00-17.00)
Moderado

Burgh House
New End Square, NW3 020 7431 0144; www.burghhouse.org.uk Mi–do 12.00–17.00 (cerrado algunos sá) Gratuito

5 Ruta del autobús nº 15

Desde Marble Arch hasta la Torre de Londres

Esta ruta pasa por muchos de los lugares más emblemáticos de Londres, entre otros Marble Arch, Piccadilly Circus, Trafalgar Square y St. Paul's Cathedral, además de calles muy conocidas como Oxford Street, Regent Street, Haymarket y Strand. Para poder disfrutar de las mejores vistas, le recomendamos que se siente en la parte delantera de la planta superior del autobús

DURACIÓN 1 hora dependiendo del tráfico
PUNTO DE PARTIDA Estación de metro de Marble Arch 196 A2
LLEGADA Estación de metro de Tower Hill 202 C3

1–2

Salga de la estación de metro de Marble Arch por el pasaje subterráneo Subway 1 hacia Marble Arch y Oxford Street North. A su derecha puede ver un enorme monumento de mármol: se trata de Marble Arch, que da nombre a toda la zona. Fue construido para el patio delantero de Buckingham Palace, pero se decidió trasladarlo hasta este extraño lugar en 1851, cuando se reformó la parte delantera del palacio.

Gire a la izquierda al salir del pasaje para coger el autobús nº 15 en la segunda parada que encuentre, parada L. Pregunte por la Torre de Londres.

El autobús atraviesa Oxford Street, una de las calles comerciales más transitadas de Londres, flanqueada por grandes almacenes. Fíjese en la gran fachada de Selfridges, a su izquierda. Estos almacenes fueron construidos a principios del siglo XX por el estadounidense Gordon Selfridge y rivalizan con Harrods por su contenido, aunque no en fama ni exclusividad.

2–3

Una vez en Oxford Circus, el autobús tuerce a la derecha en Regent Street, un mundo completamente distinto desde el punto de vista arquitectónico; su grandeza y uniformidad así lo atestiguan. Se trata de uno

A la izquierda: Regent Street
Abajo: los tribunales de justicia

Sweep, toda una ruta procesional desde St. James's Park hasta Regent's Park, (atraviesa Trafalgar Square), diseñada por el arquitecto John Nash (1752-1835). La tienda más característica es Liberty (➤ 65); busque la entrada en blanco y negro al estilo tudor de estos grandes almacenes situados en Great Marlborough Street.

Al final de Regent Street, los luminosos anuncian la llegada a Piccadilly Circus, con la fuente y la estatua de Eros (➤ 60) a la derecha.

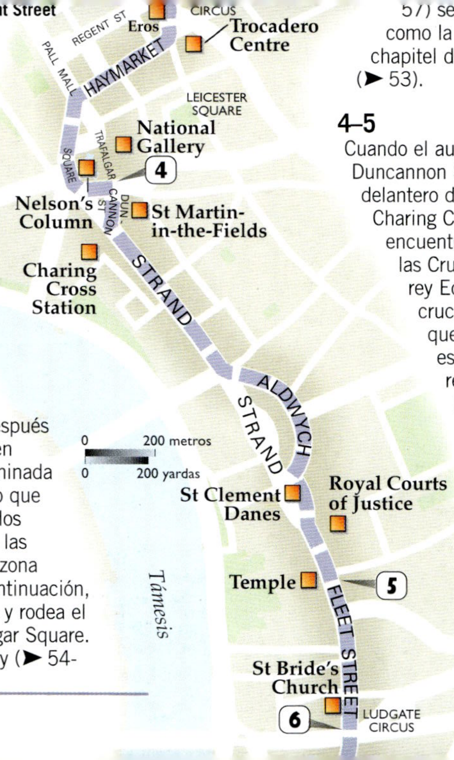

3–4

El autobús gira después hacia la derecha en Haymarket, denominada así por el mercado que vendía heno para los caballos reales de las caballerizas de la zona hasta 1830. A continuación, gira a la izquierda y rodea el lado sur de Trafalgar Square. La National Gallery (➤ 54-57) se encuentra a la izquierda, así como la columna de Nelson y el chapitel de St. Martin-in-the-Fields (➤ 53).

4–5

Cuando el autobús gire a la derecha en Duncannon Street, fíjese en el patio delantero de la estación de metro de Charing Cross, en cuyo interior se encuentra una reproducción de una de las Cruces de Leonor. En 1290, el rey Eduardo I mandó construir 12 cruces para señalar las paradas que el cortejo fúnebre de su esposa, Leonor de Castilla, realizó en su viaje desde Nottinghamshire hasta Westminster Abbey.

El autobús continúa por la avenida Strand, famosa en su día por sus salones de música (vodevil) y teatros, después hace un rodeo por Aldwych y se vuelve a unir a la avenida en St. Clement Danes Church, dejando Royal Courts of Justice a la izquierda.

En el centro de la carretera, la estatua de un grifo marca los límites de La City; aquí es donde el monarca se detiene durante las ceremonias oficiales para pedir permiso al alcalde de Londres antes de entrar en La City.

La vista de St. Paul's Cathedral desde la ruta del autobús nº 15

5–6

A partir de ahora la calle pasa a denominarse Fleet Street, antiguo centro editorial de la prensa nacional británica. A la izquierda se encuentra el *pub* Ye Olde Cheshire Cheese, frecuentado por el Dr. Samuel Johnson, compilador del primer diccionario inglés, y escritores posteriores como Dickens, Thackeray y Mark Twain. Busque a la derecha el chapitel blanco de St. Bride's Church, una de las creaciones más características de sir Christopher Wren. Dice la leyenda que un panadero copió el diseño para cocinar un pastel de boda con pisos, dando pie a la tradición actual.

6–7

A continuación el autobús atraviesa Ludgate Circus hacia Ludgate Hill, y se dirige todo recto

para continuar hacia Cannon Street. A la izquierda se encuentran la Tower 42 y la nueva Swiss Re

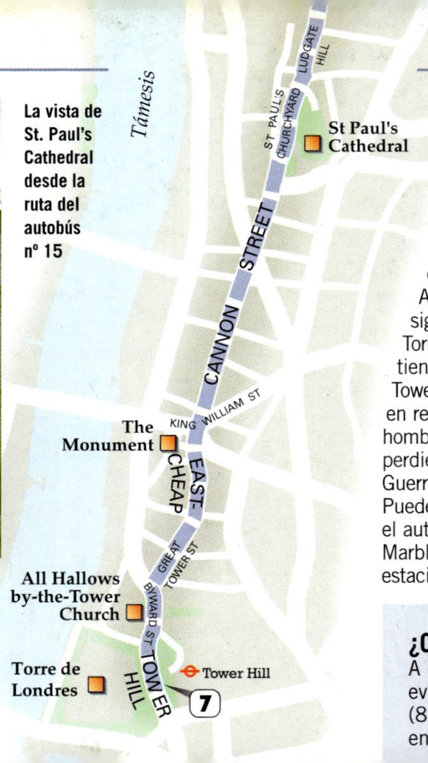

metros, mire hacia la derecha en Hill Street para ver Monument (➤ 173). El autobús recorre después Eastcheap, Great Tower Street y Byward Street, donde pasa por la iglesia de All Hallows-by-the-Tower, y sigue por Tower Hill hasta la Torre de Londres. El autobús tiene una parada fuera del Tower Hill Memorial, construido en recuerdo de los 24.000 hombres de la marina que perdieron la vida durante la I Guerra Mundial.
Puede cruzar la carretera y coger el autobús nº 15 de vuelta a Marble Arch o caminar hasta la estación de metro de Tower Hill.

¿Cuándo?

A cualquier hora, pero evite la hora punta (8.00-9.30, 16.30-18.00 entre semana).

Guía práctica

DIRECCIONES ÚTILES

Páginas Web

- Oficina de turismo de Gran Bretaña
  www.visitbritain.com
- Guía de Londres
  www.londontown.com
- Organización oficial de turismo de Londres
  www.visitlondon.com
- Servicios de transporte de Londres
  www.bridge-travel.co.uk

En el Reino Unido
Britain and London Visitor Centre
1 Regent Street
Londres SW1Y 4XT
☎ 0870 156 6366

ANTES DEL VIAJE

QUÉ NECESITA

● Imprescindible
○ Recomendado
▲ Innecesario

Algunos países exigen un pasaporte con una validez mínima a partir de la fecha de entrada en el país (normalmente un período de al menos 6 meses).

	Reino Unido	Alemania	Estados Unidos	Canadá	Australia	Irlanda	Países Bajos	España
Pasaporte/Documento Nacional de Identidad	▲	●	●	●	●	▲	●	●
Visado (la normativa podría cambiar, se recomienda comprobarlo antes de viajar)	▲	▲	▲	▲	▲	▲	▲	▲
Reserva o billete de vuelta	▲	○	○	○	○	○	○	○
Vacunas (tétanos y polio)	▲	▲	▲	▲	▲	▲	▲	▲
Tarjeta sanitaria (► 192, Salud)	▲	●	●	●	●	●	●	●
Seguro de viaje	○	○	○	○	○	○	○	○
Permiso de conducir (nacional)	●	●	●	●	●	●	●	●
Seguro del coche	▲	●	n/a	n/a	n/a	●	●	●
Documentación del vehículo	▲	●	n/a	n/a	n/a	●	●	●

CUÁNDO VIAJAR

Temporada alta
Temporada baja

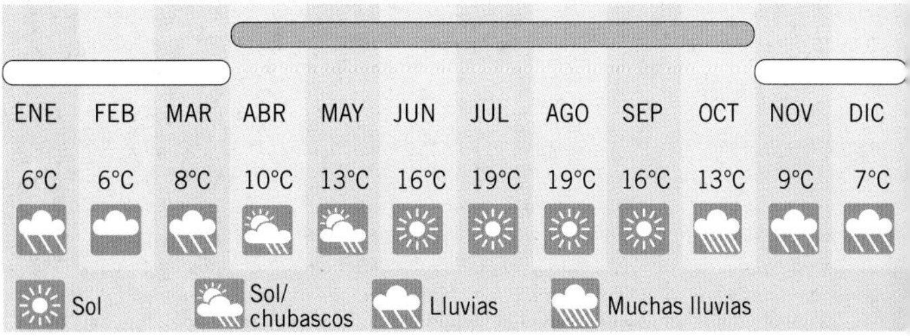

El cuadro de arriba recoge la temperatura **media diurna** de cada mes. En Londres las distintas estaciones están bien definidas. Durante la **primavera** (de marzo a mayo) se suceden los días soleados y los chubascos, aunque a veces también se mete el invierno. El **verano** (de junio a agosto) es difícil de predecir: un día con cielos despejados y un sol abrasador y al día siguiente con bochorno y tormentas eléctricas. El **otoño** comienza en septiembre, pero el verano puede hacerse sentir aún durante los días más despejados. Es en octubre cuando empieza el verdadero otoño, aunque el tiempo más frío no llega hasta noviembre. El **invierno** (de diciembre a febrero) es normalmente suave y las nevadas son inusuales. Sin embargo, conviene estar pendientes de las ocasionales olas de frío. Hay que estar preparados para **lo imprevisible** del clima británico, por eso se recomienda llevar varias capas de ropa y un chubasquero o paraguas.

En España
Oficina de turismo
www.visitbritain.es
☎ 902 171 181

En internet
Información y reservas de hoteles y apartamentos
www.infolondres.es

Opiniones y comentarios de otros visitantes sobre su experiencia en Londres
www.forolondres.com

CÓMO LLEGAR

En avión Heathrow y Gatwick son los dos **aeropuertos** principales de Londres, con vuelos regulares internacionales. Desde Gatwick también salen vuelos chárter. Los aeropuertos de Luton, Stansted y London City (Docklands) reciben cada vez más viajeros y a ellos llegan principalmente vuelos comerciales y chárter procedentes de Europa.
Iberia (902 400 500, www.iberia.es), Air Europa (902 401 501, www.air-europa.com), Spanair (902 131 415, www.spanair.com), y compañías de bajo coste como Clickair (807 117 117, www.clickair.com), Ryanair (www.ryanair.com), easyJet (www.easyjet.com) o Air Comet (900 995 499, www.aircomet.com) ofertan vuelos desde distintas ciudades españolas. Los vuelos directos desde España a Londres tienen una **duración** aproximada de 2 h 30 min. Los **billetes de avión** son más económicos entre los meses de noviembre y abril, excepto durante Semana Santa y Navidades. Se recomienda buscar ofertas especiales en las compañías aéreas, en las agencias de viaje, en las agencias de vuelos, en las secciones de viaje de los periódicos y en Internet.

Normalmente las **tasas del aeropuerto** están incluidas en el precio del billete de avión.

En tren Para los viajeros procedentes de Europa el tren puede ser otra alternativa. Para aquellos viajeros sin coche el túnel del Canal de la Mancha conecta Londres con París o Bruselas por medio del tren Eurostar. Para aquellos viajeros con coche, el tren Eurotunnel es la mejor opción, ya que permite el transporte de coches y circula entre Calais (Francia) y Folkestone (Inglaterra).

En transbordador Existen trasbordadores de pasajeros y vehículos desde distintos puntos de Irlanda, Francia, Bélgica, los Países Bajos, Alemania, los países escandinavos y España (Bilbao y Santander).

HUSOS HORARIOS

Londres se encuentra en la zona horaria del meridiano de Greenwich (GMT), pero desde finales de marzo hasta finales de octubre se aplica el horario de verano, es decir GMT+1.

MONEDA

Moneda La moneda de Gran Bretaña es la libra esterlina (£). Cada libra tiene 100 peniques (p). Existen **billetes** de 5, 10, 20 y 50 £, además de **monedas** de 1, 2, 5, 10, 20 y 50 peniques y de 1 y 2 £. No existen límites en la exportación o importación de la divisa británica.
Los **cheques de viaje** en libras esterlinas son una forma segura de llevar dinero. Se aceptan como forma de pago en algunos hoteles, restaurantes y grandes almacenes.
También se aceptan **tarjetas de crédito** (MasterCard, VISA y American Express).

Cambio Las divisas extranjeras y los cheques de viaje pueden cambiarse tanto en bancos como en oficinas de cambio. También existe la posibilidad de cambiar divisas en las principales agencias de viaje, en los grandes almacenes y hoteles más importantes y en las oficinas de correos. Conviene asegurarse del tipo de cambio y de la comisión antes de realizar cualquier transacción, ya que varían de unas oficinas a otras. Se puede sacar libras esterlinas desde cualquier cajero automático con una tarjeta de crédito o débito. Es fácil encontrar un cajero en el centro de Londres. Se recomienda acudir a su banco habitual para pedir más información acerca de los lugares en Londres que pueden aceptar su tarjeta de crádito o débito.

HUSOS HORARIOS

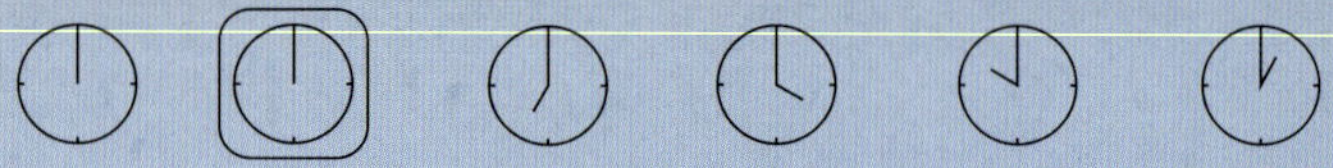

GMT	Londres	← Nueva York	← Costa oeste de Estados Unidos	→ Sidney	→ España
12.00	12.00	7.00	4.00	22.00	13.00

DATOS DE INTERÉS

TALLAS

Australia/Reino Unido	Resto de Europa	Estados Unidos	
36	46	36	Trajes
38	48	38	
40	50	40	
42	52	42	
44	54	44	
46	56	46	
7	41	8	Zapatos
7.5	42	8.5	
8.5	43	9.5	
9.5	44	10.5	
10.5	45	11.5	
11	46	12	
14.5	37	14.5	Camisas
15	38	15	
15.5	39/40	15.5	
16	41	16	
16.5	42	16.5	
17	43	17	
8	34	6	Vestidos
10	36	8	
12	38	10	
14	40	12	
16	42	14	
18	44	16	
4.5	38	6	Zapatos
5	38	6.5	
5.5	39	7	
6	39	7.5	
6.5	40	8	
7	41	8.5	

FESTIVOS

1 ene	Año Nuevo
mar/abr	Viernes Santo
mar/abr	Lunes de Pascua
Primer lunes de mayo	Día Internacional del Trabajo
Último lunes de mayo	Día festivo de primavera
Último lunes de agosto	Día festivo de verano
25 dic	Día de Navidad
26 dic	Boxing Day

Casi todas las atracciones turísticas cierran el día de Navidad, pero el resto de los días festivos algunas de ellas suelen abrir, aunque con horario reducido. No existe una normativa general en cuanto al horario de restaurantes y tiendas, de modo que se recomienda comprobarlo antes de dirigirse al lugar de destino. Conviene también recordar que los servicios de transporte público tienden a ser menos frecuentes durante los días festivos.

HORARIOS

○ Tiendas
● Oficina
● Bancos
● Oficinas de correos
● Museos/monumentos
● Farmacias

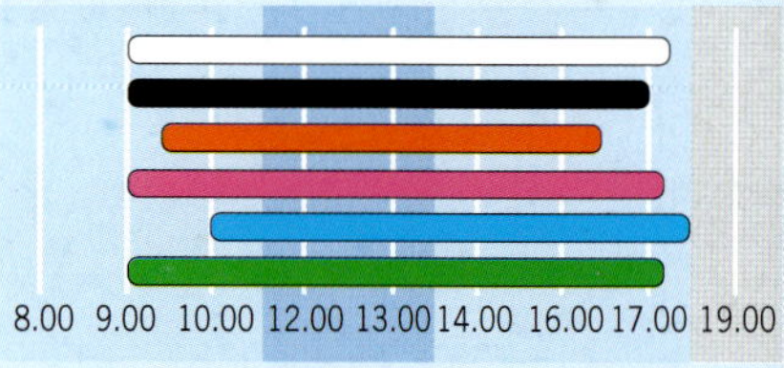

☐ Mañana ☐ Mediodía ☐ Tarde

Tiendas Muchas de las tiendas del centro de Londres tienen un horario más amplio e incluso abren los domingos.

Bancos Los bancos de las calles principales abren también los sábados por la mañana y las oficinas de cambio abren todos los días hasta tarde.

Museos Puede que los museos más pequeños cierren uno o dos días a la semana.

Farmacias Cuando las farmacias cierran, dejan colgada una hoja informativa en la puerta con los datos de la farmacia de guardia más cercana.

POLICÍA 999

BOMBEROS 999

AMBULANCIAS 999

SEGURIDAD

Londres es por regla general una ciudad segura. Es frecuente ver a los agentes de policía haciendo su ronda por el centro de Londres. Son bastante amables y muy accesibles. Para ayudar a prevenir el crimen:

- No conviene llevar más dinero del necesario.
- No hay que dejar los bolsos desatendidos en los lugares públicos.
- Se recomienda tener cuidado con los carteristas en los mercados, en el metro, en los sitios turísticos y en los lugares de mayor afluencia.
- No se debe ir sin compañía por parques y callejones oscuros durante la noche.

TELÉFONOS

Es difícil encontrar ahora las tradicionales cabinas rojas, ya que han dado paso a cabinas con diseños y colores más variados. Las cabinas aceptan monedas de 10, 20 y 50 peniques y 1 £ (20 p es el cargo mínimo), pero las cabinas que operan con tarjetas telefónicas de British Telecom (BT) y tarjetas de crédito resultan a menudo más prácticas. Se pueden adquirir tarjetas telefónicas BT en las oficinas de correos y en muchas otras tiendas. Las llamadas realizadas desde los teléfonos de los hoteles son caras. Para contactar con el operador sólo hay que marcar el 100.

Prefijos internacionales para llamadas desde Londres

España:	**34**
Irlanda:	**353**
Estados Unidos:	**1**
Canadá:	**1**
Australia:	**61**
Nueva Zelanda:	**64**
Alemania:	**49**
Países Bajos:	**31**

CORREOS

Las oficinas de correos están abiertas lu-vi 9.00-17.30, sá 9.00-12.00. La única excepción es la oficina de correos de Trafalgar Square, situada en 24-8 William IV Street, que abre lu-vi 8.30-18.00, sá 9.00-17.30. En esta oficina de correos también existe lista de correos para recoger.

ELECTRICIDAD

En Gran Bretaña la corriente eléctrica es de 220/240 voltios. Los enchufes tienen 3 patillas

rectangulares, por lo que se necesita un adaptador para utilizar aparatos electrónicos del resto de Europa y de Estados Unidos. Los aparatos de 110-120 voltios necesitan un transformador.

PROPINAS

Sí ✓ No ✕

Restaurantes (si el servicio no está incluido)	✓ 10%
Servicio en bares	✕
Guías de visitas organizadas	✓ 1 £ - 2 £
Peluqueros	✓ 10%
Taxistas	✓ 10%
Camareras de hotel	✓ 50 p - 1 £ por día
Botones	✓ 50 p - 1 £ dependiendo del número de bolsas
Acomodadores	✕

Londres	Madrid	Barcelona	Bilbao	Málaga
(44) (20) 7235 5555	91 700 82 00	93 366 62 00	94 415 76 00	95 235 23 00

SALUD

Seguros Los ciudadanos de la UE, Australia y Nueva Zelanda reciben tratamiento médico gratuito o a precio reducido si disponen de la documentación necesaria (tarjeta sanitaria europea en el caso de Europa) o del pasaporte. Aún así, se recomienda disponer de un seguro médico privado, imprescindible para el resto de nacionalidades.

Dentistas
Se proporciona tratamiento a precio reducido a todos aquellos ciudadanos que dispongan de tratamiento gratuito o a precio reducido (véase el apartado anterior "Seguros"), siempre y cuando se acuda a un dentista perteneciente a la Seguridad Social. Aún así, se recomienda disponer de un seguro médico privado, imprescindible para el resto de nacionalidades.

Clima
Los meses de julio y agosto pueden ser bastante calurosos. Algunas de las visitas tienen lugar en espacios abiertos, por lo que se recomienda cubrirse del sol, utilizar protector solar y beber muchos líquidos.

Medicamentos Las farmacias dispensan medicamentos con y sin receta. Para aquellas dolencias más comunes se puede pedir consejo a los farmacéuticos. Existe un sistema de farmacias de guardia, de modo que siempre hay una abierta las 24 horas del día. Las hojas informativas expuestas ofrecen más datos sobre las farmacias de guardia.

Agua potable
El agua del grifo es potable. También se pueden adquirir botellas de agua mineral, aunque a menudo resulta caro.

AYUDAS

Estudiantes Los titulares del carné internacional de estudiantes ISIC pueden conseguir descuentos en viajes, entradas, determinados productos y servicios. Para más información se recomienda visitar la página web del sindicato nacional de estudiantes (www.nus.org.uk).

Tercera edad Los mayores de 60 años pueden conseguir descuentos en viajes y entradas, así como en determinados espectáculos. Suele ser necesario presentar algún tipo de documentación.

Bonos turísticos La tarjeta de London Pass (www.londonpass.com) cubre cerca de 55 visitas, restaurantes y tiendas.

VIAJEROS DISCAPACITADOS

La mayoría de los lugares turísticos disponen de instalaciones para discapacitados, con rampas para sillas de ruedas. El transporte puede llegar a suponer algún problema, ya que no todas las estaciones están debidamente acondicionadas, así como la mayoría de las casas privadas. Para más información se recomienda visitar la página www.visitlondon.com

NIÑOS

Londres ofrece una gran oferta de ocio infantil. Para más información se puede consultar la revista *Kids Out*. Suele haber cambiadores de bebés en la mayoría de los lugares turísticos familiares. Los niños menores de 16 años sólo pagan la mitad del billete en el transporte público. Los niños menores de 5 años viajan gratis.

ASEOS

Los aseos públicos más limpios se encuentran normalmente en grandes almacenes, hoteles y restaurantes.

ESPECIES PROTEGIDAS

Puede que la importación de animales salvajes de especies raras o en peligro de extinción suponga un acto delictivo o requiera un permiso especial, por lo que se recomienda siempre comprobar la normativa aduanera antes de adquirirlos.

Callejero

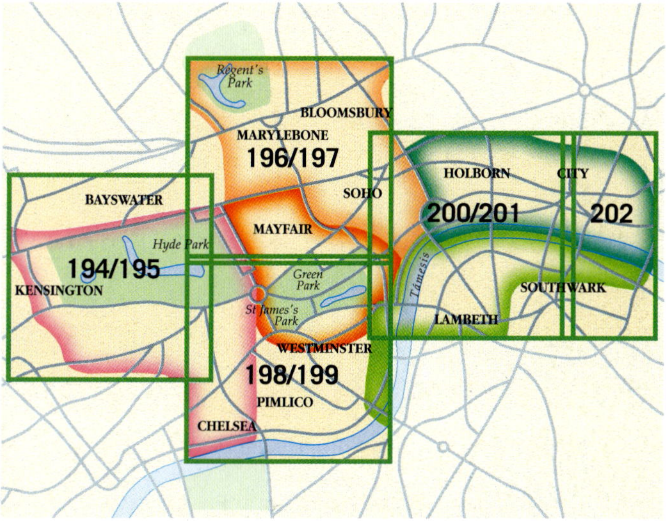

Para identificar cada zona véase el plano del interior de la cubierta delantera

Simbología

- Carretera principal
- Otras carreteras
- Calle peatonal
- Sendero
- Edificio emblemático
- Lugar de interés
- Estación de metro
- Estación de tren

0 100 200 300 400 500 metros

0 100 200 300 400 500 yardas

A
B
C
5
4
3
2
1
BAYSWATER
KENSINGTON
Kensington Gardens
Round Pond
Kensington Palace
Porchester Leisure Centre
Whiteleys Shopping Centre
Bayswater
Queensway
First Bowl Queensway
New West End Synagogue
Portobello Road Market
Notting Hill Gate
Queen Elizabeth College
Kensington & Chelsea Town Hall
Linley Sambourne House
Commonwealth Institute
High Street Kensington
Kensington Market
David Lloyd Leisure Centre
Cromwell Hospital
Gloucester Road
WESTBOURNE GROVE
Westbourne Park Road
Talbot Road
CHEPSTOW ROAD
PORCHESTER ROAD
BISHOP'S BRIDGE
QUEENSWAY
INVERNESS TERRACE
LEINSTER TERRACE
BAYSWATER ROAD
NOTTING HILL GATE
PEMBRIDGE VILLAS
PEMBRIDGE ROAD
KENSINGTON CHURCH STREET
PALACE GARDENS TERRACE
Kensington Palace Gardens
The Broad Walk
Palace Avenue
KENSINGTON ROAD
HYDE PARK GATE
PALACE GATE
KENSINGTON HIGH STREET
EARL'S COURT ROAD
PEMBROKE ROAD
GLOUCESTER ROAD
CROMWELL ROAD
Campden Hill Road
Holland Street
Victoria Road
Cornwall Gardens
Lexham Gardens
Abingdon Road
Kensington Square
St Mary's Gate
Stanford Rd
Launceston Place
A4206
A402
B405
A4204
A315
B316
A3220
A4
B411
B415
A4207

PADDINGTON
Paddington
Paddington Basin
PADDINGTON STATION
St Mary's Hospital
Alexander Fleming Museum
A4205 PRAED STREET
EDGWARE ROAD
SUSSEX GARDENS
Norfolk Square
Norfolk Crescent
Cambridge Square
Oxford Square
Hyde Park Square
Hyde Park Crescent
Connaught Street
Connaught Square
Seymour Street
West London Synagogue
EASTBOURNE TERRACE
CRAVEN ROAD B410
Westbourne Crescent
Gloucester Square
Hyde Park Gardens
BAYSWATER ROAD
A402
Stanhope Gate
Albion Gate
Clarendon Gate
Victoria Gate
Lancaster Gate
LANCASTER TERRACE
WESTBOURNE STREET
Marlborough Gate
Westbourne Gate
Lancaster Gate
Hyde Park
West Carriage Drive
Speke's Monument
Peter Pan Statue
Physical Energy Statue
Norwegian/British Monument
Serpentine Road
Diana, Princess of Wales Memorial Fountain
The Serpentine
Serpentine Gallery
Lido Café
Albert Memorial
Alexandra Gate
Prince of Wales Gate
South Carriage Drive
KNIGHTSBRIDGE
Edinburgh Gate
Queens Gate
KENSINGTON GORE
A315 KENSINGTON ROAD
Royal College of Art
Royal Albert Hall
Royal Geographical Society
Polish Institute & Sikorski Museum
Imperial College
Westminster Synagogue
Prince Consort Road
Royal College of Music
Imperial College
Imperial College Road
Exhibition Road
Hyde Park Chapel
Science Museum
Victoria & Albert Museum
Brompton Oratory
Harrods
BROMPTON ROAD
BEAUCHAMP PLACE
B319
Earth Galleries
Natural History Museum
Ismaili Centre
THURLOE PLACE
A4
CROMWELL ROAD
BROMPTON
South Kensington
195
196
198
D
E
F
2
3
4
5

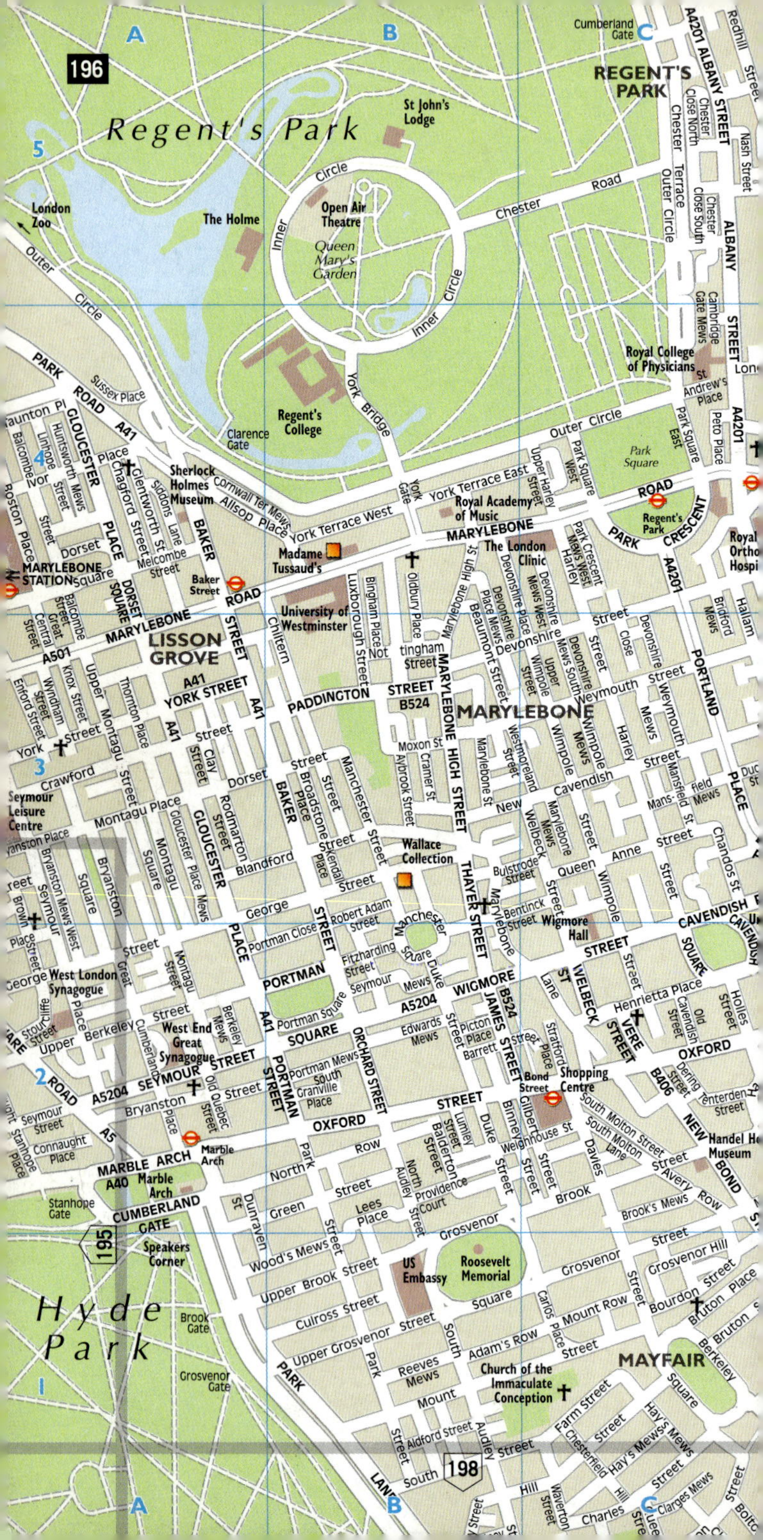

196
Regent's Park
REGENT'S PARK
London Zoo
The Holme
St John's Lodge
Open Air Theatre
Queen Mary's Garden
Inner Circle
Outer Circle
Chester Road
York Bridge
Regent's College
Clarence Gate
Sussex Place
Cumberland Gate
Royal College of Physicians
Park Square
Regent's Park
PARK CRESCENT
Sherlock Holmes Museum
Madame Tussaud's
Royal Academy of Music
The London Clinic
MARYLEBONE STATION
Baker Street
University of Westminster
LISSON GROVE
MARYLEBONE
MARYLEBONE ROAD
YORK STREET
PADDINGTON STREET
MARYLEBONE HIGH STREET
BAKER STREET
GLOUCESTER PLACE
PORTLAND PLACE
Seymour Leisure Centre
Wallace Collection
Wigmore Hall
WIGMORE STREET
CAVENDISH SQUARE
West London Synagogue
West End Great Synagogue
PORTMAN SQUARE
ORCHARD STREET
OXFORD STREET
Bond Street
Shopping Centre
Handel House Museum
NEW BOND STREET
Marble Arch
MARBLE ARCH
CUMBERLAND GATE
Stanhope Gate
Speakers Corner
195
Hyde Park
Brook Gate
Grosvenor Gate
PARK LANE
US Embassy
Roosevelt Memorial
Grosvenor Square
Church of the Immaculate Conception
MAYFAIR
Berkeley Square
198
A
B
C
1
2
3
4
5

D
E
F
197
199
200
ST PANCRAS STATION
KING'S CROSS STATION
British Library
ST PANCRAS
EUSTON STATION
National Temperance Hospital
Elizabeth Garrett Anderson Hospital
Drummond Crescent
University of Westminster
Euston Square
Warren Street
University College
University College London
University College Hospital
British Medical Association
Brunswick Shopping Centre
Percival David Foundation of Chinese Art
Petrie Museum
University of London
Russell Square
National Neurology
BLOOMSBURY
RADA
BT Tower
UCL
Goodge Street
Middlesex Hospital
British Museum
Cartoon Museum
YMCA
All Saints' Church
Postal Sorting Office
Tottenham Court Road
St Giles Circus
Centre Point
ST GILES
Oasis Sports Centre
Oxford Circus
Marshall Street Leisure Centre
SOHO
CAMBRIDGE CIRCUS
Photographers' Gallery
CHINATOWN
Covent Garden
St Paul's Church
St George's Church
Leicester Square
London Trocadero
PICCADILLY CIRCUS
Piccadilly Circus
Eros
Royal Academy of Arts
Burlington Arcade
St James's Church
National Portrait Gallery
National Gallery
St Martin-in-the-Fields
Trafalgar Square
Canada House
Nelson's Column
CHARLES I ISLAND
EUSTON ROAD
TOTTENHAM COURT ROAD
GOWER STREET
OXFORD STREET
REGENT STREET
PICCADILLY
SHAFTESBURY AVENUE
CHARING CROSS ROAD
HAYMARKET
PALL MALL EAST
COCKSPUR STREET
NEW OXFORD STREET
HIGH HOLBORN
BLOOMSBURY STREET
GREAT PORTLAND STREET
MORTIMER STREET
GOODGE STREET
HAMPSTEAD ROAD
WOBURN PLACE
RUSSELL SQUARE
MONTAGUE PLACE
BEDFORD SQUARE
GREAT RUSSELL STREET
ST MARTIN'S LANE
UPPER ST MARTIN'S LANE
LONG ACRE
CHARLES II STREET
NORTHUMBERLAND

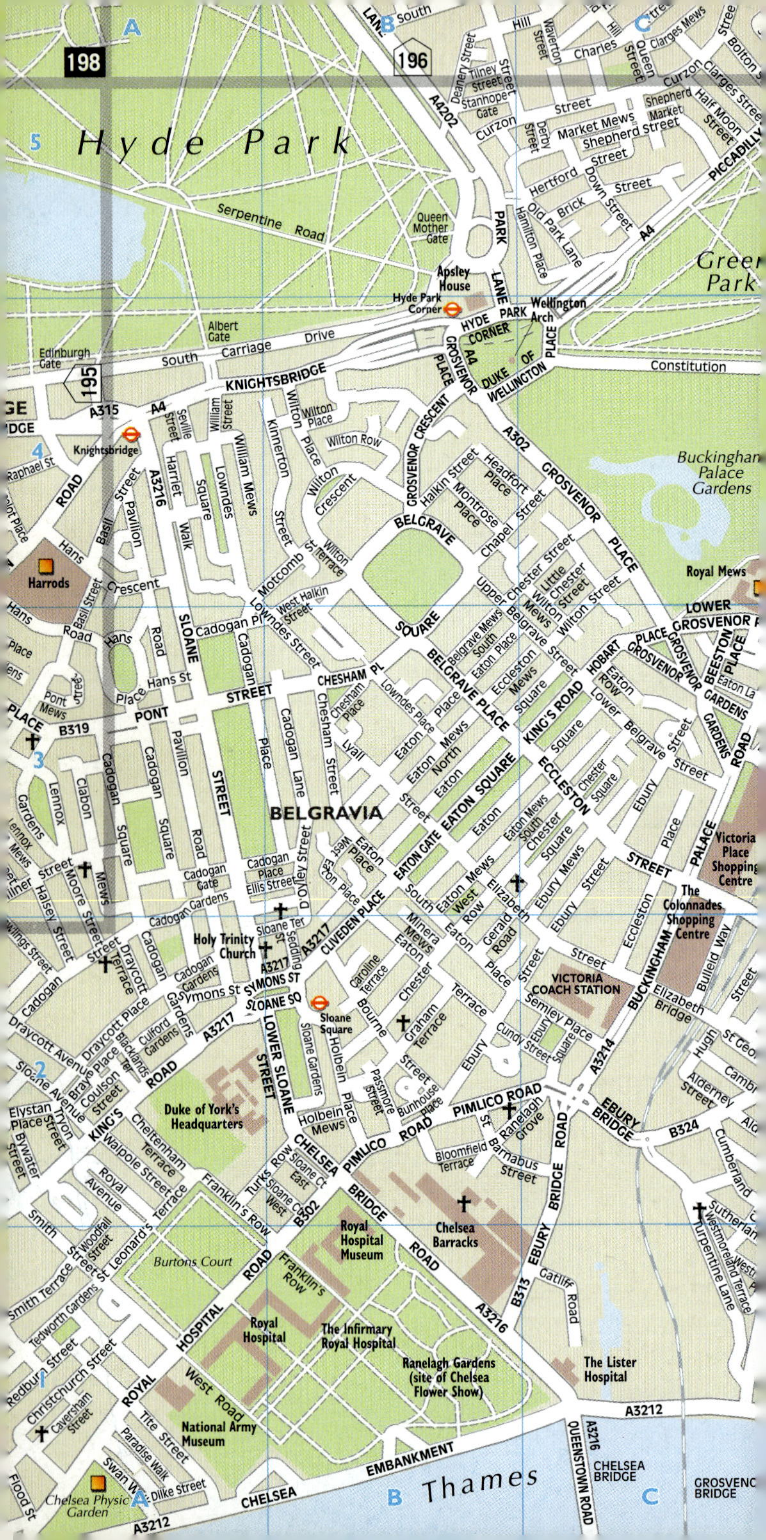

198
196
195
A
B
C
5
4
3
2
1
Hyde Park
Serpentine Road
Queen Mother Gate
Apsley House
Hyde Park Corner
Wellington Arch
Albert Gate
South Carriage Drive
Edinburgh Gate
Constitution
Green Park
PICCADILLY
A4
A4202
PARK LANE
HYDE PARK CORNER
DUKE OF WELLINGTON PLACE
GROSVENOR PLACE
A302
Deanery Street
Tilney Street
Stanhope Gate
Curzon Street
Derby Street
Hill
Waverton Street
Charles Street
Queen Street
Clarges Mews
Clarges Street
Bolton Street
Half Moon Street
Shepherd Market
Market Mews
Shepherd Street
Hertford Street
Brick Street
Down Street
Old Park Lane
Hamilton Place
KNIGHTSBRIDGE
Knightsbridge
A315
Seville Street
William Street
William Mews
Wilton Place
Wilton Row
Wilton Crescent
Wilton Terrace
Kinnerton Street
GROSVENOR CRESCENT
Halkin Street
Headfort Place
Montrose Place
Chapel Street
Buckingham Palace Gardens
Royal Mews
BELGRAVE SQUARE
Upper Belgrave Street
Chester Street
Little Chester Street
Wilton Mews
Wilton Street
LOWER GROSVENOR PLACE
GROSVENOR GARDENS
BEESTON PLACE
Eaton Lane
HOBART PLACE
Eaton Row
Lower Belgrave Street
Raphael St
Basil Street
Pavilion Road
Harriet Street
Harriet Walk
Lowndes Square
Lowndes Street
Motcomb St
West Halkin Street
Cadogan Pl
Harrods
Hans Crescent
Hans Road
Hans Place
Hans St
Pont Mews
PONT STREET
SLOANE STREET
A3216
B319
Cadogan Place
Cadogan Lane
Chesham PL
Chesham Place
Chesham Street
Lowndes Place
Lyall Street
Belgrave Mews South
Eaton Place
Eclleston Mews
BELGRAVE PLACE
KING'S ROAD
Eaton Mews North
EATON SQUARE
ECCLESTON STREET
Chester Square
Ebury Street
Lennox Gardens
Lennox Gardens Mews
Clabon Mews
Cadogan Square
Cadogan Gate
Cadogan Gardens
Moore Street
Halsey Street
Milner Street
BELGRAVIA
Cadogan Place
Ellis Street
D'Oyley Street
West Eaton Place
EATON GATE
Eaton Mews South
Chester Mews
Elizabeth Street
Ebury Mews
Victoria Place Shopping Centre
The Colonnades Shopping Centre
PALACE STREET
Holy Trinity Church
Sloane Ter
Sedding St
A3217
CLIVEDEN PLACE
SYMONS ST
SLOANE SQ
Sloane Square
West Eaton Mews
Gerald Road
Minera Mews
Caroline Terrace
Chester Row
Eaton Terrace
VICTORIA COACH STATION
BUCKINGHAM PALACE ROAD
Elizabeth Bridge
Bulleid Way
Draycott Terrace
Draycott Place
Draycott Avenue
Cadogan Street
Blacklands Ter
Culford Gardens
Sloane Avenue
Bray Place
Coulson Street
Elystan Place
Tryon Street
LOWER SLOANE STREET
Sloane Gardens
Holbein Place
Holbein Mews
Bourne Street
Graham Terrace
Passmore Street
Bunhouse Place
Cundy Street
Semley Place
Ebury Square
A3214
Hugh Street
Alderney Street
PIMLICO ROAD
Ranelagh Grove
EBURY BRIDGE
B324
Cumberland Street
Duke of York's Headquarters
KING'S ROAD
Cheltenham Terrace
Walpole Street
Royal Avenue
Franklin's Row
Turks Row
Sloane Ct East
Sloane Ct West
CHELSEA BRIDGE ROAD
B302
Bloomfield Terrace
St Barnabus Street
EBURY BRIDGE ROAD
B313
Chelsea Barracks
Bywater Street
Smith Street
Woodfall Street
St Leonard's Terrace
Burtons Court
Royal Hospital Museum
ROYAL HOSPITAL ROAD
Franklin's Row
Royal Hospital
The Infirmary Royal Hospital
Ranelagh Gardens (site of Chelsea Flower Show)
A3216
Gatliff Road
Sutherland Street
Westmoreland Terrace
Turpentine Lane
The Lister Hospital
Smith Terrace
Tedworth Gardens
Redburn Street
Christchurch Street
Caversham Street
West Road
National Army Museum
Tite Street
Paradise Walk
Swan Walk
Dilke Street
Chelsea Physic Garden
Flood St
A3212
CHELSEA EMBANKMENT
Thames
QUEENSTOWN ROAD
CHELSEA BRIDGE
GROSVENOR BRIDGE

197
199
200
D
E
F
5
4
3
2
1
ST JAMES'S
St James's Park
St James's Park Lake
WESTMINSTER
Thames
Green Park
Jermyn Street
Bury Street
St James's Street
St James's Square
Pall Mall
Cockspur Street
Charles II Street
Northumberland Avenue
Spring Gardens
Admiralty Arch
Old Admiralty
Whitehall
Great Scotland Yard
Old War Office
Horse Guards Avenue
Banqueting House
Ministry of Defence
Carlton House Terrace
Carlton House
Duke of York's Column
Institute of Contemporary Arts (ICA)
Marlborough House
Carlton Gardens
Spencer House
King Street
Ryder Street
Park Place
Arlington Street
Little St James's Street
St James's Place
Cleveland Row
Stable Yard Road
Marlborough Road
St James's Palace
Clarence House
Queen's Chapel
Lancaster House
The Mall
Horse Guards Parade
Horse Guards Road
Privy Council Office
Downing St
Richmond Terrace
Cenotaph
Foreign & Commonwealth Office
King Charles Street
Parliament Street
Government Offices
Derby Gate
Churchill Museum & Cabinet War Rooms
Treasury
Great George St
Parliament Square
Canon Row
Bridge St
Queen Victoria Memorial
Buckingham Palace
Queen's Gallery
Spur Road
Birdcage Walk
Guards Museum
Old Queen Street
Queen Anne's Gate
Carteret St
Dartmouth St
Queen Elizabeth II Conference Centre
Middlesex Guildhall
Storey's Gate
Central Hall
Tothill Street
Broad Sanctuary
St Margaret's
Abingdon Street
Houses of Parliament
Westminster Abbey
Westminster School
Jewel Tower
Wellington Barracks
Home Office
Buckingham Gate
Petty France
Caxton Hall
St James's Park
Broadway
Palmer Street
Caxton Street
Department of Trade & Industry
Dacre Street
New Scotland Yard
Abbey Orchard Street
Victoria Street
Great Smith Street
Church House
Great College Street
Catherine Place
Wilfred Street
Castle Lane
Palace Street
Warwick Row
Westminster City Hall
Spencer Street
Stag Place
Bressenden Place
Victoria Street
Old Pye Street
Perkin's Rents
St Ann's Street
Strutton Ground
Great Peter Street
Turton Street
Barton Street
Gayfere Street
Civil Service Recreation Centre
Marsham Street
Smith Square
St John's Concert Hall
Lord North Street
Dean Bradley Street
Dean Street
A3212
A302
A202
A4
B323
B324
B326
Howick Place
Greycoat Pl
Thirleby Road
Ambrosden Avenue
Westminster Cathedral
Morpeth Terrace
Carlisle Place
King's Scholars' Pas
Vauxhall Bridge Road
Wilton Road
Victoria Station
Victoria Bus Station
Greycoat Street
RHS New Hall
Medway Street
Monck Street
Horseferry Road
RHS Old Hall
Elverton Street
Maunsel Street
Vincent Street
Rochester Row
Greencoat Place
Stillington Street
Francis Street
Willow Place
Rutherford Street
Page Street
Dean Ryle Street
Thames House
Millbank
Thorney Street
Vincent Square
John Islip Street
Millbank Tower
Queen Mother Sports Centre
Gillingham Street
Guildhouse Street
Belgrave Road
Eccleston Square
Eccleston Square Mews
Warwick Way
Denbigh Street
Tachbrook Street
Churton Street
Gordon Hospital
Hide Place
Regency Street
Chapter Street
The Greycoat Hospital
Erasmus Street
Herrick Street
Douglas Street
Causton Street
Cureton Street
Tate Britain
Atterbury Street
Millbank Millennium Pier
The London Institute
Ponsonby Place
Ponsonby Terrace
Warwick Square
Warwick Street
Gloucester Street
St George's Drive
Denbigh Place
Charlwood Street
Moreton Place
Moreton Street
Moreton Terrace
Rampayne Street
Pimlico
Drummond Gate
Bessborough Street
Bessborough Place
Lindsay Square
Grosvenor Road
Thames Path
Vauxhall Bridge
Winchester Street
Lupus Street
Ranelagh Road
Claverton Street
Chichester Street
Dolphin Square
Aylesford Street
St George's Square
Balvaird Place
Glasgow Terrace
Churchill Gardens Road
Telford Terrace
Pimlico Gardens
Effra Site under development
Nine Elms Lane
A3205
Wandsworth Road
Parry St
Covent Garden Flower Market

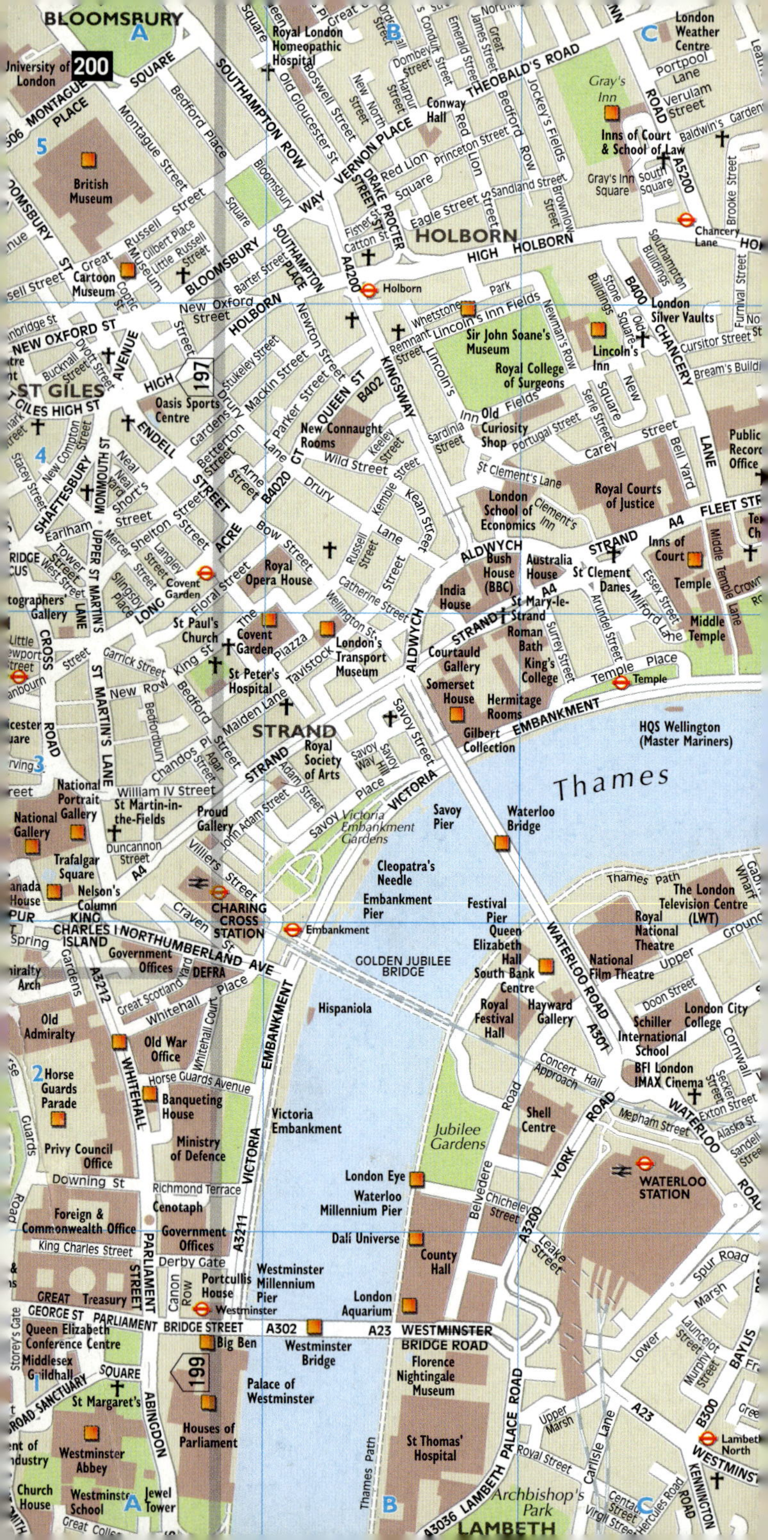
BLOOMSBURY
A
B
C
University of London
Royal London Homeopathic Hospital
London Weather Centre
Portpool Lane
Gray's Inn
Verulam Street
Inns of Court & School of Law
Gray's Inn Square
South Square
Baldwin's Gardens
Brooke Street
THEOBALD'S ROAD
Dombey Street
Conway Hall
Emerald Street
Jockey's Fields
Bedford Row
Red Lion Street
Princeton Street
Sandland Street
Eagle Street
Red Lion Square
Boswell Street
Old Gloucester St
SOUTHAMPTON ROW
VERNON PLACE
DRAKE STREET
PROCTER ST
Fisher St
Catton St
HOLBORN
HIGH HOLBORN
Chancery Lane
A5200
MONTAGUE PLACE
Montague Street
Bedford Place
British Museum
BLOOMSBURY SQUARE
Bloomsbury Square
Bloomsbury Way
Russell Street
Gilbert Place
Little Russell Street
Great Russell Street
Cartoon Museum
Museum St
Coptic St
BLOOMSBURY WAY
Barter Street
SOUTHAMPTON PLACE
A4200
Holborn
Whetstone Park
Lincoln's Inn Fields
Remnant Street
Sir John Soane's Museum
Royal College of Surgeons
Newman's Row
Stone Buildings
Old Square
Lincoln's Inn
New Square
Serle Street
Southampton Buildings
B400
CHANCERY LANE
London Silver Vaults
Cursitor Street
Furnival Street
Bream's Buildings
New Oxford Street
NEW OXFORD ST
HOLBORN
Newton Street
Stukeley Street
Mackin Street
Parker Street
Great QUEEN ST
B402
KINGSWAY
Bucknall Street
Dyott Street
ST GILES
ST GILES HIGH ST
HIGH ST
AVENUE
197
Oasis Sports Centre
Drury Gardens
New Connaught Rooms
Keeley Street
Wild Street
Kemble Street
Sardinia Street
Old Curiosity Shop
Portugal Street
Carey Street
Bell Yard
Public Record Office
Old Fields
Lincoln's Inn
Endell
4
New Compton Street
Stacey Street
SHAFTESBURY
MONMOUTH ST
Neal Street
Neal's Yard
Short's Gardens
Betterton Street
Arne Street
B4020
Drury Lane
St Clement's Lane
London School of Economics
Clement's Inn
Royal Courts of Justice
FLEET STREET
A4
Earlham Street
Mercer Street
Shelton Street
Langley Street
Tower Street
West Street
UPPER ST MARTIN'S LANE
Long Acre
Slingsby Place
Covent Garden
Floral Street
Bow Street
Russell Street
Kean Street
Catherine Street
Royal Opera House
ALDWYCH
Bush House (BBC)
Australia House
India House
St Mary-le-Strand
St Clement Danes
Inns of Court
Temple
Middle Temple Lane
Essex Street
Milford Lane
Arundel Street
Surrey Street
Roman Bath
King's College
Middle Temple
Photographers' Gallery
CROSS ROAD
St Paul's Church
The Covent Garden Piazza
London's Transport Museum
Wellington St
STRAND
Courtauld Gallery
Somerset House
Hermitage Rooms
Gilbert Collection
Temple Place
Temple
EMBANKMENT
HQS Wellington (Master Mariners)
Garrick Street
King St
St Peter's Hospital
Tavistock Street
New Row
Bedford Street
Maiden Lane
Savoy Street
Savoy Way
Savoy Hill
Savoy Place
Chandos Pl
Agar Street
Bedfordbury
ST MARTIN'S LANE
STRAND
Royal Society of Arts
Adam Street
John Adam Street
VICTORIA
Thames
3
National Portrait Gallery
William IV Street
St Martin-in-the-Fields
Proud Gallery
Victoria Embankment Gardens
Savoy Pier
Waterloo Bridge
National Gallery
Duncannon Street
Trafalgar Square
Villiers Street
Cleopatra's Needle
Embankment Pier
Thames Path
Gabriel's Wharf
The London Television Centre (LWT)
Canada House
Nelson's Column
KING CHARLES I ISLAND
Craven St
CHARING CROSS STATION
Embankment
Festival Pier
Queen Elizabeth Hall
Royal National Theatre
Upper Ground
Spring Gardens
NORTHUMBERLAND AVE
Government Offices
DEFRA
Great Scotland Yard
GOLDEN JUBILEE BRIDGE
South Bank Centre
National Film Theatre
Admiralty Arch
A3212
Whitehall Place
Whitehall Court
EMBANKMENT
Hispaniola
WATERLOO ROAD
Royal Festival Hall
Hayward Gallery
Doon Street
Schiller International School
London City College
Cornwall
Old Admiralty
Old War Office
A301
Concert Hall Approach
BFI London IMAX Cinema
Secker Street
Exton Street
2
Horse Guards Parade
WHITEHALL
Horse Guards Avenue
Banqueting House
Victoria Embankment
Belvedere Road
Shell Centre
Mepham Street
WATERLOO
Alaska St
Sandell Street
Guards
Privy Council Office
Ministry of Defence
VICTORIA
Jubilee Gardens
YORK ROAD
WATERLOO STATION
Downing St
Richmond Terrace
London Eye
Waterloo Millennium Pier
Chicheley Street
A3200
Foreign & Commonwealth Office
Cenotaph
Government Offices
A3211
Dalí Universe
County Hall
Leake Street
King Charles Street
PARLIAMENT STREET
Derby Gate
Canon Row
Portcullis House
Westminster Millennium Pier
London Aquarium
Spur Road
Marsh
GREAT GEORGE ST
Treasury
PARLIAMENT
Westminster
BRIDGE STREET
A302
A23
WESTMINSTER BRIDGE ROAD
Big Ben
Westminster Bridge
Lower Marsh
Launcelot Street
Murphy Street
BAYLIS
Queen Elizabeth Conference Centre
Middlesex Guildhall
199
Palace of Westminster
Florence Nightingale Museum
1
BROAD SANCTUARY
SQUARE
St Margaret's
ABINGDON
Houses of Parliament
LAMBETH PALACE ROAD
Upper Marsh
Carlisle Lane
A23
B300
Lambeth North
WESTMINSTER
St Thomas' Hospital
Royal Street
KENNINGTON ROAD
Westminster Abbey
Thames Path
Church House
Westminster School
Jewel Tower
Archbishop's Park
Centaur Street
Hercules Road
Virgil Street
A3036
LAMBETH
Great College

201
202
FARRINGDON STATION
BARBICAN STATION
The Barbican
City University Business School
Guildhall School of Music & Drama
Exhibition Halls
MOORGATE STATION
Central London Markets (Smithfield)
St Bartholomew's The Great
St Bartholomew's Hospital
Museum of London
LONDON WALL
Clock Museum
Guildhall
St Lawrence Jewry Church
Postman's Park
HOLBORN CIRCUS
City Temple
HOLBORN VIADUCT
NEWGATE STREET
Old Bailey (Central Criminal Court)
St Paul's
St Paul's Cathedral
Bank of England Extension
Cheapside
St Mary le-Bow Church
CITY
Dr Johnson's House
LUDGATE CIRCUS
St Bride's Church
CITY THAMESLINK STATION
College of Arms
Mansion House
Temple of Mithras
Salvation Army Heritage Centre
QUEEN VICTORIA STREET
BLACKFRIARS STATION
PUDDLE DOCK
City of London School
Vinters' Hall
EMBANKMENT
UPPER THAMES
HMS President
Blackfriars Millennium Pier
Blackfriars Pier
BLACKFRIARS BRIDGE
Thames
Millennium Bridge
Panorama Pier
Bankside Jetty
SOUTHWARK BRIDGE
Oxo Tower
Bankside Gallery
Tate Modern
Shakespeare's Globe
Financial Times
Vinopolis
Purdy Hicks Gallery
Kings College London
Rose Theatre Exhibition
Clink Prison Museum
Borough Market
London Nautical School
SOUTHWARK STREET
Industrial Centre
Bramah Museum of Tea & Coffee
WATERLOO EAST STATION
Southwark
UNION STREET
Southwark College
THE CUT
Nelson Square
London Fire Brigade Museum
MARSHALSEA ROAD
Borough
SOUTHWARK
BOROUGH HIGH STREET
South Bank University
ST GEORGE'S CIRCUS
BOROUGH ROAD
South Bank University
St George's Cathedral
Eden College
Inner London Sessions House
Newington Gardens
NEWINGTON CAUSEWAY
LAMBETH ROAD
LONDON ROAD
HARPER ROAD
GREAT DOVER STREET

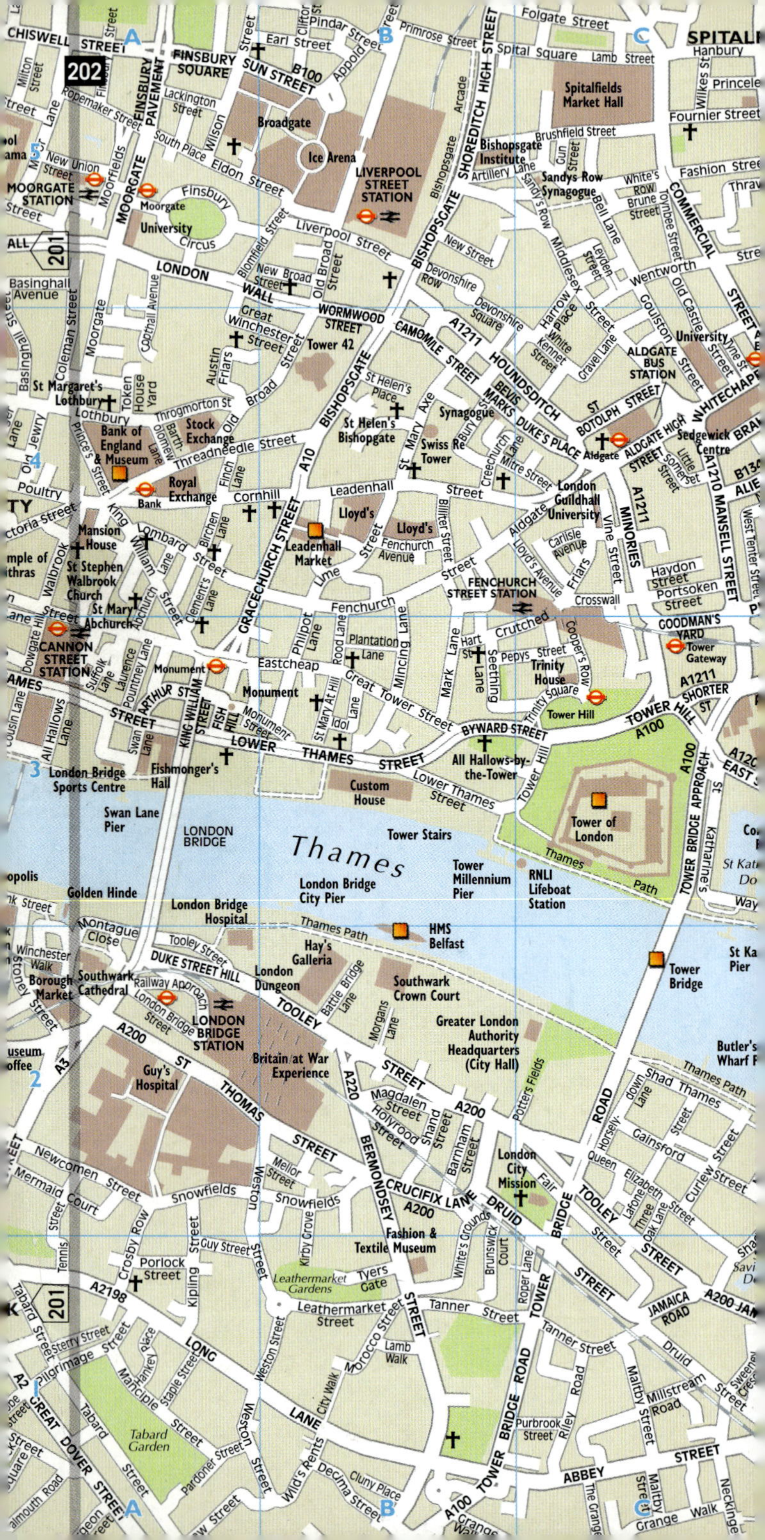
A
B
C
1
2
3
4
5
201
201
CHISWELL STREET
FINSBURY SQUARE
FINSBURY PAVEMENT
SUN STREET
Earl Street
Pindar Street
Clifton Street
Appold Street
B100
Primrose Street
Folgate Street
Spital Square
Lamb Street
SPITALFIELDS
Hanbury
Princelet
Wilkes Street
Fournier Street
Spitalfields Market Hall
SHOREDITCH HIGH STREET
Arcade
Ropemaker Street
Lackington Street
Wilson
Broadgate
Ice Arena
LIVERPOOL STREET STATION
Bishopsgate
Bishopsgate Institute
Artillery Lane
Brushfield Street
Gun Street
Sandys Row Synagogue
Fashion Street
White's Row
Brune Street
Toynbee Street
COMMERCIAL
Thrawl
Milton Street
Moor Lane
New Union Street
Moorfields
MOORGATE STATION
MOORGATE
Moorgate
South Place
Eldon Street
Finsbury Circus
University
LONDON WALL
Blomfield Street
Liverpool Street
BISHOPSGATE
New Street
Devonshire Row
Devonshire Square
Middlesex Street
Leyden Street
Bell Lane
Wentworth
Old Castle Street
Goulston Street
STREET
New Broad Street
Old Broad Street
Basinghall Avenue
Coleman Street
Basinghall Street
Moorgate
Coltman Avenue
Great Winchester Street
WORMWOOD STREET
CAMOMILE STREET
A1211
HOUNDSDITCH
Harrow Place
White Kennet Street
Gravel Lane
ALDGATE BUS STATION
University
Tower 42
Austin Friars
Broad Street
St Helen's Place
St Helen's Bishopgate
St Mary Axe
Synagogue
Bury Street
BEVIS MARKS
DUKE'S PLACE
ST BOTOLPH STREET
WHITECHAPEL
Sedgewick Centre
St Margaret's Lothbury
Lothbury
Tokenhouse Yard
Throgmorton St
Stock Exchange
Old Broad
Bank of England & Museum
Threadneedle Street
Bartholomew Lane
Finch Lane
A10
Swiss Re Tower
Creechurch Lane
Mitre Street
Aldgate
ALDGATE HIGH STREET
Little Somerset
A1210 MANSELL STREET
B134
Old Jewry
Poultry
Princes Street
Royal Exchange
Bank
Cornhill
Leadenhall
Street
Billiter Street
London Guildhall University
A1211 MINORIES
Victoria Street
King William Street
Mansion House
Lombard Street
Birchin Lane
GRACECHURCH STREET
Leadenhall Market
Lloyd's
Lloyd's
Fenchurch Avenue
Lime Street
Aldgate
Lloyd's Avenue
Carlisle Avenue
Vine Street
Haydon Street
Portsoken Street
West Tenter Street
Temple of Mithras
Walbrook
St Stephen Walbrook Church
St Mary Abchurch
Abchurch Lane
Clement's Lane
Street
Fenchurch
Street
FENCHURCH STREET STATION
Crosswall
Friars
Crutched
GOODMAN'S YARD
Tower Gateway
CANNON STREET STATION
Dowgate Hill
Suffolk Lane
Laurence Pountney Lane
Monument
Philpot Lane
Rood Lane
Plantation Lane
Mincing Lane
Mark Lane
Hart St
Seething Lane
Pepys Street
Trinity House
Cooper's Row
Trinity Square
Tower Hill
A1211
SHORTER
Eastcheap
Monument
Great Tower Street
St Mary At Hill
Idol Lane
BYWARD STREET
TOWER HILL
A100
A100
Cousin Lane
All Hallows Lane
ARTHUR STREET
KING WILLIAM STREET
FISH HILL
Monument Street
Swan Lane
LOWER THAMES STREET
All Hallows-by-the-Tower
Tower Hill
London Bridge Sports Centre
Fishmonger's Hall
Custom House
Lower Thames Street
Tower of London
TOWER BRIDGE APPROACH
St Katharine's Way
A120
EAST S
Swan Lane Pier
LONDON BRIDGE
Thames
Tower Stairs
Thames Path
Tower Millennium Pier
RNLI Lifeboat Station
St Katharine Docks
London Bridge City Pier
Golden Hinde
London Bridge Hospital
Thames Path
HMS Belfast
Tower Bridge
St Katharine's Pier
Montague Close
Tooley Street
Winchester Walk
Stoney Street
Borough Market
Southwark Cathedral
DUKE STREET HILL
Railway Approach
London Bridge Street
LONDON BRIDGE STATION
Hay's Galleria
London Dungeon
TOOLEY
Battle Bridge Lane
Southwark Crown Court
Morgans Lane
Greater London Authority Headquarters (City Hall)
Butler's Wharf
Thames Path
A3
A200
Guy's Hospital
ST THOMAS STREET
Britain at War Experience
A220
STREET
Magdalen Street
Holyrood Street
Shand Street
A200
Barnham Street
Potters Fields
Shad Thames
Horselydown Lane
ROAD
Gainsford Street
Curlew Street
Newcomen Street
Mermaid Court
Snowfields
Weston Street
Mellor Street
Snowfields
BERMONDSEY
CRUCIFIX LANE
A200
London City Mission
Fair Street
DRUID
BRIDGE
Queen Elizabeth Street
TOOLEY STREET
Lafone Street
Three Oak Lane
Tennis Street
Crosby Row
Porlock Street
Kipling Street
Guy Street
Kirby Grove
Fashion & Textile Museum
White's Grounds
Brunswick Court
Roper Lane
TOWER
Leathermarket Gardens
Tyers Gate
Leathermarket Street
Tanner Street
JAMAICA ROAD
A200
A2198
Tabard Street
Sterry Street
Pilgrimage Street
Hankey Place
Manciple Street
Staple Street
LONG
Weston Street
City Walk
Morocco Street
Lamb Walk
STREET
Tanner Street
Druid Street
Sweeney Crescent
A2
GREAT DOVER STREET
Tabard Garden
Tabard Street
Pardoner Street
Weston Street
LANE
Decima Street
Wild's Rents
Cluny Place
TOWER BRIDGE ROAD
Purbrook Street
Riley Road
Maltby Street
Millstream Road
ABBEY STREET
The Grange
Maltby Street
Grange Walk
Neckinger
A100

ÍNDICE DEL CALLEJERO

Av	Avenue
Cres	Crescent
Dr	Drive
Gdns	Gardens
Pl	Place
Rd	Road
Sq	Square
St	Street

A

Abbey Orchard St SW1 **199 E3**
Abbey St SE1 **202 C1**
Abbots Lane SE1 **202 B2**
Abchurch Lane EC4 **202 A3**
Abingdon Rd W8 **194 A1**
Abingdon St SW1 **199 F4**
Abingdon Villas W8 **194 A1**
Achilles Way W1 **198 B5**
Adam and Eve Mews W8 **194 A2**
Adam St WC2 **200 B3**
Adam's Row W1 **196 B1**
Addington St SE1 **200 C1**
Addle Hill EC4 **201 E4**
Addle St EC2 **201 F5**
Adeline Pl WC1 **197 F3**
Agar St WC2 **200 A3**
Air St W1 **197 E1**
Airlie Gdns W8 **194 A3**
Alaska St SE1 **200 C2**
Albany St NW1 **196 C5**
Albemarle St W1 **197 D1**
Albert Ct SW7 **195 D2**
Albert Gate SW1 **198 A4**
Albert Hall Mansions SW7 **195 D2**
Albert Mews W8 **194 C2**
Albert Pl W8 **194 C2**
Albion Close W2 **195 F4**
Albion Mews W2 **195 F4**
Albion Pl EC1 **201 E5**
Albion St W2 **195 F4**
Albion Way EC1 **201 E5**
Aldermanbury EC2 **201 F4**
Alderney St SW1 **198 C2**
Aldersgate St EC1 **201 E5**
Aldford St W1 **196 B1**
Aldgate High St EC3 **202 C4**
Aldgate EC3 **202 C4**
Aldwych WC2 **200 B4**
Alexander Pl SW7 **195 E1**
Alexander Sq SW3 **195 E1**
Alexander St W2 **194 B5**
Alfred Mews W1 **197 E3**
Alfred Pl WC1 **197 E3**
Alie St E1 **202 C4**
All Hallows Lane EC4 **202 A3**
Allen St W8 **194 A2**
Allington St SW1 **199 D3**
Allsop Pl NW1 **196 A4**
Ambrosden Av SW1 **199 D3**
Amen Corner EC4 **201 E4**
Amen Ct EC4 **201 E4**
America Sq EC3 **202 C3**
America St SE1 **201 F2**
Anderson St SW3 **198 A2**
Angel Ct EC2 **202 A4**
Angel Passage EC4 **202 A3**
Angel St EC1 **201 E4**
Ansdell St W8 **194 B2**
Apple Tree Yard SW1 **197 E1**
Appold St EC2 **202 B5**
Aquinas St SE1 **201 D2**
Archer St W1 **197 E1**
Argyle St WC1 **197 F5**
Argyll Rd W8 **194 A2**
Argyll St W1 **197 D2**
Arlington St SW1 **199 D5**
Arne St WC2 **200 A4**
Arneway St SW1 **199 E3**
Artesian Rd W2 **194 A5**
Arthur St EC4 **202 A3**
Artillery Lane E1 **202 B5**
Artillery Row SW1 **199 E3**
Arundel St WC2 **200 C4**
Ashland Pl W1 **196 B3**
Ashley Pl SW1 **199 D3**
Atherstone Mews SW7 **194 C1**
Atterbury St SW1 **199 F2**
Austin Friars Sq EC2 **202 A4**
Ave Maria Lane EC4 **201 E4**
Avery Row W1 **196 C2**
Avonmouth St SE1 **201 E1**
Aybrook St W1 **196 B3**
Aylesford St SW1 **199 E1**
Ayres St SE1 **201 F2**

B

Bainbridge St WC1 **197 F3**
Baker St W1 & NW1 **196 A4**
Baker's Mews W1 **196 B2**
Balcombe St NW1 **196 A4**
Balderton St W1 **196 B2**
Baldwin's Gdns EC1 **200 C5**
Balfour Mews W1 **196 B1**
Balfour Pl W1 **196 B1**
Balneil Gate SW1 **199 E2**
Balvaird Pl SW1 **199 F1**
Bank End SE1 **201 F3**
Bankside Jetty SE1 **201 E3**
Barbon Close WC1 **200 B5**
Barge House St SE1 **201 D3**
Bark Pl W2 **194 B4**
Barlow Pl W1 **197 D1**
Barnham St SE1 **202 B2**
Baron's Pl SE1 **201 D1**
Barrett St W1 **196 B2**
Barrie St W2 **195 D4**
Barter St WC1 **200 A5**
Barth Lane EC2 **202 A4**
Bartholomew Close EC1 **201 E5**
Barton St SW1 **199 F3**
Basil St SW3 **198 A4**
Basinghall Av EC2 **201 F5**
Basinghall St EC2 **201 F5**
Bateman St W1 **197 E2**
Bateman's Buildings W1 **197 E2**
Bathurst Mews W2 **195 D5**
Bathurst St W2 **195 D4**
Battle Bridge Lane SE1 **202 B2**
Bayley St WC1 **197 E3**
Baylis Rd SE1 **200 C1**
Bayswater Rd W2 **194 B4**
Beak St W1 **197 D1**
Bear Alley EC4 **201 D4**
Bear Gdns SE1 **201 F3**
Bear Lane SE1 **201 E2**
Beatrice Pl W8 **194 B1**
Beauchamp Pl SW3 **195 F1**
Beaufort Gdns SW3 **195 F1**
Beaumont Mews W1 **196 B3**
Beaumont Pl W1 **197 D4**
Beaumont St W1 **196 B4**
Bedford Av WC1 **197 E3**
Bedford Ct WC2 **197 F1**
Bedford Gdns W8 **194 A3**
Bedford Pl WC1 **200 A5**
Bedford Row WC1 **200 B5**
Bedford Sq WC1 **197 E3**
Bedford St WC2 **200 A3**
Bedford Way WC1 **197 F4**
Bedfordbury WC2 **197 F1**
Beech St EC2 **201 F5**
Beeston Pl SW1 **198 C3**
Belgrave Mews North and West SW1 **198 B4**
Belgrave Mews South SW1 **198 B3**
Belgrave Pl SW1 **198 B3**
Belgrave Rd SW1 **199 D2**
Belgrave Sq SW1 **198 B4**
Belgrove St WC1 **197 F5**
Bell Lane E1 **202 C5**
Bell Yard WC2 **200 C4**
Belvedere Buildings SE1 **201 E1**
Belvedere Rd SE1 **200 B2**
Benjamin St EC1 **201 D5**
Bentinck St W1 **196 B3**
Berkeley Gdns W8 **194 A3**
Berkeley Mews W1 **196 B2**
Berkeley Sq W1 **196 C1**
Berkeley St W1 **197 D1**
Bermondsey St SE1 **202 B1**
Bernard St WC1 **197 F4**
Berners Mews W1 **197 E3**
Berners St W1 **197 E3**
Berwick St W1 **197 E2**
Bessborough Gdns SW1 **199 F2**
Bessborough Pl SW1 **199E1**
Bessborough St SW1 **199 E2**
Betterton St WC2 **200 A4**
Beverston Mews W1 **196 A3**
Bevis Marks EC3 **202 B4**
Bickenhall St W1 **196 A3**
Bidborough St WC1 **197 F5**
Billiter St EC3 **202 B4**
Bingham Pl W1 **196 B4**
Binney St W1 **196 B2**
Birchin Lane EC3 **202 A4**
Bird St W1 **196 B2**
Birdcage Walk SW1 **199 D4**
Bishops Bridge Rd W2 **194 C5**
Bishopsgate Churchyard EC2 **202 B5**
Bishopsgate EC2 **201 B5**
Bittern St SE1 **201 E1**
Black Swan Yard SE1 **202 B1**
Blackburne's Mews W1 **196 B1**
Blackfriars Bridge EC4 & SE1 **201 D3**
Blackfriars Lane EC4 **201 D4**
Blackfriars Passage EC4 **201 D3**
Blackfriars Rd SE1 **201 D2**
Blacklands Ter SW3 **198 A2**
Blandford St W1 **196 A3**
Blithfield St W8 **194 B1**
Bloomfield Ter SW1 **198 B2**
Bloomsbury Sq WC1 **200 A5**
Bloomsbury St WC1 **197 F3**
Bloomsbury Way WC1 **200 A5**
Bolsover St W1 **197 D4**
Bolt Ct EC4 **201 D4**
Bolton St W1 **198 C5**
Borough Rd SE1 **201 E1**
Boscobel Pl SW1 **198 B3**
Boswell St WC1 **200 B5**
Botolph Lane EC3 **202 B3**
Bott's Mews W2 **194 A5**
Boundary Rd SE1 **201 D2**
Bourdon St W1 **196 C1**
Bourlet Close W1 **197 D3**
Bourne St SW1 **198 B2**
Bouverie St EC4 **201 D4**
Bow Lane EC4 **201 F4**
Bow St WC2 **200 B4**
Boyfield St SE1 **201 E1**
Brad St SE1 **201 D2**
Braham St E1 **202 C4**
Bray Pl SW3 **198 A2**
Bread St EC4 **201 F4**
Bream's Buildings EC **200 C4**
Bremner Rd SW7 **195 D2**
Brendon St W1 **195 F5**
Bressenden Pl SW1 **199 D3**
Brewer St W1 **197 E1**
Brick St W1 **198 C5**
Bride Lane EC4 **201 D4**
Bridewain St SE1 **202 C1**
Bridewell Pl EC4 **201 D4**
Bridford Mews W1 **196 C4**
Bridge Pl SW1 **199 D3**
Bridge St SW1 **200 A1**
Bridge Yard SE1 **202 A2**
Bridle Lane W1 **197 E2**
Bridstow Pl W2 **194 A5**
Broadbent St W1 **196 C1**
Broad Ct WC2 **200 B4**
Broad Sanctuary SW1 **199 F4**
Broadstone Pl W1 **196 B3**
Broadwall SE1 **201 D3**
Broad Walk, The W8 **194 C3**
Broadway SW1 **199 E4**
Broadwick St W1 **197 E2**
Bromfield St EC2 **202 B5**
Brompton Pl SW3 **195 F2**
Brompton Rd SW3 **195 E1**
Brompton Sq SW3 **195 E1**
Brook Gate W1 **196 A1**
Brook Mews North W2 **195 D4**
Brook St W1 **196 C2**
Brook St W2 **195 E4**
Brook's Mews W1 **196 C1**
Brooke St EC1 **200 C5**
Brooke's Ct EC1 **200 C5**
Brown Hart Gdns W1 **196 B2**
Brown St W1 **195 F5**
Brownlow St WC1 **200 C5**
Brune St E1 **202 C5**
Brunswick Ct SE1 **202 B1**
Brunswick Gdns W8 **194 B3**
Brunswick Mews W1 **196 A2**
Brushfield St E1 **202 C5**
Bruton Lane W1 **196 C1**
Bruton Pl W1 **196 C1**
Bruton St W1 **196 C1**
Bryanston Mews East W1 **196 A3**
Bryanston Mews West W1 **196 A3**
Bryanston Pl W1 **196 A3**
Bryanston Sq W1 **196 A3**
Bryanston St W1 **196 A2**
Buck Hill Walk W2 **195 E4**
Buck St WC2 **200 A3**
Buckingham Gate SW1 **199 D4**
Buckingham Palace Rd SW1 **198 C2**
Buckingham Pl SW1 **199 D4**
Bucknall St WC2 **197 F2**
Budge's Walk W2 **194 C3**
Bulleid Way SW1 **198 C2**
Bulstrode St W1 **196 B3**
Bunhouse Pl SW1 **198 B2**

Burdett St SE1 **200 C1**
Burleigh St WC2 **200 B3**
Burlington Arcade W1 **197 D1**
Burlington Gdns W1 **197 D1**
Burrell St SE1 **201 D2**
Burrows Mews SE1 **201 D2**
Burton St WC1 **197 F5**
Burwood Pl W2 **195 F5**
Bury Ct EC3 **202 B4**
Bury Pl WC1 **200 A5**
Bury St EC3 **202 B4**
Bury St SW1 **199 D5**
Bush Lane EC4 **202 A3**
Byng Pl WC1 **197 E4**
Byward St EC3 **202 B3**
Bywater St SW3 **198 A2**

C
Cadogan Gate SW1 **198 A3**
Cadogan Gdns SW1 **198 A3**
Cadogan Lane SW1 **198 B3**
Cadogan Pl SW1 **198 A3**
Cadogan Sq SW1 **198 A3**
Cadogan St SW3 **198 A2**
Calisle Lane SE1 **200 C1**
Callcott St W8 **194 A3**
Cambridge Circus WC2 **197 F2**
Cambridge Gate NW1 **196 C5**
Cambridge Pl W8 **194 C2**
Cambridge Sq W2 **195 E5**
Cambridge St SW1 **199 D2**
Camomile St EC3 **202 B5**
Campden Grove W8 **194 A2**
Campden Hill Gdns W8 **194 A3**
Campden Hill Rd W8 **194 A3**
Campden Hill W8 **194 A3**
Campden St W8 **194 A3**
Camperdown St **E1 202 C4**
Canning Passage W8 **194 C2**
Canning Pl W8 **194 C2**
Cannon Row SW1 **200 A1**
Cannon St EC4 **201 F4**
Canvey St SE1 **201 E2**
Capper St WC1 **197 E4**
Carburton St W1 **197 D4**
Cardington St NW1 **197 E5**
Carey Lane EC2 **201 F4**
Carey St WC2 **200C4**
Carlisle Av EC3 **202 C4**
Carlisle Pl SW1 **199 D3**
Carlisle St W1 **197 E2**
Carlos Pl W1 **196 C1**
Carlton Gdns SW1 **199 E5**
Carlton House Ter SW1 **199 E5**
Carmelite St EC4 **201 D4**
Carnaby St W1 **197 D2**
Caroline Place Mews W2 **194 B4**
Caroline Ter SW1 **198 B2**
Carpenter St W1 **196 C1**
Carter Lane EC4 **201 E4**
Carthusian St EC1 **201 E5**
Carting Lane WC2 **200 B3**
Cartwright Gdns WC1 **197 F5**
Castle Baynard St EC4 **201 E3**
Castle Lane SW1 **199 D3**
Castle Yard SE1 **201 E3**
Castlereagh St W1 **195 F5**
Cathedral Piazza SW1 **199 D3**
Catherine Pl SW1 **199 D4**
Catherine St WC2 **200 B4**
Catherine Wheel Alley E1 **201 B5**
Catton St WC1 **200 B5**
Causton St SW1 **199 F2**
Cavendish Pl W1 **196 C3**
Cavendish Sq W1 **196 C2**
Caversham St SW3 **198 A1**
Caxton St SW1 **199 E4**
Centaur St SE1 **200 C1**
Chadwick St SW1 **199 E3**
Chagford St NW1 **196 A4**
Chancel St SE1 **201 E2**
Chancery Lane WC2 **200 C4**
Chandos Pl WC2 **200 A3**
Chandos St W1 **196 C3**
Chantry Sq W8 **194 B1**
Chapel Pl W1 **196 C2**
Chapel Side W2 **194 B4**
Chapel St SW1 **198 B4**
Chapter St SW1 **199 E2**
Charing Cross Rd WC2 **197 F2**
Charles II St SW1 **197 E1**
Charles St W1 **198 C5**
Charlotte St W1 **197 D3**
Charlton St NW1 **197 E5**
Charlwood St SW1 **199 D2**
Charterhouse Sq EC1 **201 E5**
Charterhouse St EC1 **201 D5**
Cheapside EC4 **201 F4**
Chelsea Bridge Rd SW1 **198 B2**
Chelsea Bridge SW1 & SW8 **198 C1**
Cheltenham Ter SW3 **198 A2**
Chenies Mews WC1 **197 E4**
Chenies St WC1 **197 E3**
Cheniston Gdns W8 **194 B2**
Chepstow Cres W11 **194 A4**
Chepstow Pl W2 **194 A5**
Chepstow Rd W2 **194 A5**
Chepstow Villas W11 **194 A4**
Cherry Tree Ter SE1 **202 B1**
Chesham Pl SW1 **198 B3**
Chesham St SW1 **198 B3**
Chester Close North NW1 **196 C5**
Chester Close South NW1 **196 C5**
Chester Gate NW1 **196 C5**
Chester Mews SW1 **198 C4**
Chester Rd NW1 **196 B5**
Chester Row SW1 **198 B2**
Chester Sq SW1 **198 C3**
Chester St SW1 **198 C4**
Chester Ter NW1 **196 C5**
Chesterfield Gdns W1 **198 C5**
Chesterfield Hill W1 **196 C1**
Chesterfield St W1 **198 C5**
Cheval Pl SW7 **195 F1**
Chicheley St SE1 **200 B2**
Chichester St SW1 **199 E1**
Chiltern St W1 **196 A4**
Chilworth Mews W2 **195 D5**
Chilworth St W2 **195 D5**
Chiswell St EC1 **201 F5**
Chitty St W1 **197 E3**
Christchurch St SW3 **198 A1**
Christopher St EC2 **202 B5**
Churchill Gardens Rd SW1 **199 D1**
Churchway NW1 **197 E5**
Churton St SW1 **199 D2**
Clabon Mews SW1 **198 A3**
Clanricarde Gdns W2 **194 B4**
Clare Market WC2 **200 B4**
Clarence Gdns NW1 **197 D5**
Clarendon Close W2 **195 E4**
Clarendon Pl W2 **195 E5**
Clarendon St SW1 **199 D2**
Clarges Mews W1 **198 C5**
Clarges St W1 **198 C5**
Claverton St SW1 **199 E1**
Clay St W1 **196 A3**
Clement's Inn WC2 **200 C4**
Clements Lane EC4 **202 A4**
Clenston Mews W1 **196 A2**
Cleveland Gdns W2 **194 C5**
Cleveland Mews W1 **194 D4**
Cleveland Row SW1 **199 D5**
Cleveland Sq W2 **194 C5**
Cleveland St W1 **197 D4**
Cleveland Ter W2 **194 C5**
Clifford St W1 **197 D1**
Clifton Pl W2 **195 E5**
Clink St SE1 **201 F3**
Clipstone Mews W1 **197 D4**
Clipstone St W1 **197 D3**
Cliveden Pl SW1 **198 B2**
Cloak Lane EC4 **201 F3**
Cloth Fair EC1 **201 E5**
Cloth St EC1 **201 E5**
Cluny Pl SE1 **202 B1**
Coach House Mews SE1 **202 B1**
Cobb St E1 **202 C5**
Cobourg St NW1 **197 E5**
Cock Lane EC1 **201 E5**
Cockpit Yard WC1 **200 B5**
Cockspur St SW1 **197 F1**
Coin St SE1 **200 C2**
Coleman St EC2 **202 A4**
College St EC4 **201 F3**
Collinson St SE1 **201 E1**
Colombo St SE1 **201 D2**
Commercial St E1 **202 C5**
Compton Pl WC1 **197 F5**
Concert Hall Approach SE1 **200 C2**
Conduit Mews W2 **195 D5**
Conduit Pl W2 **195 D5**
Conduit St W1 **197 D1**
Connaught Pl W2 **196 A2**
Connaught Sq W2 **195 F5**
Connaught St W2 **196 A2**
Cons St SE1 **201 D2**
Constitution Hill SW1 **198 C4**
Conway St W1 **197 D4**
Cooper Close SE1 **201 D1**
Cooper's Row EC3 **202 C3**
Cope Pl W8 **194 A1**
Copperfield St SE1 **201 E2**
Copthall Av EC2 **202 A4**
Coptic St WC1 **197 F3**
Coral St SE1 **201 D1**
Coram St WC1 **197 F4**
Corbet Pl E1 **202 C5**
Cork St W1 **197 D1**
Cornhill EC3 **202 A4**
Cornwall Gdns Walk SW7 **194 B1**
Cornwall Gdns SW7 **194 C1**
Cornwall Mews South SW7 **194 C1**
Cornwall Mews West SW7 **194 B1**
Cornwall Rd SE1 **200 C2**
Cornwall Ter NW1 **196 A4**
Cosmo Pl WC1 **200 A5**
Cottage Pl SW3 **195 E1**
Cottesmore Gdns W8 **194 C1**
Cottons Lane SE1 **202 B2**
Coulson St SW3 **198 A2**
Counter St SE1 **202 B2**
Courtnell St W2 **194 A5**
Cousin Lane EC4 **201 F3**
Coventry St W1 **197 E1**
Cowcross St EC1 **201 D5**
Cowley St SW1 **199 F3**
Coxon Pl SE1 **202 C1**
Crace St NW1 **197 E5**
Cramer St W1 **196 B3**
Cranbourn St WC2 **197 F1**
Craven Hill Gdns W2 **194 C4**
Craven Hill Mews W2 **194 C4**
Craven Hill W2 **194 C4**
Craven Rd W2 **195 D5**
Craven St WC2 **200 A3**
Craven Ter W2 **195 D4**
Crawford St W1 **196 A3**
Creechurch Lane EC3 **202 B4**
Creechurch Pl EC3 **202 C4**
Creed Lane EC4 **201 E4**
Crescent Pl SW3 **195 F1**
Crispin St E1 **202 C5**
Cromwell Gdns SW7 **195 E1**
Cromwell Mews SW7 **195 E1**
Cromwell Pl SW7 **194 C1**
Cromwell Rd SW7 & SW5 **194 B1**
Crosby Row SE1 **202 A1**
Crosswall EC3 **202 C4**
Crown Ct WC2 **200 B4**
Crown Office Row EC4 **200 C4**
Crown Passage SW1 **199 E5**
Crown Pl EC2 **202 B5**
Crucifix Lane SE1 **202 B2**
Crutched Friars EC3 **202 B3**
Culford Gdns SW3 **198 A2**
Cullum St EC3 **202 B4**
Culross St W1 **196 B2**
Cumberland Gate W1 & W2 **196 A2**
Cumberland Market NW1 **197 D5**
Cumberland St SW1 **198 C2**
Cundy St SW1 **198 B2**
Cureton St SW1 **199 F2**
Curlew St SE1 **202 C2**
Cursitor St EC4 **200 C4**
Curzon Gate W1 **198 B5**
Curzon Pl W1 **198 C5**
Curzon St W1 **198 B5**
Cut, The SE1 **201 D2**
Cutler St E1 **202 B4**
Cypress Pl W1 **197 D4**

D
D'Arblay St W1 **197 E2**
D'Oyley St SW1 **198 B3**
Dacre St SW1 **199 E4**
Dane St WC1 **200 B4**
Dark House Walk EC3 **202 B3**
Dartmouth Close W2 **194 A5**
Dartmouth St SW1 **199 E4**
Davidge St SE1 **201 E1**
Davies Mews W1 **196 C2**
Davies St W1 **196 C2**
Dawson Pl W2 **194 A4**
De Vere Gdns W8 **194 C1**
Dean Bradley St SW1 **199 F3**

Dean Farrar St SW1 **199 E4**
Dean Ryle St SW1 **199 F3**
Dean St W1 **197 E2**
Dean Trench St SW1 **199 F3**
Dean's Mews W1 **196 C3**
Deanery St W1 **196 B5**
Decima St SE1 **202 B1**
Denbigh St SW1 **199 D2**
Denman St W1 **197 E1**
Denmark St WC2 **197 F2**
Derby Gate SW1 **200 A1**
Derby St W1 **198 C5**
Dering St W1 **196 C2**
Derry St W8 **194 B2**
Devonshire Close W1 **196 C3**
Devonshire Mews South W1 **196 C3**
Devonshire Mews West W1 **196 C4**
Devonshire Pl W1 **196 B4**
Devonshire Pl Mews W1 **196 B4**
Devonshire Row EC2 **202 A5**
Devonshire Sq EC2 **202 A5**
Devonshire St W1 **196 B3**
Devonshire Ter W2 **195 D5**
Dial Walk, The W8 **194 C2**
Diana Pl NW1 **197 D4**
Dilke St SW3 **198 A1**
Distaff Lane EC4 **201 E4**
Dodson St SE1 **201 D1**
Dolben St SE1 **201 E2**
Dombey St WC1 **200 B5**
Dominion St EC2 **202 A5**
Donne Pl SW3 **195 F1**
Doon St SE1 **200 C2**
Doric Way NW1 **197 E5**
Dorset Close NW1 **196 A4**
Dorset Mews SW1 **198 C4**
Dorset Rise EC4 **201 D4**
Dorset Sq NW1 **196 A4**
Dorset St W1 **196 A3**
Douglas St SW1 **199 E2**
Douro Pl W8 **194 C2**
Dove Walk SW1 **198 B2**
Dover St W1 **197 D1**
Down St W1 **198 C5**
Downing St SW1 **199 F5**
Drake St WC1 **200 B5**
Draycott Pl SW3 **198 A2**
Draycott Ter SW3 **198 A2**
Drayson Mews W8 **194 B2**
Druid St SE1 **202 B2**
Drummond Cres NW1 **197 E5**
Drummond Gate SW1 **199 E2**
Drummond St NW1 **197 D4**
Drury Lane WC2 **200 A4**
Duchess Mews W1 **196 C3**
Duchess of Bedford's Walk W8 **194 A2**
Duchess St W1 **196 C3**
Duchy St SE1 **201 D3**
Duck Lane W1 **197 E2**
Dufour's Pl W1 **197 E2**
Duke of Wellington Pl SW1 **198 C5**
Duke of York St SW1 **197 E1**
Duke St W1 **196 B2**
Duke Street Hill SE1 **202 A2**
Duke Street St James's SW1 **199 D5**
Duke's Lane W8 **194 B2**
Duke's Pl EC3 **202 C4**
Duke's Rd WC1 **197 F5**
Duncannon St WC2 **197 F1**
Dunraven St W1 **196 A2**
Dunstable Mews W1 **196 B3**
Dunster Ct EC3 **202 B3**
Dunsterville Way SE1 **202 A1**
Duplex Ride SW1 **198 A4**
Durham House St WC2 **200 A3**
Durham Ter W2 **194 B5**
Dyott St WC1 **197 F3**

E

Eagle Ct EC1 **201 E5**
Eagle St WC2 **200 B5**
Earl St EC2 **202 B5**
Earlham St WC2 **197 F2**
Earls Court Rd W8 **194 A1**
Earls Walk W8 **194 A1**
Earnshaw St WC2 **197 F2**
East Harding St EC4 **201 D4**
East Tenter St **E1 202 C4**
Eastbourne Mews W2 **195 D5**
Eastbourne Ter W2 **195 D5**
Eastcastle St W1 **197 D2**
Eastcheap EC3 **202 B3**
Eaton Gate SW1 **198 B3**
Eaton Mews North SW1 **198 B3**
Eaton Mews South SW1 **198 C3**
Eaton Pl SW1 **198 B3**
Eaton Sq SW1 **198 B3**
Eaton Ter SW1 **198 B2**
Ebury Bridge Rd SW1 **198 C1**
Ebury Bridge SW1 **198 C2**
Ebury Mews East SW1 **198 C3**
Ebury Mews SW1 **198 C3**
Ebury Sq SW1 **198 C2**
Ebury St SW1 **198 B2**
Eccleston Bridge SW1 **198 C3**
Eccleston Mews SW1 **198 B3**
Eccleston Pl SW1 **198 C3**
Eccleston Sq SW1 **198 C2**
Eccleston Sq Mews SW1 **199 D2**
Eccleston St SW1 **198 C3**
Edge St W8 **194 A3**
Edgware Rd W2 **195 F5**
Edinburgh Gate SW1 **198 A4**
Edward Mews NW1 **196 C5**
Edward Mews W1 **196 B2**
Edwardes Sq W8 **194 A1**
Edwardes Square South W8 **194 A1**
Egerton Cres SW3 **195 F1**
Egerton Gdns SW3 **195 F1**
Egerton Ter SW3 **195 F1**
Eldon Rd W8 **194 C1**
Eldon St EC2 **202 A5**
Elim St SE1 **202 B1**
Elizabeth Bridge SW1 **198 C2**
Elizabeth St SW1 **198 B3**
Ellis St SW1 **198 A3**
Elms Mews W2 **195 D4**
Elvaston Mews SW7 **195 D1**
Elvaston Pl SW7 **194 C1**
Elverton St SW1 **199 E3**
Ely Pl EC1 **201 D5**
Embankment Gdns SW3 **198 A1**
Embankment Pl WC2 **200 A2**
Emerald St WC1 **200 B5**
Emerson St SE1 **201 F2**
Emery Hill St SW1 **199 E3**
Emery St SE1 **201 D1**
Emperor's Gate SW7 **194 C1**
Endell St WC2 **200 A4**
Endsleigh Gdns WC1 **197 E4**
Endsleigh Pl WC1 **197 E4**
Endsleigh St WC1 **197 E4**
Enford St W1 **196 A3**
English Grounds SE1 **202 B2**
Enid St SE16 **202 C1**
Ennismore Gdn Mews SW7 **195 E2**
Ennismore Gdns SW7 **195 E2**
Ennismore Mews SW7 **195 E2**
Ennismore St SW7 **195 E2**
Erasmus St SW1 **199 F2**
Essex St WC2 **200 C4**
Essex Villas W8 **194 A2**
Esterbrooke St SW1 **199 E2**
Euston Rd NW1 **197 D4**
Euston Sq NW1 **197 E5**
Euston St NW1 **197 E5**
Ewer St SE1 **201 E2**
Exchange Pl EC2 **202 B5**
Exchange Sq EC2 **202 B5**
Exeter St WC2 **200 B3**
Exhibition Rd SW7 **195 E2**
Exton St SE1 **200 C2**

F

Fair St SE1 **202 C2**
Falcon Close SE1 **201 E2**
Farm Pl W8 **194 A3**
Farm St W1 **196 C1**
Farmer St W8 **194 A3**
Farnham Pl SE1 **201 E2**
Farringdon Rd EC1 **201 D5**
Farringdon St EC4 **201 D4**
Fashion St E1 **202 C5**
Fen Ct EC3 **202 B4**
Fenchurch Av EC3 **202 B4**
Fenchurch St EC3 **202 B4**
Fetter Lane EC4 **202 D4**
Finch Lane EC3 **202 A4**
Finsbury Av EC2 **202 A5**
Finsbury Circus EC2 **202 A5**
Finsbury Pavement **202 A5**
Finsbury Sq EC2 **202 A5**
First St SW3 **195 F1**
Fish St Hill EC3 **202 A3**
Fish Wharf EC3 **202 A3**
Fisher St WC1 **200 B5**
Fishmongers' Hall Wharf EC4 **202 A3**
Fitzhardinge St W1 **196 B2**
Fitzmaurice Pl W1 **196 C1**
Fitzroy Sq W1 **197 D4**
Fitzroy St WC1 **197 D4**
Flaxman Ter WC1 **197 F5**
Fleet St EC4 **201 D4**
Flitcroft St WC2 **197 F2**
Floral St WC2 **200 A3**
Flower Walk, The SW7 **195 D2**
Foley St W1 **197 D3**
Folgate St E1 **202 C5**
Fore St EC2 **201 F5**
Fore Street Av EC2 **202 A5**
Forset St W1 **195 F5**
Foster Lane EC2 **201 F4**
Foubert's Pl W1 **197 D2**
Fournier St E1 **202 C5**
Francis St SW1 **199 D3**
Franklin's Row SW3 **198 A2**
Frazier St SE1 **200 C1**
Frederick Close W2 **195 F5**
Friday St EC4 **201 F4**
Frith St W1 **197 E2**
Frying Pan Alley E1 **202 C5**
Fulwood Pl WC1 **200 C5**
Furnival St EC4 **200 C5**
Fynes St SW1 **199 E3**

G

Gabriels Wharf SE1 **200 C3**
Gainsford St SE1 **202 C2**
Galen Pl WC1 **200 A5**
Gambia St SE1 **201 E2**
Ganton St W1 **197 D2**
Garbutt Pl W1 **196 B3**
Garden Mews W2 **194 A4**
Garlick Hill EC4 **201 F3**
Garrick St WC2 **197 F1**
Garway Rd W2 **194 B5**
Gate St WC2 **200 B5**
Gatliff Rd SW1 **198 C1**
Gaunt St SE1 **201 E1**
Gayfere St SW1 **199 F3**
Gedling Pl SE1 **202 C1**
Gees Ct W1 **196 C2**
George Mews NW1 **197 D5**
George St W1 **196 A2**
George Yard EC3 **202 A4**
George Yard W1 **196 B2**
Gerald Rd SW1 **198 B2**
Gerrard St W1 **197 E1**
Gerridge St SE1 **201 D1**
Gilbert Pl WC1 **197 F3**
Gilbert St W1 **196 C2**
Gildea St W1 **197 D3**
Gillingham St SW1 **199 D3**
Giltspur St EC1 **201 E5**
Glasgow Ter SW1 **199 D1**
Glasshill St SE1 **201 E1**
Glasshouse St W1 **197 E1**
Glentworth St NW1 **196 A4**
Gloucester Ct EC3 **202 C3**
Gloucester Mews W2 **195 D5**
Gloucester Mews West W2 **194 C5**
Gloucester Pl NW1 & W1 **196 A4**
Gloucester Pl Mews W1 **196 A3**
Gloucester Rd SW7 **194 C1**
Gloucester Sq W2 **195 E5**
Gloucester St SW1 **198 D2**
Gloucester Ter W2 **194 C5**
Gloucester Walk W8 **194 A3**
Godliman St EC4 **201 E4**
Golden Sq W1 **197 E1**
Goodge Pl W1 **197 E3**
Goodge St W1 **197 E3**
Goodman's Yard E1 **202 C3**
Gordon Pl W8 **194 A2**
Gordon Sq WC1 **197 E4**
Gordon St WC1 **197 E4**
Gore St SW7 **195 D1**
Gosfield St W1 **197 D3**
Goslett Yard WC2 **197 F2**
Gough Sq EC4 **201 D4**
Goulston St E1 **202 C4**
Gower Mews WC1 **197 E2**
Gower Pl WC1 **197 E4**
Gower St WC1 **197 E4**
Gracechurch St EC3 **202 A3**
Grafton Mews W1 **197 D4**
Grafton Pl NW1 **197 E5**
Grafton St W1 **197 D1**
Grafton Way W1 **197 D4**
Graham Ter SW1 **198 B2**
Grand Av EC1 **201 E5**
Grange Ct WC2 **200 C4**
Grant's Quay Wharf EC3 **202 A3**

Granville Pl W1 **196 B2**
Grape St WC2 **197 F2**
Gravel Lane E1 **202 C4**
Gray St SE1 **201 D1**
Gray's Inn Pl WC1 **200 C5**
Gray's Inn Rd WC1 **200 C5**
Great Castle St W1 **197 D2**
Great Central St NW1 **196 A4**
Great Chapel St W1 **197 E2**
Great College St SW1 **199 F3**
Great Cumberland Pl W1 **196 A2**
Great Dover St SE1 **201 F1**
Great George St SW1 **199 F4**
Great Guildford St SE1 **201 E2**
Great James St WC1 **200 B5**
Great Marlborough St W1 **197 D2**
Great Maze Pond SE1 **202 A2**
Great New St EC4 **201 D4**
Great Peter St SW1 **199 E3**
Great Portland St W1 **197 D3**
Great Pulteney St W1 **197 E2**
Great Queen St WC2 **200 B4**
Great Russell St WC1 **197 F3**
Great Scotland Yard SW1 **200 A2**
Great Smith St SW1 **199 F4**
Great St Helen's EC3 **202 B4**
Great Suffolk St SE1 201 **E2**
Great Swan Alley EC2 **202 A4**
Great Titchfield St W1 **197 D4**
Great Tower St EC3 **202 B3**
Great Winchester St EC2 **202 A4**
Great Windmill St W1 **197 E1**
Greek St W1 **197 F2**
Green St W1 **196 B2**
Greencoat Pl SW1 **199 E3**
Greencoat Row SW1 **199 E3**
Greenham Close SE1 **200 C1**
Greenwell St W1 **197 D4**
Greet St SE1 **201 D2**
Gregory Pl W8 **194 B2**
Grenville Pl SW7 **194 C1**
Gresham St EC2 **201 F4**
Gresse St W1 **197 E3**
Greville St EC1 **201 D5**
Greycoat Pl SW1 **199 E3**
Greycoat St SW1 **199 E3**
Groom Pl SW1 **198 C4**
Grosvenor Cres SW1 **198 B4**
Grosvenor Crescent Mews SW1 **198 B4**
Grosvenor Gate W1 **196 A1**
Grosvenor Gdns SW1 **198 C3**
Grosvenor Hill W1 **196 C1**
Grosvenor Pl SW1 **198 C4**
Grosvenor Rd SW1 **198 C1**
Grosvenor Sq W1 **196 B1**
Grosvenor St W1 **196 B1**
Guildhall Yard EC2 **201 F4**
Guildhouse St SW1 **199 D2**
Gulston Walk SW3 **198 A2**
Gun St E1 **202 C5**
Gunthorpe St E1 **202 C5**
Gutter Lane EC2 **201 F4**
Guy St SE1 **202 A1**

H

Half Moon St W1 **198 C5**
Halkin Pl SW1 **198 B4**
Halkin St SW1 **198 B4**
Hallam Mews W1 **196 C3**
Hallam St W1 **196 C3**
Halsey Mews SW3 **198 A2**
Halsey St SW3 **198 A3**
Hamilton Pl W1 **198 C5**
Hamilton Sq SE1 **202 A2**
Hampstead Rd NW1 **197 D5**
Hanbury St E1 **202 C5**
Handel St WC1 **197 F4**
Hankey Pl SE1 **202 A1**
Hanover Sq W1 **196 C2**
Hanover St W1 **197 D2**
Hanover Ter NW1 **196 A5**
Hans Cres SW1 **198 A4**
Hans Pl SW1 **198 A3**
Hans Rd SW3 **195 F2**
Hans St SW1 **198 A3**
Hanson St W1 **197 D3**
Hanway Pl W1 **197 E3**
Hanway St W1 **197 E2**
Hardwidge St SE1 **202 B1**
Harewood Pl W1 **196 C2**
Harley Pl W1 **196 C3**
Harley St W1 **196 C4**
Harp Lane EC3 **202 B3**
Harpur St WC1 **200 B5**
Harriet St SW1 **198 A4**
Harriet Walk SW1 **198 A4**
Harrington St NW1 **197 D5**
Harrow Pl E1 **202 C4**
Harrowby St W1 **195 F5**
Hart St EC3 **202 B3**
Harwich Lane EC2 **202 B5**
Hasker St SW3 **195 F1**
Hastings St WC1 **197 F5**
Hatfields SE1 **201 D3**
Hatherley Grove W2 **194 B5**
Hatherley St SW1 **199 E2**
Hatton Garden EC1 **201 D5**
Hay Hill W1 **197 D1**
Hay's Lane SE1 **202 B2**
Hay's Mews W1 **196 C1**
Haydon St EC3 **202 C4**
Haymarket SW1 **197 E1**
Hayne St EC1 **201 E5**
Headfort Pl SW1 **198 B4**
Heddon St W1 **197 D1**
Heneage Pl EC3 **202 B4**
Henrietta Pl W1 **196 C2**
Henrietta St WC2 **200 A3**
Herbrand St WC1 **197 F4**
Hereford Rd W2 **194 A5**
Herrick St SW1 **198 F2**
Hertford St W1 **198 C5**
Hide Pl SW1 **199 E2**
High Holborn WC1 **200 A4**
High Timber St EC4 **201 E3**
Hill St W1 **196 C1**
Hillgate Pl W8 **194 A3**
Hillgate St W8 **194 A3**
Hills Pl W1 **197 D2**
Hind Ct EC4 **201 D4**
Hinde St W1 **196 B2**
Hobart Pl SW1 **198 C3**
Holbein Mews SW1 **198 B2**
Holbein Pl SW1 **198 B2**
Holborn Circus EC1 **201 D5**
Holborn Viaduct EC1 **201 D5**
Holborn EC1 **200 C5**
Holland St SE1 **201 E3**
Holland St W8 **194 A2**
Holland Walk W8 **194 A2**
Holles St W1 **196 C2**
Holyrood St SE1 **202 B2**
Hopkins St W1 **197 E2**
Hopton St SE1 **201 E3**
Horbury Cres W11 **194 A4**
Hornton Pl W8 **194 B2**
Hornton St W8 **194 A3**
Horse Guards Av SW1 **200 A2**
Horse Guards Rd SW1 **199 F5**
Horse Ride SW1 **198 C4**
Horseferry Rd SW1 **199 E3**
Horselydown Lane SE1 **202 C2**
Hosier Lane EC1 **201 E5**
Houndsditch EC3 **202 B4**
Howick Pl SW1 **199 D3**
Howland St W1 **197 D3**
Hudson's Pl SW1 **199 D3**
Huggin Hill EC4 **201 F3**
Hugh St SW1 **198 C2**
Hunt's Ct WC2 **197 F1**
Huntley St WC1 **197 E4**
Huntsworth Mews NW1 **196 A4**
Hutton St EC4 **201 D4**
Hyde Park Corner SW1 **198 B4**
Hyde Park Cres W2 **195 E5**
Hyde Park Gdns W2 **195 E4**
Hyde Park Gdns Mews W2 **195 E5**
Hyde Park Gate SW7 **194 C1**
Hyde Park Sq W2 **195 E5**
Hyde Park St W2 **195 E5**

I

Idol Lane EC3 **202 B3**
Ilchester Gdns W2 **194 B4**
India St EC3 **202 C4**
Ingestre Pl W1 **197 E2**
Inner Circle NW1 **196 B5**
Inner Temple Lane EC4 **200 C4**
Inverness Mews W2 **194 C4**
Inverness Pl W2 **194 C4**
Inverness Ter W2 **194 C4**
Invicta Plaza SE1 **201 D3**
Ironmonger Lane EC2 **201 F4**
Irving St WC2 **197 F1**
Iverna Ct W8 **194 B2**
Iverna Gdns W8 **194 B2**

J

James St W1 **196 B2**
James St WC2 **200 A4**
Jameson St W8 **194 A3**
Jay Mews SW7 **195 D2**
Jermyn St SW1 **197 D1**
Jewry St EC3 **202 C4**
Joan St SE1 **201 D2**
Jockey's Fields WC1 **200 C5**
John Adams St WC2 **200 A3**
John Carpenter St EC4 **201 D4**
John Islip St SW1 **199 F2**
John Princes St W1 **197 D2**
Johnson's Pl SW1 **199 D1**
Joiner St SE1 **202 A2**
Judd St WC1 **197 F5**

K

Kean St WC2 **200 B4**
Keeley St WC2 **200 B4**
Kelso Pl W8 **194 B1**
Kemble St WC2 **200 B4**
Kendal St W2 **195 F5**
Kendall Pl W1 **196 B3**
Kennet Wharf Lane EC4 **201 F3**
Kennington Rd SE1 **200 C1**
Kenrick Pl W1 **196 B3**
Kensington Church St W8 **194 A3**
Kensington Church Walk W8 **194 B2**
Kensington Court Pl W8 **194 B2**
Kensington Ct W8 **194 B2**
Kensington Gardens Sq W2 **194 B5**
Kensington Gate W8 **194 C1**
Kensington Gore SW7 **195 D2**
Kensington High St W8 **194 A2**
Kensington Mall W8 **194 A3**
Kensington Palace Gdns W8 **194 B4**
Kensington Pl W8 **194 A3**
Kensington Rd W8 & SW7 **194 C2**
Kensington Sq W8 **194 B2**
Kenton St WC1 **197 F4**
Keppel Row SE1 **201 F2**
Keppel St WC1 **197 F3**
Keyworth St SE1 **201 E1**
Kildare Gdns W2 **194 B5**
Kildare Ter W2 **194 A5**
King Charles St SW1 **199 F4**
King Edward St EC1 **201 E4**
King James St SE1 **201 E1**
King St EC2 **201 F4**
King St SW1 **199 D5**
King St WC2 **200 A3**
King William St EC4 **202 A4**
King's Bench Walk EC4 **201 D4**
King's Scholars' Passage SW1 **199 D3**
Kinghorn St EC1 **201 E5**
Kingly Ct W1 **197 D2**
Kingly St W1 **197 D2**
Kings Arms Yard EC2 **202 A4**
Kings Bench St SE1 **201 E1**
Kingscote St EC4 **201 D4**
Kingsway WC2 **200 B4**
Kinnerton St SW1 **198 B4**
Kipling St SE1 **202 A2**
Kirby Grove SE1 **202 B1**
Kirby St EC1 **201 D5**
Knightsbridge SW1 & SW7 **195 F2**
Knox St W1 **196 A3**
Kynance Mews SW7 **194 C1**
Kynance Pl SW7 **194 C1**

L

Lackington St EC2 **202 A5**
Lafone St SE1 **202 C2**
Lamb St E1 **202 C5**
Lamb Walk SE1 **202 B1**
Lambeth Hill EC4 **201 F3**
Lambeth Palace Rd SE1 **200 B1**
Lancaster Gate W2 **195 D4**
Lancaster Mews W2 **195 D4**
Lancaster Pl WC2 **200 B3**
Lancaster St SE1 **201 E1**
Lancaster Ter W2 **195 D4**
Lancaster Walk W2 **195 D4**
Lancelot Pl SW7 **195 F2**
Lancing St NW1 **197 E5**
Landon Pl SW1 **198 A4**
Langham Pl W1 **197 D3**
Langham St W1 **197 D3**

Langley St WC2 **197 F2**
Lansdowne Row W1 **196 C1**
Lant St SE1 **201 F1**
Launceston Pl W8 **194 C1**
Laurence Pountney Lane EC4 **202 A3**
Lavington St SE1 **201 E2**
Laxton Pl NW1 **197 D4**
Leadenhall Pl EC3 **202 B4**
Leadenhall St EC3 **202 B4**
Leake St SE1 **200 C1**
Leather Lane EC1 **200 C5**
Leathermarket St SE1 **202 B1**
Ledbury Mews West W11 **194 A4**
Ledbury Mews W11 **194 A5**
Ledbury Rd W11 **194 A5**
Lees Pl W1 **196 B1**
Leicester Sq WC2 **197 F1**
Leicester St WC2 **197 F1**
Leigh Hunt St SE1 **201 F1**
Leigh St WC1 **197 F5**
Leinster Gdns W2 **194 C5**
Leinster Mews W2 **194 C4**
Leinster Pl W2 **194 C5**
Leinster Sq W2 **194 B5**
Leinster Ter W2 **194 C4**
Lennox Gdns Mews SW1 **195 F2**
Lennox Gdns SW1 **195 F2**
Lewisham St SW1 **199 F4**
Lexham Gdns W8 **194 A1**
Lexham Mews W8 **194 A1**
Lexham Walk W8 **194 B1**
Lexington St W1 **197 E2**
Leyden St E1 **202 C5**
Library St SE1 **201 E1**
Lime St EC3 **202 B4**
Limeburner Lane EC4 **201 D4**
.imes, The W2 **194 A4**
.incoln St SW3 **198 A2**
.incoln's Inn Fields WC2 **200 B4**
.inden Gdns W2 **194 A4**
.inden Mews W2 **194 A4**
.indsay Sq SW1 **199 F2**
.indsey St EC1 **201 E5**
.inhope St NW1 **196 A4**
.isle St W1 197 **E1**
.itchfield St WC2 **197 F2**
.ittle Britain EC1 **201 E5**
.ittle Chester St SW1 **198 C4**
.ittle College St SW1 **199 F3**
ittle Edward St NW1 **196 C5**
ittle New St EC4 **201 D4**
ittle Newport St WC2 **197 F2**
ittle Portland St W1 **197 D3**
'ttle Russell St WC1 **197 F3**
ittle Smith St SW1 **199 F3**
ittle Somerset St E1 **202 C4**
ittle St James's St SW1 **199 D5**
ittle Titchfield St W1 **197 D3**
ttle Trinity Lane EC4 **201 F3**
verpool St EC2 **202 B5**
vonia St W2 **197 E2**
oyd's Av EC3 **202 C4**
ogan Pl W8 **194 A1**
olesworth Close E1 **202 C5**
oman St SE1 **201 E2**
Lombard Ct EC4 **202 A4**
Lombard St EC3 **202 A4**
London Bridge St SE1 **202 A2**
London Bridge EC4 & SE1 **202 A3**
London Rd SE1 **201 E1**
London St EC3 **202 B4**
London St W2 **195 D5**
London Wall EC2 **201 F5**
Long Acre WC2 **200 A4**
Long Lane EC1 **201 E5**
Long Lane SE1 **202 A1**
Long Walk SE1 **202 B1**
Longford St NW1 **196 C4**
Longmoore St SW1 **199 D2**
Lord North St SW1 **199 F3**
Lothbury EC2 **202 A4**
Lovat Lane EC3 **202 B3**
Love Lane EC2 **201 F4**
Lower Belgrave St SW1 **198 C3**
Lower James St W1 **197 E1**
Lower John St W1 **197 E1**
Lower Marsh SE1 **200 C1**
Lower Sloane St SW1 **198 B2**
Lower Thames St EC3 **202 A3**
Lowndes Pl SW1 **198 B3**
Lowndes Sq SW1 **198 A4**
Lowndes St SW1 **198 B3**
Lucerne Mews W8 **194 A3**
Ludgate Circus EC4 **201 D4**
Ludgate Hill EC4 **201 E4**
Ludgate Sq EC4 **201 E4**
Lumley St W1 **196 B2**
Lupus St SW1 **198 C1**
Luxborough St W1 **196 B4**
Lyall St SW1 **198 B3**
Lygon Pl SW1 **198 C3**

M

Mabledon Pl WC1 **197 F5**
Macklin St WC2 **200 A4**
Mackworth St NW1 **197 D5**
Maddox St W1 **197 D2**
Magdalen St SE1 **202 B2**
Maguire St SE1 **202 C2**
Maiden Lane SE1 **201 F2**
Maiden Lane WC2 **200 A3**
Malet St WC1 **197 E4**
Mall, The SW1 **199 E5**
Maltby St SE1 **202 C1**
Maltravers St WC2 **200 C4**
Manchester Sq W1 **196 B2**
Manchester St W1 **196 B3**
Manciple St SE1 **202 A1**
Mandeville Pl W1 **196 B2**
Manette St W1 **197 F2**
Mansell St E1 **202 C4**
Mansfield St W1 **196 C3**
Maple St W1 197 **D4**
Marble Arch W1 **196 A2**
Marchmont St WC1 **197 F4**
Margaret St W1 **197 D2**
Mark Lane EC3 **202 B3**
Market Mews W1 **198 C5**
Market Pl W1 **197 D2**
Market Yard Mews SE1 **202 B1**
Marlborough Rd SW1 **199 E5**
Marloes Rd W8 **194 B1**
Marshall St W1 **197 D2**
Marshalsea Rd SE1 **201 F2**
Marsham St SW1 **199 F3**
Martin Lane EC4 **202 A3**
Martlett Ct WC2 **200 B4**
Marylebone High St W1 **196 B3**
Marylebone Lane W1 **196 B3**
Marylebone Mews W1 **196 C3**
Marylebone Rd NW1 **196 A4**
Marylebone St W1 **196 B3**
Mason's Arms Mews W1 **196 C3**
Matthew Parker St SW1 **199 F4**
Maunsel St SW1 **199 E3**
Mayfair Pl W1 **199 D5**
McCleod's Mews SW7 **194 C1**
Meard St W1 **197 E2**
Medway St SW1 **199 E3**
Melbourne Pl WC2 **200 B4**
Melbury Ct W8 **194 A1**
Melcombe Pl NW1 **196 A4**
Melcombe St NW1 **196 A3**
Melior Pl SE1 **202 B2**
Melton St NW1 **197 E5**
Mepham St SE1 **200 C2**
Mercer St WC2 **197 F2**
Mermaid Ct SE1 **202 A2**
Mermaid Row SE1 **202 B1**
Meymott St SE1 **201 D2**
Middle St EC1 **201 E5**
Middle Temple Lane EC4 **200 C4**
Middle Yard SE1 **202 B2**
Middlesex St E1 **202 B5**
Milcote St SE1 **201 E1**
Milford Lane WC2 **200 C4**
Milk St EC2 **201 F4**
Mill St W1 **197 D2**
Millbank SW1 **199 F2**
Millennium Sq SE1 **202 A1**
Millstream Rd SE1 **202 C1**
Milner St SW3 **195 F1**
Milton St EC2 **201 F5**
Mincing Lane EC3 **202 B3**
Minera Mews SW1 **198 B3**
Minories EC3 **202 C4**
Mint St SE1 **201 F2**
Mitre Rd SE1 **201 D1**
Mitre St EC3 **202 C4**
Monck St SW1 **199 F3**
Moncorvo Close SW7 **195 E2**
Monkwell Sq EC2 **201 F5**
Monmouth Rd W2 **194 B5**
Monmouth St WC2 **197 F2**
Montagu Mansions W1 **196 A3**
Montagu Mews South W1 **196 A2**
Montagu Mews West W1 **196 A3**
Montagu Pl W1 **196 A3**
Montagu Row W1 **196 A3**
Montagu Sq W1 **196 A3**
Montagu St W1 **196 A2**
Montague Close SE1 **202 A2**
Montague Pl WC1 **197 F3**
Montague St EC1 **201 E5**
Montague St WC1 **197 F3**
Montpelier Mews SW7 **195 F2**
Montpelier Pl SW7 **195 F2**
Montpelier Sq SW7 **195 F2**
Montpelier St SW7 **195 F2**
Montpelier Walk SW7 **195 F2**
Montreal Pl WC2 **200 B3**
Montrose Ct SW7 **195 E2**
Montrose Pl SW1 **198 B4**
Monument St EC3 **202 A5**
Moore St SW3 **198 A3**
Moorfields EC2 **202 A5**
Moorgate EC2 **202 A5**
Moorhouse Rd W2 **194 A5**
Moreton Pl SW1 **199 E2**
Moreton St SW1 **199 E2**
Moreton Ter SW1 **199 E2**
Morley St SE1 **201 D1**
Morocco St SE1 **202 B1**
Morpeth Ter SW1 **199 D3**
Mortimer St W1 **197 D3**
Morwell St WC1 **197 E3**
Moscow Pl W2 **194 B4**
Moscow Rd W2 **194 B4**
Motcomb St SW1 **198 B4**
Mount Row W1 **196 C1**
Mount St W1 **196 B1**
Moxon St W1 **196 B3**
Mozart Ter SW1 **198 B2**
Mulvaney Way SE1 **202 A1**
Munster Sq NW1 **197 D5**
Murphy St SE1 **200 C1**
Muscovy St EC3 **202 C3**
Museum St WC1 **197 F3**

N

Nash St NW1 **196 C5**
Nassau St W1 **197 D3**
Neal St WC2 **200 A4**
Neckinger SE1 **202 C1**
Needham Rd W11 **194 A5**
Nelson Sq SE1 **201 E2**
Netley St NW1 **197 D5**
Neville Ct EC4 **201 D4**
New Bond St W1 **196 C2**
New Bridge St EC4 **201 D4**
New Broad St EC2 **202 B5**
New Burlington Pl W1 **197 D2**
New Burlington St W1 **197 D1**
New Cavendish St W1 **196 C3**
New Change EC4 **201 F4**
New Compton St WC2 **197 F2**
New Fetter Lane EC4 **201 D4**
New Globe Walk SE1 **201 F3**
New Goulston St E1 **202 C4**
New North St WC1 **200 B5**
New Oxford St WC1 **197 F3**
New Quebec St W1 **196 B2**
New Ride SW7 **195 E2**
New Row WC2 **197 F1**
New Sq WC2 **200 C4**
New St EC2 **202 A5**
New Street Sq EC4 **201 D4**
New Union St EC2 **202 A5**
Newbury St EC1 **201 E5**
Newcomen St SE1 **202 A2**
Newgate St EC1 **201 E4**
Newman St W1 **197 E3**
Newnham Ter SE1 **200 C1**
Newnhams Row SE1 **202 B1**
Newport Pl WC2 **197 F2**
Newton Rd W2 **194 B5**
Newton St WC2 **200 B5**
Nicholas Lane EC4 **202 A3**
Nicholson St SE1 **201 D2**
Noble St EC2 **201 F4**
Noel St W1 **197 E2**
Norfolk Cres W2 **195 E5**
Norfolk Pl W2 **195 E5**
Norfolk Sq W2 **195 E5**
Norris St SW1 **197 E1**
North Audley St W1 **196 B2**
North Carriage Drive (The Ring) W2 **195 E4**
North Cres WC1 **197 E3**

North Gower St NW1 **197 D5**
North Ride W2 **195 E4**
North Row W1 **196 B2**
North Tenter St E1 **202 C4**
North Terrace SW3 **195 E2**
Northumberland Alley EC3 **202 C4**
Northumberland Av WC2 **200 A2**
Northumberland Pl W2 **194 A5**
Northumberland St WC2 **200 A3**
Norton Folgate E1 **202 B5**
Norwich St EC4 **200 C5**
Notting Hill Gate W11 **194 A3**
Nottingham Pl W1 **196 B4**
Nottingham St W1 **196 B3**
Nutford Pl W1 **195 F5**

O
Oat Lane EC2 **201 F5**
Observatory Gdns W8 **194 A2**
Octagon Arcade EC2 **202 B5**
Ogle St W1 **197 D3**
Old Bailey EC4 **201 E4**
Old Bond St W1 **197 D1**
Old Broad St EC2 **202 A4**
Old Burlington St W1 **197 D1**
Old Castle St E1 **202 C4**
Old Cavendish St W1 **196 C2**
Old Compton St W1 **197 E2**
Old Court Pl W8 **194 B2**
Old Fleet Lane EC4 **201 D4**
Old Gloucester St WC1 **200 B5**
Old Jewry EC2 **202 A4**
Old Palace Yard SW1 **199 F4**
Old Park Lane W1 **198 C5**
Old Pye St SW1 **199 E3**
Old Quebec St W1 **196 B2**
Old Queen St SW1 **199 F4**
Old Sq WC2 **200 C4**
Oldbury Pl W1 **196 B4**
Olympia Mews W2 **194 C4**
Orange St WC2 **197 F1**
Orchard St W1 **196 B2**
Orde Hall St WC1 **200 B5**
Orme Ct W2 **194 B4**
Orme Lane W2 **194 B4**
Orme Sq W2 **194 B4**
Ormond Yard SW1 **197 E1**
Ormonde Gate SW3 **198 A1**
Orsett Ter W2 **194 C5**
Osbert St SW1 **199 E2**
Osnaburgh St NW1 **196 C4**
Ossington St W2 **194 B4**
Ossulston St NW1 **197 E5**
Osten Mews SW7 **194 C1**
Outer Circle NW1 **200 B1**
Ovington Gdns SW3 **195 F1**
Ovington Sq SW3 **195 F1**
Ovington St SW3 **195 F1**
Oxford Circus W1 **197 D2**
Oxford Sq W2 **195 E5**
Oxford St W1 **196 B2**
Oystergate Walk EC4 **202 A3**

P
Paddington St W1 **196 B3**
Page St SW1 **199 F3**
Palace Av W8 **194 B3**
Palace Ct W2 **194 B4**
Palace Gdns Mews W8 **194 B3**
Palace Gdns Ter W8 **194 B3**
Palace Gate W8 **194 C2**
Palace St SW1 **199 D4**
Pall Mall SW1 **199 E5**
Pall Mall East SW1 **197 F1**
Pall Mall Pl SW1 **199 E5**
Palmer St SW1 **199 E4**
Pancras Lane EC4 **201 F4**
Panton St SW1 **197 E1**
Paradise Walk SW3 **198 A1**
Pardoner St SE1 **202 A1**
Paris Garden SE1 **201 D2**
Park Cres W1 **196 C4**
Park Cres Mews East W1 **196 C4**
Park Cres Mews West W1 **196 C4**
Park Lane W1 **196 A2**
Park Pl SW1 **199 D5**
Park Sq East NW1 **196 C4**
Park Sq West NW1 **196 C4**
Park St SE1 **201 E3**
Park St W1 **196 B2**
Park West Pl W2 **195 F5**
Parker St WC2 **200 B4**
Parliament Sq SW1 **199 F4**
Parliament St SW1 **199 F4**
Passmore St SW1 **198 B2**
Pater St W8 **194 A1**
Paternoster Row EC4 **201 E4**
Paternoster Sq EC4 **201 E4**
Paul's Walk EC4 **201 E3**
Pavilion Rd SW1 **198 A4**
Pavilion St SW1 **198 A3**
Peabody Av SW1 **198 C2**
Pearman St SE1 **201 D2**
Peel St W8 **194 A3**
Pemberton Row EC4 **201 D4**
Pembridge Cres W11 **194 A4**
Pembridge Gdns W2 **194 A4**
Pembridge Mews W11 **194 A4**
Pembridge Pl W2 **194 A4**
Pembridge Rd W11 **194 A4**
Pembridge Sq W2 **194 A4**
Pembridge Villas W2 & W11 **194 A4**
Pembroke Gdns Close W8 **194 A1**
Pembroke Pl W8 **194 A1**
Pembroke Rd W8 **194 A1**
Pembroke Sq W8 **194 A1**
Pembroke Villas W8 **194 A1**
Pembroke Walk W8 **194 A1**
Pennant Mews W8 **194 B1**
Pepper St SE1 **201 E2**
Pepys St EC3 **202 C3**
Percy St W1 **197 E3**
Perkin's Rents SW1 **199 E3**
Perkins Sq SE1 **201 F2**
Peter St W1 **197 E2**
Peter's Lane EC1 **201 E5**
Peters Hill EC4 **201 E3**
Petersham Lane SW7 **194 C1**
Petersham Mews SW7 **194 C1**
Petersham Pl SW7 **194 C1**
Peto Pl NW1 **196 C4**
Petticoat Lane E1 **202 C5**
Petticoat Sq E1 **202 C4**
Petty France SW1 **199 E4**
Phillimore Gdns W8 **194 A2**
Phillimore Pl W8 **194 A2**
Phillimore Walk W8 **194 A2**
Philpot Lane EC3 **202 B3**
Phoenix Rd NW1 **197 E5**
Piazza, The WC2 **200 B3**
Piccadilly Circus W1 **197 E1**
Piccadilly SW1 **197 D1**
Pickwick St SE1 **201 F1**
Picton Pl W1 **196 B2**
Pilgrim St EC4 **201 E4**
Pilgrimage St SE1 **202 A1**
Pimlico Rd SW1 **198 B2**
Pindar St EC2 **202 B5**
Pitt St W8 **194 A2**
Pitt's Head Mews W1 **198 C5**
Playhouse Yard EC4 **201 E4**
Plumtree Ct EC4 **201 D5**
Pocock St SE1 **201 E1**
Poland St W1 **197 E2**
Pollen St W1 **197 D2**
Pomwell Way E1 **202 C4**
Ponsonby Pl SW1 **199 F2**
Ponsonby Ter SW1 **199 F2**
Pont St SW1 **198 A3**
Pont St Mews SW1 **195 F2**
Pope St SE1 **202 C1**
Poplar Pl W2 **194 B4**
Porchester Gdns W2 **194 B5**
Porchester Pl W2 **195 F5**
Porchester Rd W2 **194 B5**
Porchester Sq W2 **194 B5**
Porchester Ter W2 **194 C5**
Porlock St SE1 **202 A1**
Porter St SE1 **201 F2**
Porter St W1 **196 A3**
Portland Pl W1 **196 C3**
Portman Close W1 **196 A2**
Portman Mews South W1 **196 B2**
Portman Sq W1 **196 B2**
Portman St W1 **196 B2**
Portpool Lane EC1 **200 C5**
Portsea Pl W2 **195 F5**
Portsoken St EC3 **202 C4**
Portugal St WC2 **200 B4**
Poultry EC2 **201 F4**
Praed St W2 **195 D5**
Price's St SE1 **201 E2**
Primrose St EC2 **202 B5**
Prince Consort Rd SW7 **195 D2**
Prince's Gate SW7 **195 E2**
Prince's Gate Mews SW7 **195 E1**
Prince's Gdns SW7 **195 E2**
Prince's Mews W2 **194 B4**
Prince's Sq W2 **194 B4**
Princelet St E1 **202 C5**
Princes Circus WC2 **197 F2**
Princes St EC2 **202 A4**
Princes St W1 **197 D2**
Princeton St WC1 **200 B5**
Printer St EC4 **201 D4**
Procter St WC1 **200 B5**
Providence Ct W1 **196 B2**
Pudding Lane EC3 **202 A3**
Puddle Dock EC4 **201 E3**
Puma Ct E1 **202 C5**
Purbrook St SE1 **202 B1**

Q
Queen Anne St W1 **196 C3**
Queen Anne's Gate SW1 **199 E4**
Queen Elizabeth St SE1 **202 C2**
Queen St EC4 **201 F4**
Queen St W1 **198 C5**
Queen Victoria St EC4 **201 E4**
Queen's Gdns W2 **194 C4**
Queen's Gate Gdns SW7 **195 D1**
Queen's Gate Mews SW7 **195 D1**
Queen's Gate Pl SW7 **195 D1**
Queen's Gate Pl Mews SW7 **195 D1**
Queen's Gate Ter SW7 **194 C1**
Queen's Gate SW7 **195 D1**
Queen's Mews W2 **194 B4**
Queen's Walk SW1 **199 D5**
Queenhithe EC4 **201 E3**
Queensberry Mews West SW7 **195 D1**
Queensberry Pl SW7 **195 D1**
Queensborough Ter W2 **195 C4**
Queensway W2 **194 B5**

R
Rabbit Row W8 **194 A3**
Radcliffe Rd SE1 **202 B1**
Radley Mews W8 **194 B1**
Radnor Mews W2 **195 E5**
Radnor Pl W2 **195 E5**
Railway Approach SE1 **202 A3**
Rainsford St W2 **195 E5**
Ralston St SW3 **198 A1**
Ramillies Pl W1 **197 D2**
Ramillies St W1 **197 D2**
Rampayne St SW1 **199 E2**
Ranelagh Grove SW1 **198 B2**
Ranelagh Rd SW1 **199 D1**
Raphael St SW7 **195 F2**
Rathbone Pl W1 **197 E3**
Rathbone St W1 **197 E3**
Rawlings St SW3 **198 A2**
Red Lion Sq WC1 **200 B5**
Red Lion St WC1 **200 B5**
Red Pl W1 **196 B2**
Redan Pl W2 **194 B5**
Redburn St SW3 **198 A1**
Rede Pl W2 **194 A5**
Redhill St NW1 **196 C5**
Reeves Mews W1 **196 B1**
Regency St SW1 **199 E3**
Regent St W1 & SW1 **197 D2**
Relton Mews SW7 **195 F2**
Rennie St SE1 **201 D3**
Reston Pl SW7 **194 C2**
Rex Pl W1 **196 B1**
Richard's Pl SW3 **195 F1**
Richmond Mews W1 **197 E2**
Richmond Ter SW1 **200 A2**
Ridgmount Gdns WC1 **197 E4**
Ridgmount St WC1 **197 E3**
Riding House St W1 **196 D**
Riley Rd SE1 **202 C1**
Risborough St SE1 **201 E2**
Riverside Walk SE1 **200 C3**
Robert Adam St W1 **196 B**
Robert St NW1 **197 D5**
Robert St WC2 **200 B3**
Rochester Row SW1 **199 E3**
Rochester St SW1 **199 E3**
Rodmarton St W1 **196 A3**
Rolls Buildings EC4 **200 C**
Rolls Passage EC4 **200 C4**

Romilly St W1 **197 E2**
Romney St SW1 **199 F3**
Rood Lane EC3 **202 B3**
Ropemaker St EC2 **202 A5**
Roper Lane SE1 **202 C1**
Rose Alley SE1 **201 F3**
Rose St WC2 **197 F2**
Rosemoor St SW3 **198 A2**
Rotary St SE1 **201 E1**
Rotten Row SW7 & SW1 **195 E3**
Roupell St SE1 **201 D2**
Royal Av SW3 **198 A2**
Royal Hospital Rd SW3 **198 A1**
Royal Mint St E1 **202 C3**
Royal Opera Arcade SW1 **197 E1**
Royal St SE1 **200 C1**
Royalty Mews W1 **197 E2**
Rupert St W1 **197 E1**
Rushworth St SE1 **201 E1**
Russell Sq WC1 **197 F4**
Russell St WC2 **200 B4**
Russia Row EC2 **201 F4**
Rutherford St SW1 **199 E3**
Rutland Gate SW7 **195 F2**
Rutland Gdns SW7 **195 F2**
Rutland Pl EC1 **201 E5**
Rutland St SW7 **195 F2**
Ryder St SW1 **199 D5**
Rysbrack St SW3 **198 A4**

S
Sackville St W1 **197 D1**
Saddle Yard W1 **196 C1**
Saffron Hill EC1 **201 D5**
Saffron St EC1 **201 D5**
St Alban's Grove W8 **194 B2**
St Alban's St SW1 **197 E1**
St Alphage Gdn EC2 **201 F5**
St Andrew St EC4 **201 D5**
St Andrew's Hill EC4 **201 E4**
St Ann's Lane SW1 **199 E3**
St Ann's St SW1 **199 F3**
St Anne's Ct W1 **197 E2**
St Anselm's Pl W1 **196 C2**
St Barnabas St SW1 **198 B2**
St Botolph St EC3 **202 C4**
St Bride St EC4 **201 D4**
St Christoper's Pl W1**196 B2**
St Clare St E1 **202 C4**
St Clement's Lane WC2 **200 B4**
St Clements Ct EC4 **202 A3**
St Cross St EC1 **201 D5**
St Dunstans Hill EC3 **202 B3**
St Ermins Hill SW1 **199 E4**
St George St W1 **197 D2**
St George's Circus SE1 **201 D1**
St George's Ct EC4 **201 E4**
St George's Dr SW1 **198 C2**
St George's Mews SE1 **201 D1**
St George's Sq SW1 **199 E1**
St George's Sq Mews SW1 **199 E1**
St Georges Fields W2 **195 F5**
St Giles High St WC2 **197 F2**
St Helen's Pl EC3 **202 B4**
St James's Ct SW1 **199 D4**
St James's Pl SW1 **198 D5**
St James's Sq SW1 **199 E5**
St James's St SW1 **199 D5**
St Katherine's Way E1 **202 C3**
St Leonard's Ter SW3 **198 A1**
St Margaret's Lane W8 **194 B1**
St Margaret's St SW1 **199 F4**
St Mark St E1 **202 C4**
St Martin's Lane WC2 **197 F1**
St Martin's Pl WC2 **197 F1**
St Martin's St WC2 **197 F1**
St Martin's-le-Grand EC1 **201 E4**
St Martin's Walk SE1 **202 A2**
St Mary at Hill EC3 **202 B3**
St Mary Axe EC3 **202 B4**
St Mary's Gate W8 **194 B1**
St Mary's Pl W8 **194 B1**
St Matthew St SW1 **199 E3**
St Michael's St W2 **195 E5**
St Paul's Churchyard EC4 **201 E4**
St Petersburgh Mews W2 **194 B4**
St Petersburgh Pl W2 **194 B4**
St Stephen's Cres W2 **194 A5**
St Stephen's Gdns W2 **194 A5**
St Stephen's Mews W2 **194 A5**
St Swithin's Lane EC4 **202 A4**
St Thomas St SE1 **202 A2**
St Vincent St W1 **196 B3**
Salem Rd W2 **194 B4**
Salisbury Ct EC4 **201 D4**
Salisbury Pl W1 **196 A3**
Sandell St SE1 **200 C2**
Sandland St WC1 **200 B5**
Sandwich St WC1 **197 F5**
Sandys Row E1 **202 C5**
Saracens Head Yard EC3 **202 C4**
Sardinia St WC2 **200 B4**
Savile Row W1 **197 D1**
Savoy Pl WC2 **200 B3**
Savoy St WC2 **200 B3**
Savoy Way WC2 **200 B3**
Sawyer St SE1 **201 E2**
Scala St W1 **197 E3**
Scarborough St E1 **202 C4**
Scarsdale Pl W8 **194 B2**
Scarsdale Villas W8 **194 A1**
Scoresby St SE1 **201 D2**
Scovell Rd SE1 **201 E1**
Secker St SE1 **200 C2**
Seething Lane EC3 **202 B3**
Semley Pl SW1 **198 C2**
Serle St WC2 **200 C4**
Serpentine Rd W2 **198 A5**
Seven Dials WC2 **197 F2**
Seymour Mews W1 **196 B2**
Seymour Pl W1 **196 A3**
Seymour St W2 **196 A2**
Shad Thames SE1 **202 C2**
Shaftesbury Av W1 & WC2 **197 E1**
Shaftesbury Mews W8 **194 A1**
Shafto Mews SW1 **198 A3**
Shand St SE1 **202 B2**
Sheffield Ter W8 **194 A3**
Sheldrake Pl W8 **194 A2**
Shelton St WC2 **200 A4**
Shepherd Market W1 **198 C5**
Shepherd St W1 **198 C5**
Shepherd's Pl W1 **196 B1**
Sherlock Mews W1 **196 A3**
Sherwood St W1 **197 E1**
Shoe Lane EC4 **201 D5**
Short St SE1 **201 D2**
Short's Gdns WC2 **200 A4**
Shorter St E1 **202 C3**
Shrewsbury Rd W2 **194 A5**
Siddons Lane NW1 **196 A4**
Silex St SE1 **201 E1**
Silk St EC2 **201 F5**
Slingsby Pl WC2 **197 F2**
Sloane Ct East SW3 **198 B2**
Sloane Ct West SW3 **198 B2**
Sloane Gdns SW1 **198 B2**
Sloane Sq SW1 **198 A2**
Sloane St SW1 **198 A4**
Sloane Ter SW1 **198 B2**
Smart's Pl WC2 **200 A4**
Smith Sq SW1 **199 F3**
Smith St SW3 **198 A1**
Smith Ter SW3 **198 A1**
Smithfield St EC1 **201 D5**
Snow Hill EC1 **201 D5**
Snowsfields SE1 **202 A2**
Soho Sq W1 **197 E2**
Soho St W1 **197 E2**
Somers Cres W2 **195 E5**
Somers Mews W2 **195 E5**
South Audley St W1 **196 B1**
South Carriage Dr SW1 & SW7 **195 E2**
South Eaton Pl SW1 **198 B3**
South End Row W8 **194 B1**
South End W8 **194 B2**
South Molton Lane W1 **196 C2**
South Molton St W1**196 C2**
South Pl EC2 **202 A5**
South St W1 **196 B1**
South Ter SW7 **194 E1**
South Wharf Rd W2 **195 D5**
Southampton Buildings WC2 **200 C5**
Southampton Pl WC1 **200 B5**
Southampton Row WC1 **200 A5**
Southampton St WC2 **200 B3**
Southwark Bridge Rd SE1 **201 E1**
Southwark Bridge EC4 & SE1 **201 E3**
Southwark St SE1 **201 E2**
Southwell Gdns SW7 **194 C1**
Southwick St W2 **195 E5**
Spanish Pl W1 **196 B3**
Spenser St SW1 **199 E3**
Spital Sq E1 **202 C5**
Spring Gdns SW1 **200 A2**
Spring Mews W1 **196 A3**
Spring St W2 **195 D5**
Spur Rd SE1 **200 C1**
Spur Rd SW1 **199 D4**
Stable Yard Rd SW1 **199 D5**
Stacey St WC2 **197 F2**
Stafford Pl SW1 **199 D4**
Stafford Ter W8 **194 A2**
Stag Pl SW1 **198 D3**
Stainer St SE1 **202 A2**
Staining Lane EC2 **201 F4**
Stamford St SE1 **200 C2**
Stanford Rd W8 **194 B1**
Stanford St SW1 **199 E2**
Stanhope Gate W1 **198 B5**
Stanhope Gdns SW7 **195 D1**
Stanhope Mews East SW7 **195 D1**
Stanhope Mews West SW7 **194 C1**
Stanhope Pl W2 **195 F5**
Stanhope St NW1 **197 D5**
Stanhope Ter W2 **195 E4**
Stanworth St SE1 **202 C1**
Staple Inn Buildings WC1 **200 C5**
Staple St SE1 **202 A1**
Star St W2 **195 E5**
Star Yard WC2 **200 C4**
Starcross St NW1 **197 D5**
Stephen St W1 **197 E3**
Stephenson Way NW1 **197 E4**
Sterry St SE1 **202 A1**
Stevens St SE1 **202 B1**
Steward St E1 **202 C5**
Stillington St SW1 **199 D3**
Stone Hall Gdns W8 **194 B1**
Stonecutter St EC4 **201 D4**
Stones End St SE1 **201 F1**
Stoney Lane E1 **202 C4**
Stoney St SE1 **202 A2**
Store St WC1 **197 E3**
Storey's Gate SW1 **199 F4**
Stourcliffe St W1 **195 F5**
Strand WC2 **200 A3**
Stratford Av W8 **194 B1**
Stratford Pl W1 **196 C2**
Stratford Rd W8 **194 A1**
Stratton St W1 **199 D5**
Streatham St WC1 **197 F3**
Strutton Ground SW1 **199 E3**
Strype St E1 **202 C5**
Stukeley St WC2 **200 A4**
Sturge St SE1 **201 E1**
Sudrey St SE1 **201 E1**
Suffolk Lane EC4 **202 A3**
Suffolk St SW1 **197 F1**
Sugar Quay Walk EC3 **202 B3**
Sumner St SE1 **201 E2**
Sun St EC2 **202 B5**
Sunderland Ter W2 **194 B5**
Surrey Row SE1 **201 E2**
Surrey St WC2 **200 C3**
Sussex Gdns W2 **195 D5**
Sussex Pl NW1 **196 A4**
Sussex Pl W2 **195 E5**
Sussex Sq W2 **195 E5**
Sussex St SW1 **198 C1**
Sutherland Pl W2 **194 A5**
Sutherland St SW1 **198 C2**
Sutton Row W1 **197 F2**
Swallow St W1 **197 E1**
Swan Lane EC4 **202 A3**
Swan Walk SW3 **198 A1**
Sweeney Cres SE1 **202 C1**
Symons St SW3 **198 A2**

T
Tachbrook St SW1 **199 E2**
Talbot Sq W2 **195 D5**
Talbot Yard SE1 **202 A2**
Tallis St EC4 201 **D4**
Tanner St SE1 **202 B1**
Tarrant Pl W1 **196 A3**
Taunton Pl NW1 **196 A4**
Tavistock Pl WC1 **197 F4**
Tavistock Sq WC1 **197 F4**
Tavistock St WC2 **200 B3**
Taviton St WC1 **197 E4**
Tedworth Sq SW3 **198 A1**
Telegraph St EC2 **202 A4**
Temple Av EC4 **201 D4**
Temple Lane EC4 **201 D4**

Temple Pl WC2 **200 C3**
Tenison Way SE1 **200 C2**
Tennis St SE1 **202 A1**
Tenterden St W1 **196 C2**
Terminus Pl SW1 **198 C3**
Thackeray St W8 **194 B2**
Thanet St WC1 **197 F5**
Thavies Inn EC4 **201 D4**
Thayer St W1 **196 B3**
Theed St SE1 **201 D2**
Theobold's Rd WC1 **200 B5**
Thirleby Rd SE1 **199 D3**
Thomas Doyle St SE1 **201 E1**
Thorney St SW1 **199 F3**
Thornton Pl W1 **196 A3**
Thrawl St E1 **202 C5**
Threadneedle St EC2 **202 A4**
Three Barrels Walk EC4 **201 F3**
Three Cranes Walk EC4 **201 F3**
Three Kings Yard W1 **196 C1**
Three Oak Lane SE1 **202 C2**
Throgmorton Av EC2 **202 A4**
Throgmorton St EC2 **202 A4**
Thurloe Close SW7 **195 E1**
Thurloe Pl SW7 **195 E1**
Thurloe Place Mews SW7 **195 E1**
Thurloe Sq SW7 **195 E1**
Thurloe St SW7 **195 E1**
Tilney St W1 **196 B5**
Titchborne Row W2 **195 E5**
Tite St SW3 **198 A1**
Tokenhouse Yard EC2 **202 A4**
Tolmers Sq NW1 **197 D4**
Tonbridge St WC1 **197 F5**
Took's Ct EC4 **200 C5**
Tooley St SE1 **202 B2**
Tor Gdns W8 **194 A3**
Torrington Pl WC1 **197 E4**
Tothill St SW1 **199 E4**
Tottenham Court Rd W1 **197 D4**
Tottenham St W1 **197 E3**
Toulmin St SE1 **201 F1**
Tower Bridge Approach E1 **202 C3**
Tower Bridge E1 & SE1 **202 C2**
Tower Bridge Rd SE1 **202 C1**
Tower Hill EC3 **202 C3**
Tower St WC2 **197 F2**
Toynbee St E1 **202 C5**
Trafalgar Sq WC2 **197 F1**
Trevor Pl SW7 **195 F2**
Trevor Sq SW7 **195 F2**
Trinity Sq EC3 **202 C3**
Triton Sq NW1 **197 D4**
Trump St EC2 **201 F4**
Tryon St SW3 **198 A2**
Tudor St EC4 **201 D4**
Tufton St SW1 **199 F3**
Turk's Row SW3 **198 A2**
Turpentine Lane SW1 **198 C2**
Tyers Gate SE1 **202 B1**
Tyne St E1 **202 C4**

U
Udall St SW1 **199 E2**
Ufford St SE1 **201 D1**
Ulster Pl NW1 **196 C4**
Undershaft EC3 **202 B4**
Union St SE1 **201 E2**
University St WC1 **197 E4**
Upbrook Mews W2 **195 D5**
Upper Belgrave St SW1 **198 B4**
Upper Berkeley St W1 **196 A2**
Upper Brook St W1 **196 B1**
Upper Grosvenor St W1 **196 B1**
Upper Ground SE1 **200 C2**
Upper Harley St NW1 **196 C4**
Upper James St W1 **197 E1**
Upper John St W1 **197 E1**
Upper Marsh SE1 **200 C1**
Upper Montagu St W1 **196 A3**
Upper Phillimore Gdns W8 **194 A2**
Upper St Martin's Lane WC2 **197 F2**
Upper Tachbrook St SW1 **199 D2**
Upper Thames St EC4 **201 F3**
Upper Wimpole St W1 **196 C3**
Upper Woburn Pl WC1 **197 F5**
Uxbridge St W8 **194 A3**

V
Valentine Pl SE1 **201 D1**
Valentine Row SE1 **201 D1**
Vandon Passage SW1 **199 E4**
Vandon St SW1 **199 E4**
Vane St SW1 **199 E3**
Varndell St NW1 **197 D5**
Vauxhall Bridge Rd SW1 **199 D3**
Vauxhall Bridge SW1 & SE1 **199 F1**
Vere St W1 **196 C2**
Vernon Pl WC1 **200 B5**
Verulam St WC1 **200 C5**
Vicarage Ct W8 **194 B3**
Vicarage Gdns W8 **194 B3**
Vicarage Gate W8 **194 B3**
Victoria Av EC2 **201 B5**
Victoria Embankment SW1 WC2 & EC4 **200 A1**
Victoria Grove W8 **194 C2**
Victoria Rd W8 **194 C2**
Victoria St SW1 **199 D3**
Vigo St W1 **197 D1**
Villiers St WC2 **200 A3**
Vincent Sq SW1 **199 E3**
Vincent St SW1 **199 E2**
Vine Lane SE1 **202 B2**
Vine St EC3 **202 C4**
Vine St W1 **197 E1**
Vintner's Pl EC4 **201 F3**
Virgil St SE1 **200 C1**

W
Walbrook EC4 **202 A4**
Walpole St SW3 **198 A2**
Walton Pl SW3 **195 F1**
Walton St SW3 **195 F1**
Wardour St W1 **197 E2**
Warren St W1 **197 D4**
Warwick Ct WC1 **200 C5**
Warwick House St SW1 **199 F5**
Warwick Lane EC4 **201 E4**
Warwick Row SW1 **199 D3**
Warwick Sq EC4 **201 E4**
Warwick Sq SW1 **199 D2**
Warwick St W1 **197 D1**
Warwick Way SW1 **198 C2**
Water Lane EC3 **202 B3**
Waterloo Bridge WC2 & SE1 **200 B3**
Waterloo Pl SW1 **199 E5**
Waterloo Rd SE1 **200 C2**
Waterman's Walk EC4 **202 A3**
Watling St EC4 **201 F4**
Watts Way SW7 **195 E1**
Waverton St W1 **196 C1**
Weavers Lane SE1 **202 B2**
Webber Row SE1 **201 D1**
Webber St SE1 **201 D1**
Weighouse St W1 **196 C2**
Welbeck St W1 **196 C2**
Welbeck Way W1 **196 C3**
Weller St SE1 **201 F1**
Wellington Sq SW3 **198 A2**
Wellington St WC2 **200 B4**
Wells Mews W1 **197 D3**
Wells St W1 **197 D3**
Wentworth St E1 **202 C5**
West Carriage Drive (The Ring) W2 **195 E4**
West Central St WC1 **197 F3**
West Eaton Pl SW1 **198 B3**
West Halkin St SW1 **198 B4**
West Rd SW4 **198 A1**
West Smithfield EC1 **201 D5**
West St WC2 **197 F2**
West Tenter St E1 **202 C4**
Westbourne Cres W2 **195 D5**
Westbourne Gdns W2 **194 B5**
Westbourne Grove W2 & W11 **194 B5**
Westbourne Grove Mews W1 **194 A5**
Westbourne Grove Ter W2 **194 B5**
Westbourne Park Rd W2 **194 A5**
Westbourne St W2 **195 D4**
Westbourne Ter W2 **195 D5**
Westbourne Ter Mews W2 **194 C5**
Westminster Bridge SW1 & SE1 **200 B1**
Westminster Bridge Rd SE1 **200 B1**
Westminster Bridge St SE1 **200 C1**
Westmoreland Pl SW1 **198 C1**
Westmoreland St W1 **196 B3**
Westmoreland Ter SW1 **198 C2**
Weston St SE1 **202 A1**
Weymouth Mews W1 **196 C3**
Weymouth St W1 **196 B3**
Whetstone Park WC2 **200 B5**
Whidborne St WC1 **197 F5**
Whitcomb St WC2 **197 E1**
White Cross Pl EC2 **202 A5**
White Horse Mews SE1 **201 D1**
White Horse St W1 **198 C5**
White Kennet St E1 **202 C4**
White Lion Hill EC4 **201 E3**
White's Grounds SE1 **202 B1**
White's Row E1 **202 C5**
Whitechapel High St E1 **202 C4**
Whitefriars St EC4 **201 D4**
Whitehall Ct SW1 **200 A2**
Whitehall Pl SW1 **200 A2**
Whitehall SW1 **200 A2**
Whitfield St W1 **197 D4**
Whittaker St SW1 **198 B2**
Whittlesey St SE1 **200 C2**
Wigmore Pl W1 **196 C3**
Wigmore St W1 **196 B2**
Wilbraham Pl SW1 **198 A3**
Wilcox Pl SW1 **199 E3**
Wild Ct WC2 **200 B4**
Wild St WC2 **200 B4**
Wild's Rents SE1 **202 B1**
Wilfred St SW1 **199 D4**
Wilkes St E1 **202 C5**
William IV St WC2 **200 A3**
William Mews SW1 **198 A4**
William Rd NW1 **197 D5**
William St SW1 **198 A4**
Willow Pl SW1 **199 D3**
Wilson St EC2 **202 A5**
Wilton Cres SW1 **198 B4**
Wilton Mews SW1 **198 C4**
Wilton Pl SW1 **198 B4**
Wilton Rd SW1 **199 D3**
Wilton Row SW1 **198 B4**
Wilton St SW1 **198 C3**
Wilton Ter SW1 **198 B4**
Wimpole Mews W1 **196 C3**
Wimpole St W1 **196 C3**
Winchester St SW1 **198 C2**
Winchester Walk SE1 **202 A2**
Windmill St W1 **197 E3**
Windmill Walk SE1 **201 D2**
Wine Office Ct EC4 **201 D**
Winsland Mews W2 **195 D**
Winsland St W2 **195 D5**
Winsley St W1 **197 D2**
Woburn Pl WC1 **197 F4**
Woburn Sq WC1 **197 F4**
Wood St EC2 **201 F5**
Wood's Mews W1 **196 B1**
Woodfall St SW3 **198 A1**
Woodseer St E1 **202 C5**
Woodstock St W1 **196 C2**
Wootton St SE1 **201 D2**
Wormwood St EC2 **201 B4**
Wright's Lane W8 **194 B2**
Wyndham Mews W1 **196 A3**
Wyndham St W1 **196 A3**
Wyndham Yard W1 **196 A**
Wynnstay Gdns W8 **194 A**
Wythburn Pl W1 **196 A2**

Y
Yarmouth Pl W1 **198 C5**
Yeoman's Row SW3 **195 F1**
York Bridge NW1 **196 B4**
York Buildings WC2 **200 A**
York Gate NW1 **196 B4**
York House Pl W8 **194 B2**
York Rd SE1 **200 C2**
York St W1 **196 A3**
York Terrace East NW1 **196 B4**
York Terrace West NW1 **196 B4**
Young St W8 **194 B2**
Zoar St SE1 **201 E2**

ÍNDICE GENERAL

A
Admiralty Arch 52, 53
aeropuerto de Gatwick 32
aeropuerto de Heathrow 32
aeropuerto de London City Airport 33
aeropuerto de Stansted 32
aeropuertos 32–33, 189
agua potable 192
Albert Bridge 28–29
Albert Memorial 129
alojamiento 35–38
Amis, Martin 10, 30
Año Nuevo Chino 22
antigüedades 28, 42
arquitectura contemporánea 17–19
arte y diseño 19
aseos 192
Athenaeum 26
autobuses 28, 33, 34
autobuses turísticos 34
avión 189
ayudas 192

B
bailar 44
bancos 189, 190
Bank of England 175
Bank of England Museum 82, 175
Bankside Power Station 91
Banqueting House 61
Barbican Centre 28, 88
bares 19, 40, 87, 133
Barnsbury 15
Battersea Dogs Home 9
Battersea Park 15
Battersea Power Station 15
bebés 192
Bed and Breakfast 35
Beefeaters 75
Bell, Clive 12
Bell, Vanessa 12
Berkeley Square 170
Bermondsey Market 28
Berwick Street Market 159
Big Ben 89, 98
Blackfriar's Bridge 29
Blanchett, Cate 10
Blitz 8
Bloomsbury 139, 159
Bolsa de Londres 174
Bond Street y New Bond Street 65–66, 169
bonos de transporte 33
Borough Market 110
Boudicca's Mound 182
Branson, Richard 10
Brick Lane 21
British Airways London Eye 91, 99, 104
British Film Institute London cine IMAX 110
British Library 146–147
British Museum 142–145, 159
Broadgate Centre 88
Buckingham Palace 9, 50–51
aposentos privados, 50–51
Burgh House 183
Burlington Arcade 59, 168–169
Burlington House 58, 168

C
Cabinet War Rooms 58
cajeros automáticos 189
cambio de guardia (castillo de Windsor) 164
cambio de guardia (Londres) 51, 53
Camden Canal Market 152
Camden Lock 152
Camden Town 10
Canary Wharf 9, 99, 177
capilla de Henry VII, abadía de Westminster 96
Carlton Club 26
Carnaby Street 16–17
carnaval de Notting Hill 22
Cartoon Museum 154
Casa de Muñecas de la reina María 165
casas de subastas 42, 171
celebridades de Londres 10–12
cementerio de Highgate 12
cenotafio 61
Chalybeate Well 183
Chelsea Flower Show 15
Chelsea Physic Garden 129
cheques de viaje 189
Cheyne Walk 10, 11
Chinatown 22, 154, 155
Church of the Immaculate Conception 170
cine 44, 66, 110, 136
City, La 67–88
  Bank of England Museum 82
  Courtauld Gallery 85
  dónde comer 86–87
  dónde comprar 88
  dónde divertirse 88
  en un día 70–71
  Gilbert Collection 85
  Hermitage Rooms 85
  Inns of Court 83–84
  itinerario 172–175
  Leadenhall Market 82
  Museum of London 82–83
  plano 68–69
  Prince Henry's Room 83
  Sir John Soane's Museum 84–85
  St. Paul's Cathedral 8, 78–81
  Torre de Londres 72–75
  Tower Bridge 29, 76–77
Clarence House 53
Cleopatra's Needle 99
Clerkenwell 22
clubes 66, 110, 136, 160
clubes de caballeros 25–26
coches, alquiler 34
Collins, Joan 11
Columbia Road Flower Market 88
Comedy Store 29
comida y bebida 29, 39–41
  City, la 86–87
  Covent Garden, Bloomsbury y Soho 156–158
  Knightsbridge, Kensington y Chelsea 132–133
  St. James's, Mayfair y Piccadilly 62–64
  Westminster y South Bank 108–109
compras 42–43, 190
  City, la 88
  Covent Garden, Bloomsbury y Soho 159
  Knightsbridge, Kensington y Chelsea 134–135
  St. James's, Mayfair y Piccadilly 65–66
  Westminster y South Bank 110
conducir 34–35, 188
Constable, John 11, 56, 95, 120
Coram's Fields 13
correos 190, 191
County Hall 98–99
Courtauld Gallery 85
Covent Garden 28, 138, 150–151, 159
Covent Garden, Bloomsbury y Soho 137–160
  Bloomsbury 139, 159
  British Library 146–147
  British Museum 142–145, 159
  Chinatown 22, 154, 155
  Covent Garden 28, 138, 150–151, 159
  dónde comer 156–158
  dónde comprar 159
  dónde divertirse 160
  en un día 140–141
  London's Transport Museum 155
  Madame Tussaud's 148–149

mercados de Camden 28, 43, 152
plano 138–139
Regent's Canal 152–153
Soho 22, 139, 159
Theatre Museum 155
Wallace Collection 153–154
crimen 191
cuándo viajar 188, 192
Cutty Sark 176–177, 179

D
Dalí Universe 104
De Gaulle, Charles 12
dentistas 192
desfile de Horse Guards 53
Design Museum 19
Diana, Princesa de Gales 58, 78, 95, 127, 128, 130–131
Dickens, Charles 26, 84, 101, 178, 186
dinero 189
Docklands 179
Docklands Light Railway (DLR) 34, 179
Downing Street 61

E
Eleanor Cross 185
electricidad 191
Elgin Marbles 144
Eliot, T. S. 11
Elizabeth, la Reina Madre 8, 53
embajadas y consulados 192
Engels, Friedrich 12
Enrique, príncipe, habitación del 83
entradas, reventa de 44, 160
Eros 60, 185
estudiantes 192
Eton College 164, 166

F
Fan Museum 178–179
farmacias 190, 192
Fenton House 15, 183
festivos 190
fish and chips 41
Fitzroy Tavern 27
Fleet Street 186
Fleming, Ian 11
Forster, E. M. 12
Fortnum & Mason 43, 59, 65, 168
Foster, sir Norman 17–18
Freud, Sigmund 11
Fry, Roger 12

G
Gabriel's Wharf 110
galerías de arte 18, 42
Gilbert Collection 85
Gog y Magog 174
Gran Incendio de Londres 6–7, 69, 173
Grant, Hugh 11
Gray's Inn 84
Green Park 52
Greenwich 176–179
Grosvenor Square 170
Groucho's 26
Grupo de Bloomsbury 12
Guildhall 174

H
Hackney 10
Ham House 15
Hampstead 10, 11, 180–183
Hampstead Heath 182
Harrods 43, 112, 116, 134
Harvey Nichols 134
Hay's Galleria 110
Haymarket 185
Hayward Gallery 110
Hermitage Rooms 85
Hirst, Damien 19
HMS Belfast 107
Holland Park 13
Holland Park Theatre 136
horarios, 189, 190
hoteles 9, 35, 36–38
Houses of Parliament 98
Hyde Park 112, 130–131

I
Imperial War Museum 105
información turística 35, 188–189
Inner and Middle Temple 83
Inns of Court 83–84
instituciones financieras 9, 172
Islington 10, 14–15
itinerario en autobús (desde Marble Arch a la Torre de Londres) 184–186

J
James, Henry 25, 30
Jermyn Street 65
joyas de la Corona 72

K
Keats, John 11
Keats' House 11, 182, 183
Kensington Church Street 134–135
Kensington Gardens 130–131
Kensington High Street 134
Kensington Palace 112, 127–128
aposentos privados 127–128
Kenwood House 180–181, 183
Kew 162–163
King's Cross 139
King's Road 16, 135
Knightsbridge, Kensington y Chelsea 111–136
Albert Memorial 129
Chelsea Physic Garden 129
dónde comer 132–133
dónde comprar 134–135
dónde divertirse 136
en un día 114–115
Harrods 43, 112, 116, 134
Hyde Park 112, 130–131
Kensington Gardens 130–131
Kensington Palace 112, 127–128
King's Road 16, 135
Natural History Museum 124–126, 135
plano 112–113
Portobello Road 28, 43, 131
Science Museum 121–123, 135
Victoria and Albert Museum 117–120, 135
Kyoto Japanese Garden 13

L
Lawrence, D. H. 11
Leadenhall Market 82
Legoland Windsor 164, 166
Lenin, Vladimir Ilyich 12
Liberty's 59, 65, 185
licencias 27
Lincoln's Inn 84
Little Italy 22
Little Venice 152–153
Lloyd's Building 17, 173
London Aquarium 104, 107
London Bridge 172
London Central Mosque 14
London Eye (British Airways) 91, 99, 104
London Pass 192
London Planetarium 153
London's Transport Museum 155
Lord Mayor's Coach 82–83

M
Madame Tussaud's 148–149
Mall 52–53
Mansfield, Katherine 11
Mansion House 175
Marble Arch 184
Marx Memorial Library 12
Marx, Karl 12
Mayfair 46, 168–171
medicamentos 192
mercados 28, 43, 88, 110, 131, 152, 159
mercados de antigüedades 28
mercados de Camden 28, 43, 152
metro 9, 18–19, 33–34
Millennium Bridge 9, 18, 100
Millennium Dome 9, 177
moda 16–17, 42
moneda 189
Monument 173, 175
More, sir Thomas 10
multiculturalismo 20–22
Museum of Garden History 102
Museum of London 82–83

música 28, 43, 66, 88, 110, 136

N
Napoleon III 12
National Film Theatre 110
National Gallery 54–57
National Gardens Scheme 15
National Maritime Museum 178, 179
National Portrait Gallery 60–61
Natural History Museum 124–126, 135
Neal Street 151
niños 61, 83, 107, 123, 129, 153, 192
Notting Hill 10, 22
Nyman, Michael 10

O
ocio 43–44
City, la 88
Covent Garden, Bloomsbury y Soho 160
Knightsbridge, Kensington y Chelsea 136
St. James's, Mayfair y Piccadilly 66
Westminster y South Bank 110
Old Royal Naval College 177, 179
ópera 43
Orwell, George 10
Oxford Street 66, 184
Oxo Tower 99, 105–106, 109

P
páginas web 188
Pall Mall 25, 52
Parliament Hill 182
parques y jardines 9, 13–15
pasaporte y visado 188
Pavlova, Anna 11
Peace Pagoda 15
peaje urbano 9
Pepys, Samuel 82, 83, 84
Peter Pan 131
Petticoat Lane 88
Piccadilly 58–60, 65
Piccadilly Circus 60, 185
Plath, Sylvia 10
población 9
Poets' Corner 96
policía 191
Portland, jarrón de 145
Portobello Road 28, 43, 131
precios de entradas 35
Prime Meridian 178
Proms 43, 136
propinas 191
pubs 25, 26, 27
licencias 27

Q
Queen Victoria Memorial 52
Queen's Gallery 51
Queen's House 178

R
Ranger's House 178, 179
Reform Club 25–26
Regent Street 58, 59, 65, 184–185
Regent's Canal 152–153
Regent's Park 14, 152–153
Riverside Walk Market 110
Rogers, sir Richard 11, 17
Romney, George 11
Roof Gardens , Kensington High Street 15
Royal Academy of Arts 58
Royal Albert Hall 136
Royal Ceremonial Dress Collection 127–128
Royal Court 136
Royal Exchange 175
Royal Festival Hall 105, 110
Royal Mews 51
Royal National Theatre 105, 110
Royal Observatory 177, 178, 179
Rushdie, Salman 10, 21

S
salud 188, 192
Sargent, John Singer 11
Savile Row 65, 169
Science Museum 121–123, 135
seguridad 191
seguros 188, 192
Selfridges 184
Serpentine 14, 130–131
Serpentine Gallery 131
Shakespeare's Globe 106–107
Shepherd Market 170
Shoreditch 10
Silla de la Coronación 96
Sir John Soane's Museum 84–85
Sloane Street 134
Soho 22, 139, 159
Somerset House 85, 99
South Bank Centre 99, 105, 110
Speakers' Corner 130
Spitalfields Market 88
St. Bart's 7
St. Bartholomew-the-Great 7
St. Botolph-without-Bishopsgate 7
St. Bride's Church 186
St. Ethelburga 7
St. George's Chapel, Windsor 166
St. Helen Bishopsgate 7, 173, 175
St. James's Palace 46, 53
St. James's Park 52, 53
St. James's Piccadilly 171
St. James's Street 25
St. James's, Mayfair y Piccadilly 45–66
Banqueting House 61
Buckingham Palace 9, 50–51
Cabinet War Rooms 58
desfile de Horse Guards 53
dónde comer 62–64
dónde comprar 65–66
dónde divertirse 66
en un día 48–49
Green Park 52
Mall 52–53
National Gallery 54–57
National Portrait Gallery 60–61
Piccadilly 58, 60, 65
Piccadilly Circus 60, 185
plano 46–47
Regent Street 58, 59, 65, 184–185
Royal Academy of Arts 58
St. James's Park 52, 53
Trafalgar Square 53
Whitehall 61
St. Martin-in-the-Fields 53
St. Mary-le-Bow 174, 175
St. Paul's Cathedral 8, 78–81
St. Stephen Walbrook 174–175
Stables Market 152
Strachey, Lytton 12

T
tallas 190
Támesis 98–99
tarjetas de crédito 189
Tate Britain 102
Tate Modern 100–101
taxis 34
té de la tarde 40–41
teatro 44, 88, 110, 136, 160
teléfonos 191
Temple Church 83
tercera edad 192
Thatcher, Margaret 11
tiendas de comida 43
Torre de Londres 72–75
Tower 42 (NatWest Tower) 104, 173, 186
Tower Bridge 29, 76–77
subir a Tower Bridge 76, 77
Tower Green 73
Tower Hill Memorial 186
Trafalgar Square 53
Traitors' Gate 75
transbordador 189
transporte público 33–34
trayectos en barco 103
tren 33, 189
tumba del soldado desconocido 97
turismo 9
Turner, J. M. W. 11, 56, 102

U
urgencias 191

V
viaje, antes del 189
viajeros discapacitados 192
Victoria and Albert Museum 117–120, 135
Victoria Embankment 99
Vinopolis 107

W
Wallace Collection 153–154
Waterloo Bridge 99
Wax, Ruby 10
Wells, H. G. 10
Westminster Abbey 94–97
Westminster Bridge 98
Westminster Pier 99, 102
Westminster y South Bank 89–110
dónde comer 108–109
dónde comprar 110
dónde divertirse 110
en un día 92–93
HMS Belfast 107
Houses of Parliament 98
Imperial War Museum 104–105
itinerarios en barco 102–103
London Aquarium 104, 107
Oxo Tower 99, 103, 105–106, 109
plano 90–91
Shakespeare's Globe 106–107
South Bank Centre 99, 105, 110
Tate Britain 102
Tate Modern 100–101
Westminster Abbey 94–97
Whispering Gallery 81
Whistler, James 11
Whitechapel 21–22
Whitehall 61
Wilde, Oscar 11, 30
Windsor 164–166
Windsor Castle 164, 165–166
aposentos privados, 165
Woolf, Virginia 12
Wren, sir Christopher 7, 69, 78, 79, 127, 173, 174, 177, 178, 186

Y
Ye Olde Cheshire Cheese 186
Yeats, W. B. 10

Z
zoo de Londres 14, 139, 153

Agradecimientos

Cubierta delantera y posterior (t) AA Photo Library/Stuart Bates, (ct) AA Photo Library/ J McMillan, (cb) AA Photo Library/Clive Sawyer, (b) AA Photo Library, lomo AA Photo Library/Rick Strange
El País-Aguilar y The Automobile Associaton desean agradecer su colaboración a los siguientes fotógrafos y bibliotecas en la elaboración de esta guía:
ALAMY 176 (Michael Booth); BRIDGEMAN ART LIBRARY, LONDON 6/7 Great Fire of London, 1666 by Lieve Verschuier (1630–86) Museum of Fine Arts, Hungary, 55 The Virgin and Child with SS Anne and John the Baptist, *c*1499 (charcoal, chalk on paper) by Leonardo de Vinci (1452–1519) National Gallery, 56 Bathers at Asnieres, 1884 (oil on canvas) by George Pierre Seurat (1859–91) National Gallery, 128b Kensington Palace: The Kings Staircase (photo), 146 Binding of the Lindisfarne Gospels. Lindisfarne Gospels, (*c*698 AD) Private Collection; THE BRITISH MUSEUM 140t, 142/3, 143, 145; CORBIS 11t (Adam Woolfitt), 15t (Eric Crichton), 26 (Peter Aprahamian); CROWN COPYRIGHT: HISTORIC ROYAL PALACES 128t; CROWN COPYRIGHT: THE ROYAL COLLECTION © 2005, Her Majesty Queen Elizabeth II 72; DACS © ARS, NY and DACS, London 2001 100/1;
E T ARCHIVE 25; MARY EVANS PICTURE LIBRARY 7, 12t; HULTON GETTY 8t, 8b, 11c, 77; IMAGES COLOUR LIBRARY 117b; KEW GARDENS 163t, 163b; MADAM TUSSAUDS 148t, 149; THE NATURAL HISTORY MUSEUM 126t; POWERSTOCK/ZEFA 2cb, 45; REX FEATURES LTD 10, 11b, 16, 18, 22; THE SCIENCE MUSEUM 121, 122b, 123b; SPECTRUM COLOUR LIBRARY 96t; TATE GALLERY, LONDON 1999 100 Jackson Pollock, Summertime, 102 Millais, Ophelia ; TONY STONE IMAGES 14b, 51, 151, 154t COURTESY OF THE TRUSTEES OF THE V&A PICTURE LIBRARY 119t, 119b.
Las restantes fotografías pertenecen a la propia biblioteca de The Automobile Associaton (AA WORLD TRAVEL LIBRARY) y fueron tomadas por:
Peter Baker 49t; Stuart Bates 70b; Malc Birkitt 13t; Caroline Jones 161; Max Jordan 10, 18/19, 28/9t, 19, 53, 54, 93b, 150t, 184l; Paul Kenward 2t, 3ct, 5, 49b, 59l, 59r, 107, 111, 114t, 116, 120, 127b, 131b, 141t, 148b, 155, 177l, 177r, 179; Jenny McMillan 48, 50, 52t, 60b, 141b; Michael Moody 17t; Robert Mort 2ct, 2b, 31, 67, 70t, 115, 124, 150b, 171, 181r; Clive Sawyer 17b; Neil Setchfield 28, 29b; Barrie Smith 97, 152; Rick Strange spine, 9t, 9b, 20br, 24, 28/9b, 59, 92b, 96b, 96c, 114b, 117t, 125b, 126b, 127t, 131t, 164, 165, 191t, 191r; James Tims 3cb, 3b, 13b, 14t, 15b, 19b, 20l, 20tr, 21tl, 21bl, 21r, 27, 57, 79, 81, 85, 92t, 94, 98/9, 118, 122t, 123t, 125t, 129, 137, 140b, 147, 154b, 167, 170, 173t, 173b, 174, 175, 181l, 182, 184r, 185t, 185b, 186, 187; Martin Trelawny 144; Richard Turpin 60t, 93t, 104, 105, 106, 178; Roy Victor 3t, 74b, 76, 89, 103, 191l; Wyn Voysey 23, 73, 74t, 95, 162, 166 (The Dean and Canons of Windsor Castle); 176; Peter Wilson 99, 168; Tim Woodcock 52b, 80, 83, 130t; Gregory Wrona 142.
Illustrations on pages 71 and 78 by Maltings Partnership

Significado de abreviaturas: (t) arriba; (b) abajo; (l) izquierda; (r) derecha; (c) centro.

Extract on page 30 from *Success* by Martin Amis reprinted by permission of PDF on behalf of Martin Amis © 1978. Extracts by Ian Parker, Dale Peck and Will Self from *Granta 65: London, The Lives of the City* on page 30 reproduced with kind permission of Granta.

GUÍA **SPIRAL**

Cuestionario

Querido viajero y lector:

El País-Aguilar quiere mejorar y sus comentarios y recomendaciones serán de gran ayuda para conseguirlo. Rellene todos los apartados de este cuestionario y recibirá gratuitamente un libro de El País-Aguilar. Envíe el cuestionario a:

El País-Aguilar, Torrelaguna, 60, 28043 Madrid.

Acerca de esta guía...

Título: ______________________________

¿Dónde ha comprado la guía? ______________________________

¿Cuándo? m m / a a

¿Cuánto tiempo antes de su viaje? ______________________________

¿Qué opinión tiene de la colección Guías Spiral (puntúe de 1 a 5)

presentación	1	2	3	4	5
cubierta	1	2	3	4	5
información cultural	1	2	3	4	5
información práctica	1	2	3	4	5
mapas y planos	1	2	3	4	5
consejos al viajero	1	2	3	4	5
relación calidad-precio	1	2	3	4	5

¿Qué aspectos de la guía le han gustado más? ______________________________

¿Cree que hay algún aspecto que se podría mejorar? ______________________________

¿Ha satisfecho esta guía sus expectativas? ______________________________

☐ sí ☐ no ☐ en parte

por favor, explique las razones ______________________________

____

____

____

____

Acerca del viaje...

¿En qué fecha ha realizado el viaje? ______________________________

¿Con cuánto tiempo de antelación reservó el viaje? ______________________________

¿Cuál fue la duración? ______________________________

Se trataba de un viaje de ocio ☐ de trabajo ☐

Ha viajado

☐ solo/sola ☐ con amigos

☐ en familia ☐ en pareja ☐ en un viaje organizado

continúa en la página siguiente...

Acerca del viaje...

¿Ha comprado otra guía de viaje? ______________________

si la respuesta es afirmativa ¿cuál? ______________________

Acerca de usted...

Edad

☐ menos de 25 ☐ entre 25-34 ☐ entre 35-44

☐ entre 45-54 ☐ entre 55-64 ☐ más de 65

¿Qué fuentes de información utiliza habitualmente?

☐ radio ☐ periódicos ☐ televisión

díganos sus medios favoritos ______________________

¿Qué duración suelen tener sus viajes de ocio?

☐ 1 día ☐ 2 días ☐ 3 días ☐ más de 3 días

¿Cuántos viajes de ocio suele hacer al año?

☐ fin de semana ☐ 7 días ☐ 15 días ☐ más de 15 días

¿Acostumbra a llevar una guía de viaje en sus viajes de ocio?

☐ sí ☐ no

¿Cuántos viajes de trabajo suele hacer en un año?

☐ ninguno ☐ menos de 5 ☐ de 5 a 10 ☐ más de 10

¿Qué duración suelen tener sus viajes de trabajo?

☐ 1 día ☐ 3 días ☐ 7 días ☐ más de 7 días

¿Acostumbra a llevar una guía de viaje en sus viajes de trabajo?

☐ sí ☐ no

(Los resultados de este cuestionario no se asociarán en forma alguna a sus datos personales, ya que nuestro interés es sólo tener información sobre nuestras guías, y no realizar un perfil de su persona)

Nombre ______________________

Apellidos ______________________

Dirección ______________________